POLÍTICA

COLEÇÃO A OBRA-PRIMA DE CADA AUTOR

POLÍTICA

Aristóteles

Tradução:
Torrieri Guimarães

MARTIN CLARET

Direção	Martin Claret
Produção editorial	Carolina Marani Lima Flávia P. Silva
Projeto gráfico e diagramação	Giovana Gatti Leonardo
Direção de arte	José Duarte T. de Castro
Capa	José Duarte T. de Castro
Tradução	Torrieri Guimarães
Revisão	Alexander B. A. Siqueira
Impressão e acabamento	Metabrasil

Este livro segue o novo Acordo Ortográfico da Língua Portuguesa.

Dados Internacionais de Catalogação na Publicação (CIP)
(Câmara Brasileira do Livro, SP, Brasil)

Aristóteles.
Política / Aristóteles; tradução Torrieri Guimarães. — São Paulo: Martin Claret, 2017.
(Coleção a obra-prima de cada autor; 61).

Título original: *Politikón.*

ISBN 978-85-440-0162-2

1. Filosofia grega 2. Política I. Título. II. Série.

17-08028 CDD-320

Índices para catálogo sistemático:

1. Religião e sociologia: Teologia social 261

EDITORA MARTIN CLARET LTDA.
Rua Alegrete, 62 – Bairro Sumaré
01254-010 – São Paulo, SP
Tel.: (11) 3672-8144 – Fax: (11) 3673-7146
www.martinclaret.com.br
3ª reimpressão – 2025

Sumário

Conteúdo dos livros e capítulos

Livro I

Capítulos I, II. Definição e estrutura da Cidade.

I. A Cidade é a forma mais elevada de comunidade e tem como objetivo o bem mais elevado. A diferença entre a Cidade e os outros tipos de comunidade surge quando examinamos as partes pelas quais ela é composta.

II. A Cidade é constituída de aldeias que por sua vez são constituídas de famílias. A família é fundamentada sobre as duas relações: a de homem e mulher, e a de senhor e escravo; ela existe para satisfazer as necessidades diárias do homem. A aldeia, uma comunidade mais ampla, satisfaz um leque mais amplo de necessidades. A Cidade tem como objetivo satisfazer todas as necessidades dos homens. Os homens formam as Cidades para assegurar uma subsistência básica; todavia, o objeto último da Cidade é promover a vida boa. Na hierarquia da natureza, a Cidade precede a família e o indivíduo. Ela é fundada pelo impulso natural do homem para a associação política.

Capítulos III-XIII. Economia doméstica. O escravo. A propriedade. Crianças e esposas.

III. Discutamos a economia doméstica, uma vez que a Cidade é composta por famílias.

IV. Em primeiro lugar, falemos da escravidão. O escravo é uma parte da propriedade, a qual é animada e mais útil para a ação do que para a produção.

V. A escravatura é natural; em todos os âmbitos do universo natural, encontramos uma relação entre o governante e o governado. Há seres humanos que, sem a posse da razão, compreendem isso. Estes são escravos naturais.

VI. Mas encontramos pessoas submetidas à escravidão que não são escravos naturais. Por isso, a escravidão é uma instituição condenada por alguns; mas estes estão equivocados. O escravo natural beneficia-se da sujeição a um senhor.

VII. A arte de governar escravos é diferente da arte de governar homens livres, mas não requer uma descrição detalhada; qualquer um que seja um senhor natural pode adquirir esse conhecimento por si mesmo.

VIII. Referente à propriedade e à forma de sua aquisição. Este assunto nos diz respeito porque a propriedade é um substrato indispensável da economia doméstica.

IX. Mas não necessitamos daquela forma de finanças que acumula riqueza como um fim em si mesmo. Este é um tipo artificial de finanças. Ela foi feita possível pela invenção da cunhagem de dinheiro. O acúmulo de dinheiro é realizado por meio do câmbio. As finanças naturais e as artificiais são frequentemente tratadas como se fossem o mesmo assunto, mas diferem em seus objetivos;

X. Diferem também no sentido de que as finanças naturais dizem respeito apenas ao fruto da terra e aos animais.

XI. As finanças naturais são necessárias ao chefe da família; ele deve, portanto, ter o domínio de assuntos como a criação de animais, a agricultura, possivelmente a troca de produtos da terra, como a madeira e os minerais, por dinheiro. Existem tratados especiais de finanças que devem ser estudados pelo estadista.

XII. Finalmente, devemos discutir e distinguir as relações entre marido e esposa, e entre pai e filhos.

XIII. Na administração doméstica, as pessoas requerem maior atenção do que as coisas; as pessoas livres, mais dos que os escravos. Os escravos são capazes apenas de um tipo inferior de virtude. Sócrates estava enganado ao negar que existem diversos tipos de virtude. Ainda assim o escravo precisa ser treinado para a virtude. A educação do homem livre é um assunto que será discutido mais adiante.

Livro II

Capítulos I-VIII. Comunidades Ideais – Platão, Faléas, Hipódamo.

I. Para determinar a natureza da cidade ideal, deveríamos começar pelo exame das melhores cidades da história e as melhores cidades já imaginadas pelos teóricos. De outro modo, perderíamos nosso tempo discutindo problemas que outros já resolveram.

Entre os teóricos, Platão na *República* levanta as questões mais fundamentais. Ele deseja abolir a propriedade privada e a família.

II. Mas o fim que ele tem em vista é equivocado. Ele deseja que todos os cidadãos sejam absolutamente iguais; porém a diferenciação das funções é uma lei da natureza.

III. E o meio pelo qual ele gostaria de promover a unidade é equivocado. A abolição da propriedade produzirá o desentendimento em vez de acabar com ele. O comunismo de esposas e crianças destruirá o afeto natural.

IV. Outras objeções podem ser feitas; mas esta é a objeção fatal.

V. Detalhando: as vantagens que podem ser esperadas do comunismo de propriedade seriam mais bem asseguradas se a propriedade privada fosse usada, em espírito liberal, para aliviar os desejos de outros. A propriedade privada faz que os homens sejam mais felizes, e permite a eles cultivar virtudes como a generosidade. A *República* sugere que a unidade seja o resultado da uniformidade entre os cidadãos, o que não é o caso. O bom senso da humanidade tem sempre se contraposto a Platão, e a experiência demonstraria que sua ideia é impraticável.

VI. Platão esboçou uma outra Cidade ideal nas *Leis*; sua intenção era apresentar uma proposta mais viável que a anterior. Nas *Leis,* ele abandonou o comunismo, mas de outro lado preservou as ideias principais do tratado anterior, a não ser pelo fato de que criou a nova Cidade maior e na verdade criou-a grande em demasia. Ele esqueceu-se de discutir as relações exteriores, de fixar um limite para a propriedade privada, de restringir o crescimento da população e de distinguir entre governante e governado. A forma de governo que ele propôs era ruim.

VII. Faléas da Calcedônia fez da distribuição igualitária da pobreza o aspecto principal de seu esquema. Isso seria difícil de se efetivar e não resolveria os males que Faléas tinha em mente. Os conflitos surgem a partir de causas mais profundas do que a simples desigualdade da distribuição da riqueza. Sua Cidade seria frágil contra os inimigos do exterior. Suas reformas despertariam raiva dos ricos e não satisfariam os pobres.

VIII. Hipódamo, que não tinha experiência prática na política, tinha como objetivo a simetria. Em sua Cidade haveria três classes, três tipos de propriedade e três tipos de leis. Ele também propôs (1) criar um tribunal de apelação, (2) deixar aos júris a atribuição de qualificar seus veredictos, (3) recompensar aqueles que fizerem descobertas de utilidade pública. A sua divisão de classes e o seu sistema de propriedade eram mal divididos. Veredictos qualificados são impossíveis, uma vez que os jurados não podem reunir-se para discuti-los. A lei referente às descobertas encorajaria os homens a tramar contra a constituição. As leis, quando obsoletas e absurdas, deveriam ser mudadas; mas alterações desnecessárias reduzem o respeito pela lei.

Capítulos IX-XII. As melhores cidades existentes – Lacedemônia, Creta e Cartago – Legisladores gregos.

IX. Os lacedemônios não podem administrar a sua população escrava. Suas mulheres são demasiadamente influentes e voltadas ao luxo. O seu sistema de propriedade levou à concentração de toda a riqueza em umas poucas mãos. Por essa razão, o grupo dos cidadãos foi reduzido. Há pontos a serem criticados no eforato, no senado, na realeza, nas refeições coletivas, no almirantado. Os lacedemônios e sua Cidade são preparados exclusivamente para a guerra. Contudo, mesmo durante a guerra, a Lacedemônia é prejudicada pela carência de um sistema financeiro.

X. As cidades cretenses parecem-se com a Lacedemônia em suas constituições, mas são mais primitivas. Suas refeições coletivas são mais bem administradas, mas a instituição dos cosmos é pior do que a dos éforos. A constituição cretense é uma oligarquia estreita e facciosa; as cidades são preservadas da destruição apenas em razão de sua posição geográfica.

XI. O modelo de constituição de Cartago é bastante elogiado, e não sem razão. Ele pode ser comparado ao modelo lacedemônio; trata-se de uma oligarquia com alguns traços democráticos. Ela enfatiza a importância da riqueza; em Cartago, todos os cargos públicos são comprados e vendidos. Além disso, um único homem pode ocupar diversos cargos públicos simultaneamente. Esses são aspectos ruins. Todavia, a parte descontente da população é tranquilizada por meio de esquemas de emigração.

XII. Entre os legisladores, Sólon era o melhor; conservador, quando possível, e um democrata moderado. A respeito de Filolau, Carondas, Faléas, Drácon, Pítaco e Androdamas há muito pouco a ser dito.

Livro III

Capítulos I-V. O cidadão, a virtude cívica e o corpo cívico.

I. Como definiremos um cidadão? Ele é mais do que apenas um habitante; direitos privados não são suficientes para definir um cidadão. Ordinariamente, trata-se de alguém que possui poder político; alguém que se senta nos júris e nas assembleias. Mas é difícil encontrar uma definição que se aplique a todos os chamados cidadãos. Defini-los apenas como filhos de cidadãos é um procedimento frívolo.

II. Alguns dizem que seus direitos cívicos devem ser justamente adquiridos. Mas é cidadão todo aqueles que tenha poder político, independentemente do modo como esse poder tenha sido adquirido.

III. Similarmente, a Cidade é definida pelo modelo de distribuição de poder político; quando o modo de distribuição é alterado, uma nova Cidade passa a existir.

IV. O bom cidadão pode não ser um homem bom; o bom cidadão é aquele que presta bons serviços à sua Cidade, e essa Cidade pode ser ruim em princípio. Em uma Cidade constitucional, os bons cidadãos sabem governar e obedecer. O homem bom é aquele bem preparado para governar. Mas o cidadão em uma Cidade constitucional aprende a governar pela obediência às ordens. Portanto, a cidadania em uma Cidade assim é um treinamento moral.

V. Artífices não serão cidadãos nas melhores Cidades. As democracias extremadas e algumas oligarquias negligenciam essa regra. Mas as circunstâncias as obrigam a isso. Elas não têm escolha.

Capítulos VI-XIII. A classificação das constituições; democracias e oligarquias; monarquia.

VI. São dois os objetivos de uma Cidade: satisfazer o instinto social do homem, e prepará-lo para a boa vida. O governo político é distinto do governo sobre escravos por objetivar prioritariamente o bem daqueles que são governados.

VII. Podemos julgar se as constituições são boas ou ruins, pelo fato de o bem-estar comum ser ou não o seu objetivo. Há três tipos bons de constituição: a monarquia, a aristocracia e o governo constitucional. Há também três tipos ruins de constituição: a tirania, a oligarquia e a democracia extremada. Os tipos ruins são perversões dos tipos bons.

VIII. As democracias e as oligarquias não são determinadas pela proporção numérica existente entre os governantes e os governados. A democracia é o governo dos pobres; a oligarquia é o governo dos ricos.

IX. Os democratas têm por lema a igualdade; os oligarcas acreditam que os direitos políticos deveriam ser desiguais e proporcionais à riqueza. Mas ambos os modelos desviam-se do verdadeiro objetivo de sua Cidade, que é a virtude. Aqueles que fazem o máximo para promover a virtude merecem a maior parcela de poder.

X. Dentro do mesmo princípio, a justiça não é a vontade da maioria nem dos mais ricos, mas aquele curso de ação que o objetivo moral da Cidade requer.

XI. Todavia, quem tem maior probabilidade de fazer um governo melhor: os que estão em maioria ou os que estão em minoria? Não seria razoável conceder os cargos mais elevados para a maioria. Os que a compõem possuem uma faculdade crítica que os torna mais bem preparados para o governo deliberativo e o poder judiciário. O indivíduo dotado de julgamento crítico não necessita ser um especialista; estes são, algumas vezes, maus juízes. Além disso, a maioria possui uma parcela maior de bens na Cidade do que a minoria. Mas o grupo governante, seja ele composto pela minoria ou pela maioria, deve ser supervisionado em consonância com as leis.

XII. De acordo com que princípio o poder político deveria ser distribuído? Deve-se assegurar que os iguais recebam parcelas equivalentes de poder. Quem são esses iguais? Obviamente, referimo-nos àqueles que são igualmente capazes de prestar serviços à Cidade.

XIII. Portanto, há certa razão nas reivindicações feitas pelos mais ricos, os que nascem livres, os nobres, os bem-nascidos, mas a nenhuma dessas classes dever-se-ia permitir que governassem as demais. A Cidade deveria ser constituída por homens que são iguais, ou quase isso, em termos de riqueza, de nascimento, de excelência moral e intelectual. O princípio que está por baixo do ostracismo é plausível. Mas na Cidade ideal, se um indivíduo superior for encontrado, ele deve ser feito rei.

Capítulos XIV-XVIII. As formas da monarquia.

XIV. Há cinco tipos de monarquia, (1) a da Lacedemônia, (2) a dos bárbaros, (3) a ditadura eletiva, (4) a heroica, (5) a monarquia absoluta.

XV. A última destas formas pode parecer a alguns o melhor tipo de organização social; é aquela em que o rei age como se fosse a encarnação da lei. Isso porque ele irá administrar a partir da lei e no espírito da lei. Mas esse poder sofreria menos abuso se fosse reservado para a maioria. A monarquia surgiu para atender às necessidades da sociedade primitiva; atualmente, ela é obsoleta e questionável sob muitos aspectos.

XVI. A monarquia tende a tornar-se hereditária; ela sujeita os iguais ao governo de um igual. O monarca pode ser enganado pelas suas paixões, e nenhum homem isolado será capaz de lidar com todos os deveres gerados pelo governo.

XVII. Só é possível imaginar-se um caso no qual a monarquia absoluta seria justa.

XVIII. Consideremos a origem e a natureza da melhor organização social, agora que concordamos em que a monarquia absoluta não é a melhor.

Livro IV (classificado por alguns como VI)

Capítulos I-X. Variações dos principais tipos de constituição.

I. A ciência política deveria estudar (1) o Estado ideal, (2) aquelas Cidades que podem ser as melhores obtidas sob circunstâncias especiais, e até mesmo (3) aquelas que são essencialmente ruins. O estadista deve, algumas vezes, ser capaz de tirar o melhor de uma constituição ruim.

II. Entre os nossos seis tipos principais de constituição, a monarquia e a aristocracia já foram discutidas (cf. Livro III, c. XIV s.). Comecemos com a discussão dos outros quatro e suas respectivas divisões, inquirindo também quando e por que elas devem ser desejáveis.

III. Primeiramente, vejamos a democracia e a oligarquia. O ponto de vista costumeiro de que a democracia e a oligarquia deveriam ser tidas como os tipos principais de constituição está em desacordo com o nosso próprio ponto de vista e está equivocado. Este é o ponto de vista de que a proporção numérica entre governantes e governados faz a diferença entre esses dois tipos; em uma democracia, a maioria é de pobres, em uma oligarquia a minoria é também de ricos. Em todos os tipos de Cidade, a distinção entre ricos e pobres é a divisão de classes mais fundamental. Contudo, a oligarquia e a democracia são tipos importantes de governo; e suas variações surgem das diferenças de caráter entre os ricos e os pobres que as governam respectivamente.

IV. Existem quatro tipos de democracia. A pior, a democracia extremada, é aquela na qual todos os cargos são acessíveis a todas as pessoas, e a vontade do povo é soberana sobre todas as leis.

V. Também existem quatro tipos de oligarquia; o pior deles é aquele no qual os cargos são hereditários e os magistrados não são controlados pela lei.

VI. Essas variações surgem sob circunstâncias que podem ser brevemente descritas.

VII. Quanto à aristocracia, no senso estrito do termo, só existe uma única forma, aquela em que apenas os melhores cidadãos são considerados cidadãos.

VIII. O governo constitucional é um meio-termo entre a democracia e a oligarquia, mas inclina-se para o lado da democracia. Muitas das chamadas aristocracias são na verdade governos constitucionais.

IX. Existem diferentes maneiras de realizar a composição de um governo constitucional. Exemplo de uma composição bem-sucedida.

X. Existem três tipos de tirania: (1) o despotismo bárbaro, e (2) a ditadura eletiva que já foi discutida anteriormente; em ambas há um governo harmonizado com as leis desejadas pelos súditos. Mas na (3) forma estrita de tirania, existe o governo de um homem que está acima das leis, e que submete os súditos contra a vontade deles.

Capítulos XI-XIII. Sobre a melhor Cidade em geral e também a que é melhor em circunstâncias especiais.

XI. Para o tipo médio de Cidade, a melhor constituição será uma que seja intermediária entre o governo dos ricos e o governo dos pobres; a classe média será suprema. Nenhuma Cidade será bem administrada se sua a classe média não estiver no controle. A classe média é mais forte em Cidades grandes do que em Cidades pequenas. Por conseguinte, ela raramente chegou ao poder na Grécia; especialmente porque a democracia e a oligarquia foram apoiadas por cidades muito influentes.

XII. Nenhuma constituição pode administrar com o apoio da classe mais forte da Cidade. Portanto, a democracia e a oligarquia são as únicas constituições possíveis em algumas cidades. Mas, nesses casos, o legislador deveria apaziguar a classe média.

XIII. Qualquer que seja o modelo de constituição a ser adotado, existem expedientes a ser observados que podem auxiliar na tarefa de preservá-la.

Capítulos XIV-XVI. Como proceder na estruturação de uma constituição.

XIV. O legislador deve prestar atenção a três pontos em particular: (a) a assembleia deliberativa, que é diferente em cada modelo de constituição.

XV. (b) o executivo. Neste caso, ele deve saber quais os cargos públicos indispensáveis e quais deles podem ser convenientemente combinados na pessoa do magistrado; também deve saber se os mesmos cargos públicos devem ser supremos em todas as Cidades; e, ainda, quais dos doze ou mais métodos de nomeação deveriam ser adotados em cada um desses casos.

XVI. (c) os tribunais. Neste caso ele deve considerar os tipos de tribunais, suas esferas de ação, seus métodos de procedimento.

Livro V (VIII)

Capítulos I-IV. Acerca das revoluções e suas causas em geral.

I. As Cidades comuns são fundadas sobre ideias equivocadas de justiça, que conduzem ao descontentamento e à revolução. Algumas revoluções são promovidas para a introdução de uma nova constituição, outras para modificar a constituição antiga, outras ainda para trocar de mãos o poder deliberativo da constituição. Tanto a democracia quanto a oligarquia contêm falhas inerentes que conduzem à revolução, mas a democracia é o tipo mais estável das duas.

II. Podemos conhecer o estado de espírito que fomenta a revolução, os objetivos que motivam a sua eclosão e as suas causas.

III. Este último tema merece um estudo mais detalhado.

IV. As circunstâncias em que uma sedição tem início podem parecer triviais, mas nunca são as suas verdadeiras causas. Uma causa comum é o engrandecimento de uma classe particular; outra causa comum é uma contenda entre os ricos e os pobres quando há um equilíbrio numérico entre eles e não existe uma classe média para mediar o conflito. Uma revolução pode ser levada a efeito de duas maneiras: pela força ou pela fraude.

Capítulos V-XII. Revoluções em Cidades particulares e de como as revoluções podem ser evitadas.

V. (a) Nas democracias, as revoluções podem originar-se em uma perseguição aos ricos; ou quando um demagogo torna-se um general, ou quando políticos competem para serem favorecidos pela massa.

VI. (b) Nas oligarquias o povo pode rebelar-se contra a opressão; oligarcas ambiciosos podem conspirar, ou apelar ao povo, ou estabelecer um tirano no poder. As oligarquias quase nunca são destruídas, a não ser quando existem contendas entre os seus próprios membros; ou quando elas empreguem um capitão mercenário que acaba por tornar-se um tirano.

VII. (c) Nas aristocracias e governos constitucionais a injustiça das classes governantes pode conduzir à revolução, mas isso se dá com menor frequência nos governos constitucionais. As aristocracias podem também ser arruinadas pelas classes menos privilegiadas ou por um homem ambicioso de talento. As aristocracias tendem a se tornar oligarquias. Elas são também passíveis de uma dissolução gradual; o que igualmente se aplica aos governos constitucionais.

VIII. Estas são as melhores precauções contra a sedição: evitar a ilegalidade e as fraudes sobre os menos privilegiados; manter um bom sentimento entre os governantes e os governados; vigiar as causas destrutivas; alterar as qualificações da propriedade de tempos em tempos; não permitir que indivíduos ou classes tornem-se poderosos demais; não permitir que a magistratura torne-se uma fonte de lucros; estar atento à opressão de classes sociais.

IX. De todos os magistrados, devemos requerer lealdade, habilidade e justiça; não devemos conduzir o princípio da constituição a extremos; devemos educar os cidadãos no espírito de uma constituição.

X. (d) As causas que destroem e os meios que preservam uma monarquia devem ser, a princípio, considerados separadamente. Vamos distinguir, a princípio, a tirania e a monarquia. A tirania combina os vícios da democracia e da oligarquia. A monarquia é exposta aos mesmos defeitos que a aristocracia. Mas esses dois tipos de monarquia são especialmente ameaçados pela insolência de seus representantes e pelo medo ou desprezo que eles inspiram nos outros. A tirania é frágil contra os inimigos externos e os domésticos; a monarquia é forte contra a invasão, fraca contra a sedição.

XI. A moderação é a melhor forma de preservar a monarquia. A tirania pode fiar-se em expedientes tradicionais que levam à desmoralização e à divisão de seus súditos, ou ela pode imitar a monarquia, demonstrando moderação nas despesas e cortesia e temperança nas relações sociais, pelo uso sábio de ministros, pela manutenção do equilíbrio igualitário entre os ricos e os pobres.

XII. Todavia, as tiranias do passado duraram pouco. A discussão de Platão em *A República* sobre as revoluções é inadequada; por exemplo, ele não explica os resultados de uma revolução contra uma tirania, e não poderia fazê-lo em sua teoria; ele também não está correto quanto à causa da revolução na oligarquia; ele tampouco faz distinção entre as diferentes variações de oligarquia e a democracia.

Livro VI (VII)

Capítulos I-VIII. Referente à organização apropriada das democracias e das oligarquias.

I. (a) As democracias diferem entre si (1) de acordo com o caráter do corpo de cidadãos, (2) de acordo com o modo utilizado para combinar os diferentes aspectos característicos da democracia.

II. A liberdade é o primeiro princípio da democracia. A consequência desse princípio é que a maioria numérica torna-se suprema, e cada homem vive como prefere. A partir dessas características, podemos facilmente inferir as outras características da democracia.

III. Nas oligarquias não é a maioria numérica mas os homens mais ricos que são supremos. Isso é injusto se a suprema autoridade for absoluta e estiver acima da lei. Ambos, o número e a riqueza, deveriam ter a sua parcela de influência. Mas é difícil encontrar os verdadeiros princípios de justiça política, e ainda mais difícil levar os homens a agir de acordo com eles.

IV. Existem quatro espécies de democracia (cf. Livro IV, c. IV). A melhor é (1) uma democracia agrícola, na qual os magistrados são eleitos pelo corpo de cidadãos e responsáveis por ele, enquanto cada cargo público é concedido de acordo com critérios proporcionais à importância das propriedades. Essas democracias deveriam encorajar a agricultura por meio da legislação. A segunda melhor espécie de democracia (2) é a democracia pastoril. Segue-se (3) a democracia comercial. A pior de todas é (4) a democracia extremada.

V. É mais difícil manter do que fundar uma democracia. Para preservá-la devemos evitar que os pobres saqueiem os ricos; não devemos exaurir as rendas públicas com as despesas das obras públicas; devemos evitar o crescimento de classes miseráveis.

VI. (b) As formas pelas quais são fundadas as oligarquias requerem algumas explicações. A organização cuidadosa é a melhor maneira de preservar esses governos.

VII. Muito depende das providências militares; os oligarcas não devem permitir que seus súditos tornem-se elementos poderosos demais nas fileiras do exército. A admissão para o corpo de governo deveria ser acessível graças a condições facilitadas. O exercício de cargos públicos deve ser um dever penoso, e não uma fonte de lucros.

VIII. Tanto nas oligarquias quanto nas democracias, uma boa organização dos cargos públicos é importante. Alguns tipos de cargo são necessários em todas as cidades; outros são peculiares a certos tipos especiais de cidade.

Livro VII (IV)

Capítulos I-III. O bem supremo para os indivíduos e as cidades.

I. Antes de edificar a Cidade ideal, devemos conhecer qual é o tipo de vida mais desejável para as cidades e para os indivíduos. A verdadeira felicidade ocorre a partir da posse da sabedoria e da virtude, e não da posse de bens externos. Mas uma vida virtuosa deve ser equipada com bens externos a ser usados como ferramentas. Essas leis contêm o bem de ambos, indivíduos e Cidades.

II. Mas a virtude mais elevada consiste na contemplação ou na ação? As cidades do passado viveram para a ação que tomou a forma da guerra e da conquista. Porém a guerra não pode ser considerada um objetivo racional de uma Cidade.

III. Uma vida virtuosa implica atividade; a atividade pode ser especulativa mas também pode ser prática. Estão equivocados aqueles que consideram a vida de um político como uma vida degradante. Mas também estão errados aqueles que tratam do poder político como o bem mais elevado.

Capítulos IV-XII. Uma imagem da Cidade ideal.

IV. Devemos começar considerando os aspectos da população e do território. A população deveria ser a menor possível, sem que seja necessário sacrificar a independência e a capacidade de uma vida moral. Quanto menor for a população, mais administrável ela será.

V. O território deve ser grande o suficiente para suprir os cidadãos com os meios necessários para que vivam liberal e equilibradamente, com abundância de ócio. A cidade deve localizar-se numa posição central.

VI. A comunicação com o mar é desejável do ponto de vista econômico e militar; mas os efeitos morais do comércio marítimo são ruins. Se a Cidade possui uma marinha, a vila portuária deveria estar situada a alguma distância da Cidade.

VII. O caráter dos cidadãos deveria ser intermediário entre o dos asiáticos e o das raças do norte; a inteligência e o espírito elevado deveriam misturar-se harmoniosamente, como o que se dá em algumas raças gregas.

VIII. Devemos distinguir os membros de uma Cidade daqueles que, apesar de serem necessários como escravos, não são seus membros. Devem existir homens capazes de prover alimentos, de criar arte, de realizar atividades militares, de conduzir as atividades de troca, de supervisionar a religião da Cidade, de garantir o exercício das funções políticas e judiciais.

IX. Todavia, dessas classes deveríamos excluir do corpo de cidadãos (1) os artífices, (2) os comerciantes, (3) os agricultores. Guerreiros, governantes, sacerdotes permanecem elegíveis para a cidadania. As mesmas pessoas deveriam exercitar essas três profissões, mas em diferentes períodos da vida. A posse da terra deveria ser restrita a elas.

X. Tal distinção entre uma classe governante e uma classe de súditos, baseada em uma diferença de ocupação, não é nova. Ela ainda existe no Egito, e o costume das refeições coletivas em Creta e na Itália prova que a sua existência se forma dali. A maioria das valiosas regras da política foi descoberta várias vezes no curso da história. Ao lidar com as terras da Cidade, devemos distinguir entre o território público e o território particular. Ambos os tipos de terra deveriam ser cultivados pelos escravos ou pelos bárbaros, que possuem uma disposição ao servilismo.

XI. A localização da Cidade deveria ser escolhida tendo em vista (1) a saúde pública, (2) a conveniência política, (3) as necessidades estratégicas. A inclinação do solo da cidade deveria ser suficientemente regular para que ele seja belo, mas não tão regular que torne difícil a defesa militar. Muralhas são uma necessidade prática.

XII. É importante que a distribuição dos edifícios no espaço da Cidade seja cuidadosamente pensada.

Capítulos XIII-XVII. O sistema educacional da Cidade ideal, seu objetivo e seus estágios iniciais.

XIII. A natureza e o caráter dos cidadãos devem ser determinados em função do tipo de felicidade que desejamos buscar. A felicidade foi definida na *Ética* como o perfeito exercício da virtude, sendo esta última compreendida não como uma qualidade condicional, mas em seu sentido absoluto. Ora, um homem adquire esse tipo de virtude com o auxílio da natureza, do hábito e da razão. O hábito e a razão são frutos da educação, que precisa, portanto, ser discutida.

XIV. Os cidadãos devem ser educados para obedecer enquanto forem jovens e preparados para governar quando mais velhos. Governar é a função mais elevada a que devem aspirar. Já que o bom governante é a mesma coisa que o homem bom, nossa educação deve ser estruturada para produzir o homem bom. Ela deveria desenvolver todas as capacidades dos homens e torná-los aptos a todas as atividades da vida; mas as capacidades e as atividades mais elevadas devem estar a serviço da educação. Uma educação que é puramente militar, como a dos lacedemônios, negligencia esse princípio.

XV. As virtudes da paz (a cultura intelectual, a temperança, a justiça) são as mais necessárias para as cidades e para os indivíduos; a guerra não é nada além de um meio para assegurar a paz. Mas a educação deve seguir a ordem natural do desenvolvimento humano, ocupando-se primeiramente com o corpo, lidando em seguida com os apetites, e deixando para o final o treinamento do intelecto.

XVI. Para produzir um espírito saudável, o legislador deve fixar a idade do casamento, regulamentar as condições físicas dos pais, fornecer meios para a criação das crianças e estabelecer a duração do casamento.

XVII. Ele deve também prescrever um treinamento físico para as crianças e para as crianças mais novas. Para a sua educação moral, as crianças deveriam ser entregues a supervisores; esses devem selecionar as histórias que contarão a elas, determinarão as suas relações de amizade, as pinturas, as peças teatrais, as estátuas que elas poderão ver. Dos cinco aos sete anos de idade, as crianças devem ser preparadas para começar o seu treinamento intelectual.

Livro VIII (V)

Capítulos I-VII. A educação. A música e a ginástica.

I. A educação deve estar sob o controle do governo e deve ser a mesma para todos os cidadãos.

II. Ela deve incluir aqueles assuntos úteis que todas as pessoas deveriam ser capazes de dominar, mas nada que degrade a mente ou o corpo.

III. A redação, a escrita e o desenho sempre foram ensinados pelo valor de sua utilidade; a ginástica é adotada por desenvolver a coragem. A música é ensinada como forma de recriação, mas ela serve a um propósito mais elevado. O nobre emprego do lazer é o objetivo mais elevado a que um homem pode aspirar; e a música é muito valiosa para esse propósito. O mesmo pode ser dito a respeito do desenho e sobre outros temas educacionais que têm o mesmo valor.

IV. A ginástica é o primeiro estágio da educação; mas não deveríamos desenvolver a coragem e o espírito de nossas crianças à custa de sua mente, como o que se faz na Lacedemônia. Até a puberdade e nos três anos seguintes, os exercícios físicos devem ser leves.

V. Se a música fosse simplesmente uma diversão, não deveria ser ensinada às crianças; seria melhor que elas se limitassem a ouvir a apresentação musical dos profissionais. Mas a música é uma disciplina moral e um deleite racional.

Política

Livro I

Capítulo I

Toda Cidade[1] é um tipo de associação, e toda associação é estabelecida tendo em vista algum bem (pois os homens sempre agem visando a algo que consideram ser um bem); por conseguinte, a sociedade política [*pólis*], a mais alta dentre todas as associações, a que abarca todas as outras, tem em vista a maior vantagem possível, o bem mais alto dentre todos.

Estão enganados aqueles que pensam[2] que o governo político [*politikón*],[3] o de um rei [*basilikón*], o doméstico ou do chefe de família [*oikonomikón*],[4] e o despótico (*despotikón*)[5] sejam uma só e mesma coisa, diferindo apenas quanto ao número de súditos, não vendo que são modos diversos de autoridade. Eles pensam que, se aquele que governa tem poucos súditos, trata-se de um senhor; se tem um pouco mais, é um chefe de família; e se tem um número ainda mais elevado é um rei ou um magistrado; como se não houvesse a menor distinção entre uma grande família e uma pequena cidade. A diferença entre o governo de um rei e o governo político [o exercido por um magistrado], de acordo com eles, consistiria no seguinte: quando um homem governa sozinho e seu cargo é vitalício [não se alterna no poder], trata-se do governo de um rei; e quando um homem é governante e

---

[1] "Cidade" no sentido da *pólis* grega: Cidade-Estado, Estado. (N. do T.)

[2] Cf. Platão, 258 E-259 d. (N. do T.)

[3] Isto é, o governo exercido por um magistrado. (N. do T.)

[4] O governo exercido pelo chefe de família. (N. do T.)

[5] O governo do senhor para com o escravo. (N. do T.)

governado, de modo alternado, por causa da Constituição, o governo é político.

Mas tudo isso é um engano, pois os governos diferem em espécie, como fica evidente a qualquer um que considere o assunto segundo o método que nos tem guiado até aqui. Na política, assim como em qualquer outro ramo da ciência, para conhecer as coisas compostas temos de as decompor (*syntheton*) até chegarmos aos seus elementos mais simples. Dessa forma, ao considerar os elementos dos quais a cidade é composta, veremos melhor em que diferem entre si, e se é possível chegar a alguma conclusão científica e prática acerca desses objetos aos quais acabamos de nos referir.

Capítulo II

A melhor maneira, então, de estabelecer uma teoria dessa matéria é pela consideração das coisas a partir de sua origem e em seu desenvolvimento. Em primeiro lugar, deve-se unir em pares aqueles seres que, como o homem e a mulher, não podem ficar um sem o outro, para a geração; tal associação é formada, não por um propósito deliberado por parte deles, mas por uma tendência da natureza: em comum com os outros animais e com as plantas, os homens têm um desejo natural de deixar em um outro ser a imagem de si mesmos. Há também, por natureza, visando à conservação das espécies, um ser que comanda e outro que obedece: aquele que é capaz de previdência, por sua inteligência, é por natureza o senhor; e aquele que é capaz, pelo vigor de seu corpo, de pôr em ação aquilo que o senhor prevê, é um súdito e, por natureza, um escravo; por conseguinte, senhor e escravo têm o mesmo interesse.

A natureza distinguiu a mulher do escravo, porque não age de modo avaro, como os artífices [*technites*] de Delfos, que fazem facas para diversos fins; ela designa um fim específico para cada coisa. O instrumento mais perfeito não é o que serve para vários usos, mas para aquele que lhe é próprio.

Mas, entre os bárbaros, a mulher e o escravo confundem-se na mesma classe, porque lá não existe alguém que por natureza possa comandar: é uma comunidade de escravos dos dois sexos. Por isso o poeta escreveu:

> Os helenos têm, por direito, o poder de comandar os bárbaros,[6]

como se, por natureza, bárbaro e escravo fossem uma só coisa.

É dessas duas associações, entre o homem e a mulher, e o senhor e o escravo, que se forma inicialmente a família [*oikía*]; e foi com razão que Hesíodo disse que a primeira família foi composta "pela mulher e o boi feito para o labor",[7] pois o boi exerce o papel do escravo entre os pobres. A família é, pois, a associação estabelecida pela natureza para atender às necessidades do dia a dia do homem, constituída pelos que, como disse Carondas, vivem da mesma provisão,[8] ou, como disse Epimênides de Creta, partilham o sustento.[9]

A sociedade que se forma em seguida, constituída por várias famílias, não só para apenas atender às necessidades cotidianas, mas tendo em vista uma utilidade comum, é a aldeia (*komé*). Ela assemelha-se a uma colônia de famílias, cujos membros foram alimentadas pelo mesmo leite.[10] É por isso que as cidades foram originariamente governadas por reis, como ainda hoje o são algumas nações, posto que eram constituídas pela reunião de pessoas que já viviam sob o governo de um rei: toda casa, com efeito, sendo governada

---

[6] Eurípides, *Ifigênia em Áulis*, v. 1.400. (N. do T.)

[7] Hesíodo, *Trabalhos e dias*, v. 376. (N. do T.)

[8] Pelos *homosipyous*: literalmente, "os que tiram o pão da mesma arca". (N. do T.)

[9] Pelos *homocápous*: literalmente, "os que comem na mesma manjedoura". (N. do T.)

[10] Os *homogálactas*; os avós, pais, e netos. (N. do T.)

pelo componente mais velho da família, tal como por um rei, continuava a viver governada pela mesma autoridade, em razão do parentesco. É o que diz Homero:

> Cada um, senhor absoluto de suas mulheres e de filhos,
> Para todos prescreve leis...,[11]

isso porque, naqueles tempos primitivos, os homens viviam dispersos por extensos territórios. É por isso também que os homens, nos tempos antigos, que viveram sob o governo de um rei, diziam, e os homens que ainda hoje vivem sob essa forma de governo dizem que os deuses vivem sob o governo real. Eles imaginam os deuses segundo a própria imagem, e do mesmo modo atribuem a eles o seu próprio modo de vida.

E quando várias aldeias se unem em uma única e completa comunidade, a qual possui todos os meios para bastar-se a si mesma, surge a Cidade (*pólis*), formada originariamente para atender às necessidades da vida e, na sequência, para o fim de buscar viver bem. Assim, se em sua forma inicial essa associação era conforme com a natureza, do mesmo modo o é a Cidade, pois esta é o fim daquela primeira associação, e a natureza de uma coisa é justamente o seu fim: dizemos que um ser é perfeito [que atingiu o seu completo desenvolvimento] quando ele (seja um homem, um cavalo ou uma família) está conforme com a natureza; e que a coisa que, superando todas as outras, aproxima-se mais do desenvolvimento completo do que lhe é próprio deve ser considerada a melhor. A causa final e o fim de cada coisa é o seu mais perfeito estado, e bastar-se a si mesmo é o fim de cada ser e a sua excelência.

Fica evidente, pois, que a Cidade é uma criação da natureza, e que o homem, por natureza, é um animal político [isto é, destinado a viver em sociedade], e que o homem que, por sua natureza e não por mero acidente, não tivesse sua existência na cidade seria um ser vil, superior ou inferior ao homem. Tal indivíduo, segundo Homero, é "um ser sem lar, sem família,

---

[11] Homero, *Odisseia*, cap. IX, v. 114. (N. do T.)

sem leis",[12] pois tem sede de guerra e, como não é freado por nada, assemelha-se a uma ave de rapina.

Que o homem é um animal político em um grau muito mais elevado que as abelhas e os outros animais que vivem reunidos é evidente. A natureza, conforme frequentemente dizemos, não faz nada em vão; ela deu somente ao homem o dom do discurso (*lógos*). O mero som da voz é apenas a expressão de dor ou prazer, e disso são capazes tanto os homens como os outros animais. Mas enquanto estes últimos receberam da natureza apenas essa faculdade, nós, os homens, temos a capacidade de distinguir o bem do mal, o útil do prejudicial, o justo do injusto. Com efeito, é isso o que distingue essencialmente o homem dos outros animais: discernir o bem e o mal, o justo e o injusto, e outros sentimentos dessa ordem [as qualidades ou propriedades de suas ações]. Ora, é precisamente a comunicação desses sentimentos o que engendra a família e a cidade.

Assim, por natureza a Cidade é anterior à família e ao indivíduo, uma vez que o todo é necessariamente anterior à parte. Se o corpo é destruído, não existirá nem o pé nem a mão, exceto por simples analogia, quando se diz, por exemplo, de uma mão de pedra. Todas as coisas são definidas pelas suas funções; e, desde o instante em que elas venham a perder as suas características, não mais se poderá dizer que são as mesmas coisas, e sim que tão somente têm o mesmo nome (*homônima*). Dessa forma, é evidente que a Cidade existe por natureza e que é anterior ao indivíduo; pois o indivíduo não tem capacidade de bastar-se a si mesmo; e, relativamente à cidade, está na mesma situação que a parte relativamente ao todo. Ora, o homem que não consegue viver em sociedade, ou que não necessita viver nela porque se basta a si mesmo, não faz parte da Cidade; por conseguinte, deve ser uma besta ou um deus. Assim, há em todos os homens uma tendência natural a uma tal associação; aquele que a fundou no princípio foi o maior dos benfeitores. Pois o homem, quando atinge esse

---

[12] Homero, *Ilíada*, cap. IX, v. 63. (N. do T.)

grau de perfeição, é o melhor dos animais, mas, quando está separado da lei e da justiça, é o pior dentre todos. A injustiça armada é a mais perigosa; o homem está provido por natureza de armas que devem servir à prudência e à virtude,[13] as quais, todavia, ele pode usar para fins opostos. Eis por que o homem sem virtude é a mais perversa e cruel das criaturas, a mais entregue aos prazeres dos sentidos e seus desregramentos. Mas a justiça é o liame entre os homens nas Cidades, pois a administração da justiça, a qual é a determinação do que é justo, é o princípio da ordem na sociedade política.

Capítulo III

Depois de haver examinado quais são as partes que formam a Cidade, devemos agora falar do governo doméstico, uma vez que toda Cidade é composta de membros ou partes, isto é (quando ela é perfeita ou inteiramente desenvolvida), de homens livres e de escravos. Ora, como devemos começar o exame do todo pela análise de elementos ou partes, e como os elementos principais e mais simples da família são o senhor e o escravo, o marido e a mulher, o pai e os filhos, parece que temos de considerar, de cada uma dessas três partes, quais são as qualidades que as distinguem ou caracterizam. O poder do senhor sobre o escravo é o despótico; o do marido sobre a mulher, e o do pai sobre os filhos são poderes para os quais não há um termo particular em grego.[14] Há ainda um outro elemento que, segundo alguns, faz parte do governo doméstico, a assim chamada arte de adquirir e conservar riqueza [economia], e que, segundo alguns, é mesmo a sua parte principal. Consideraremos também a natureza dessa arte.

---

[13] Virtude como tradução do termo grego *areté*, significando "virtude moral", "excelência" ou "talento". (N. do T.)

[14] Conforme nota de M. Thurot, da editora A Paris Chez Firmin Didot, père et fils, 1824, p. 13: "No capítulo 5º desse mesmo livro, parágrafo I, encontra-se o termo *poder paterno*".

Comecemos por falar do senhor e do escravo, a fim de conhecer o que é indispensável à composição da família, procurando ver se, relativamente a esse conhecimento, não poderíamos obter uma teoria mais exata do que as existentes até o presente. Como dissemos, alguns[15] imaginam que exista uma ciência do senhor, e que o poder do chefe de família, do senhor de escravos, o político e o do rei são uma única coisa. Outros afirmam que o poder do senhor [*despotikón*] sobre o escravo é contrário à natureza, e que a distinção entre escravo e homem livre existe apenas por lei ou por convenção, e não por natureza.

Capítulo IV

A propriedade é uma parte do governo doméstico, e a arte de adquirir bens é uma parte da economia, pois nenhum homem pode viver bem, ou mesmo simplesmente viver, sem estar provido do necessário. Portanto, como os bens fazem parte da casa, os meios de adquiri-los também fazem parte do governo doméstico; e, assim como nenhuma das artes que têm um objeto preciso e determinado realiza sua obra sem seus instrumentos próprios, a economia também precisa deles para chegar ao seu objetivo.

Os bens fazem parte do governo doméstico, e a arte de adquirir esses bens é uma parte da economia, já que nenhum homem pode viver bem, ou mesmo simplesmente viver, sem que esteja provido do necessário. E do mesmo modo como nenhuma das artes que possuem um alvo determinado executa completamente seu trabalho sem seus instrumentos apropriados, assim também sucede com a economia. Ora, entre esses instrumentos, uns são inanimados, e outros são animados. Assim, para o timoneiro do navio, o leme é um instrumento inanimado, e o marinheiro que trabalha na proa é um instrumento animado; em todas as artes, o trabalhador

[15] Cf. *Ética a Nicômaco*, V 1134, a, 31. (N. do T.)

é uma espécie de instrumento. Um bem que se possui é um instrumento útil para a manutenção da existência, e a soma dos bens possuídos é uma quantidade de instrumentos; e o escravo é uma propriedade animada, e, em geral, superior a todas as outras. Se cada instrumento pudesse cumprir por si mesmo, obedecendo ou antecipando o desejo do agente, como dizem que faziam as estátuas de Dédalo ou as trípodes de Hefesto, as quais, diz o poeta,[16] "vinham por si mesmas à assembleia dos deuses", se a lançadeira tecesse por si mesma a tela, ou o arco tirasse por si mesmo o som das cordas da lira, então nem os arquitetos necessitariam mais de trabalhadores braçais, nem os mestres precisariam mais de escravos. Aqui, contudo, uma outra distinção deve ser feita: chama-se "instrumento" o que realiza o efeito, e "propriedade doméstica" o que ele produziu. Com efeito, a lançadeira, por exemplo, pode produzir mais do que aquilo que lhe foi requerido, enquanto um tecido e uma cama são apenas para o uso.

Além disso, como a produção e o uso diferem quanto à espécie, e como ambos têm necessidade de instrumentos, deve necessariamente haver a mesma diferença entre esses seus instrumentos. Ora, a vida consiste no uso, não na produção; e, dessa forma, o escravo é o ministro da ação. A coisa possuída deve ser entendida como parte, pois essa palavra exprime não somente que é parte de uma outra coisa, mas também que pertence inteiramente a esta última. É assim que ocorre com a coisa possuída. O senhor é o proprietário de seu escravo, mas não é parte deste; enquanto o escravo não somente é destinado ao uso do senhor, mas é parte deste.

---

[16] Nota de M. Thurot (*op. cit.)*: "Dédalo, segundo Diodoro Sículo (I. 4, c. 76), foi o primeiro que, de algum modo, deu a suas estátuas movimento de vida, pelas atitudes variadas dos braços e pernas, ao passo que, antes dele, a estatuária apresentava apenas o braço contra o corpo e as pernas uma contra a outra, como se vê nos monumentos que restaram da arte egípcia. Platão também faz referência a essa inovação introduzida pela estatuária ateniense, no *Eutífron*, c.12, e no *Mênon*, c. 39. Quanto às trípodes de Hefesto, às quais nosso autor se refere nessa passagem, ver Homero, *Ilíada*, cap. XVIII, v. 376.

Vimos então qual é a natureza do escravo e para o que está destinado. Aquele que por natureza não pertence a si, mas a outro homem, é por natureza um escravo. E uma coisa possuída pode ser definida como um instrumento de ação, separado de seu senhor.

Capítulo V

Mas haverá ou não um homem assim? O escravo está conforme com a natureza, para o qual a sua condição é justa e útil, ou a escravidão é uma violação da natureza?

De resto, não há dificuldade em responder a essa questão, conduzindo-nos no terreno da razão e dos fatos. Pois que alguns devem comandar e outros obedecer não é uma coisa somente necessária, mas também útil. Entre os seres, desde o nascimento, alguns são destinados ao comando, e outros à obediência; há várias espécies, entre eles, de comandantes e comandados, e o comando mais elevado é aquele que é praticado sobre súditos mais elevados. Desse modo, comandar homens é mais elevado que comandar animais, pois o trabalho executado por seres mais perfeitos é ele mesmo mais perfeito. Ora, em toda parte em que há um que comanda, de um lado, e um que é comandado, de outro, o resultado é uma obra.

Com efeito, em tudo que forma um composto de partes, seja contínuas, seja separadas, sempre se manifesta alguma subordinação recíproca, alguma relação de autoridade e obediência, e isso se observa não só nos seres animados, mas também nos objetos que não são, propriamente falando, de vida, relativamente aos quais existe uma autoridade que preside sua harmonia. Mas isso nos afasta demasiadamente do gênero de exame que adotamos aqui; vamos restringir-nos aos seres vivos. O ser animado é composto, em primeiro lugar, de uma alma e de um corpo, e, dessas partes, a primeira está destinada, por natureza, a comandar, e a outra a ser comandada; todavia, devemos observar a natureza nos homens que trazem a marca desta, e não naqueles em que ela está alterada ou degradada. Por conseguinte, devemos considerar o homem em perfeito estado de alma e corpo (que é aquele que está em conformidade com a natureza), porque nele podemos ver a verdadeira relação entre as duas (alma e corpo). Nos homens viciosos ou dispostos ao vício, a alma se submete ao império do corpo, porque eles são degradados e organizados, por assim dizer, de um modo contrário à natureza.

Deve-se, pois, como dissemos, considerar na constituição dos seres animados a autoridade do senhor [despótica] e a do magistrado [política]: a alma tem sobre o corpo um poder despótico, e a razão exerce sobre os apetites ou afecções humanas um poder de magistrado [político] e de rei. É evidente que a obediência do corpo à alma, e a submissão dos apetites à razão, é coisa útil e conforme com a natureza, e a igualdade ou o comando em sentido inverso seriam muito prejudiciais a ambas as partes.

O mesmo se dá com o homem em relação aos outros animais: a natureza dos animais suscetíveis de serem domesticados ou aprisionados é superior à dos animais selvagens; para eles é vantajoso obedecer ao homem, como um meio de preservação. Além disso, o macho tem sobre a fêmea uma superioridade natural, e um é destinado por natureza ao comando, e o outro a ser comandado. Esse princípio [observado em todas as espécies] necessariamente se estende também à espécie humana. Onde quer que se observe a diferença que há entre a alma e o corpo, entre o homem e o animal, verificam-se as mesmas relações: aqueles que não têm nada melhor a oferecer que a sua força corporal são destinados, por natureza, à escravidão, e para eles é vantajoso estar sob o comando de um senhor. Por natureza é assim o escravo: pode pertencer a um senhor (e de fato pertence), e não participa da razão mais que o grau necessário para modificar sua sensibilidade, mas não possui a razão em sua completude. Quanto aos outros animais, eles não participam de nenhum modo da razão; sua sensibilidade não é dirigida pela razão, mas são conduzidos unicamente pelas impressões que recebem do exterior.

De resto, o uso dos escravos e o dos animais não é muito diferente: com seu corpo, ambos atendem ao serviço das necessidades da vida. A própria natureza desejou dar características distintas ao corpo dos homens livres e ao dos escravos, dotando alguns com a força adequada ao trabalho a que são destinados, e outros, com uma compleição inteiramente inadequada para esse tipo de trabalho, porém úteis na vida civil, tanto na arte da guerra quanto da paz. Mas o contrário ocorre frequentemente: certos indivíduos apenas na aparência do corpo são homens livres, enquanto outros, embora com um corpo parecido com o dos escravos, têm a alma de homem livre.

Ademais, é fácil compreender que, se essa diferença puramente exterior entre os homens fosse tão grande, como no caso das estátuas dos deuses, todos concordariam que os indivíduos inferiores devem ser comandados. Ora, se isso é verdade relativamente ao corpo, a distinção será muito mais justa ainda no que tange à alma; mas não é tão fácil discernir a beleza da alma quanto o é a dos corpos.

Fica claro, então, que alguns homens são por natureza feitos para ser livres e outros para ser escravos, e que para estes últimos a escravidão é tanto útil quanto justa.

Capítulo VI

Entretanto, é fácil ver que aqueles que sustentam o contrário têm razão em algum sentido, pois as palavras "escravidão" e "escravo" podem ser usadas em duas acepções diferentes. Existem o escravo e a escravidão por lei, bem como por natureza. A lei à qual nos referimos é uma espécie de convenção segundo a qual aquele que é vencido na guerra pertence ao vencedor. Mas muitos daqueles que têm um conhecimento aprofundado das leis reclamam desse tipo de justiça, do mesmo modo que o fazem contra um orador que apresenta alguma medida inconstitucional. Eles abominam a ideia de que o homem que foi vítima de violência torne-se escravo de seu opressor e que o obedeça unicamente porque este tem sobre ele a vantagem da força bruta. Mas, a esse respeito, os sábios têm pareceres diferentes.

A origem dessa disputa e divergência é a seguinte: em certo sentido a coragem em alto grau continua sempre vitoriosa; a vitória supõe sempre uma superioridade em tudo, de modo que, com efeito, parece não haver nenhum ponto, no exercício da força, que não suponha alguma coragem. Mas a divergência permanece no que diz respeito à noção do justo: alguns identificam a justiça com benevolência, enquanto outros a identificam com o próprio princípio ou axioma que atribui o comando àquele que possui a superioridade seja em que gênero for. Se essas duas opiniões forem isoladas, os argumentos contrários mostram-se sem força ou plausibilidade, e a superioridade de coragem não dá o direito de sujeitar os outros.

Há os que consideram a lei justa (pois a lei tem sempre alguma coisa de justo), afirmando que a escravidão que resulta do estado de guerra é conforme com a justiça, e ao mesmo tempo a negam, pois é possível que a própria guerra não seja justa; e não se pode admitir que um homem que não merece ser reduzido à escravidão seja escravo. Senão, dizem, ocorreria que homens do sangue mais ilustre seriam escravos, bem como os seus filhos que fossem vendidos depois de aprisionados pelo vencedor. Os que sustentam essa opinião não querem dar o nome de escravos aos helenos, confinando o termo aos bárbaros. Mas, enfim, dizendo isso, eles reduzem toda a questão ao escravo por natureza, do qual falamos no início. O mesmo se aplica à nobreza. Os helenos consideram a si mesmo como nobres em qualquer lugar, e não apenas em seu país; enquanto a nobreza dos povos bárbaros consideram-na apenas como de valor somente para eles, implicando, desse modo, que há dois tipos de nobreza e de liberdade. Como diz a Helena de Teodectes:[17]

> Descendendo de uma raça de deuses,
> Quem ousaria chamar-me pelo nome de escrava?

---

[17] Poeta trágico, discípulo e amigo de Aristóteles. Os versos citados compõem o fragmento 3 de sua obra. (N. do T.)

Os partidários dessa opinião não admitem, entre o homem livre e o escravo, entre o bem-nascido e o que não o é, nenhuma outra distinção a não ser aquela que existe entre o vício e a virtude; é o mesmo que dizer que o homem nasce do homem e o animal, do animal, assim como o homem virtuoso não pode nascer senão de pais virtuosos. Ora, essa é sem dúvida a intenção da natureza, mas muitas vezes ela não se cumpre.

Vemos então que há algum fundamento nessa diferença de opinião; que existem homens livres e escravos pela própria natureza; e que, enfim, essas características se manifestam em certos indivíduos pela utilidade que alguns trazem pela servidão, e outros pelo exercício da autoridade absoluta; que é justo e necessário que alguns sejam comandados e outros pratiquem o poder para o qual a natureza os destinou. Mas um mau uso dessas características resultaria em prejuízo para ambas as partes, pois o interesse da parte e do todo, do corpo e da alma, são o mesmo; ora, o escravo é uma parte do senhor: é como uma parte animada de seu corpo, mas do qual é separado. É por essa razão que há entre o senhor e o escravo um interesse comum e uma amizade recíproca quando foi a natureza que os dotou com essas características diversas. Dá-se o contrário quando eles estão reunidos apenas por lei ou por efeito de violência [dos homens].

Capítulo VII

A discussão anterior mostra-nos claramente que a autoridade despótica [a do senhor] e a autoridade política não são a mesma, e todas as espécies de poder não se identificam, a despeito do que alguns afirmam. Um poder se relaciona ao escravo por natureza, e o outro aos homens livres. O governo doméstico é uma monarquia, visto que toda casa é governada por um só; enquanto o governo civil ou político é o dos homens livres e iguais.

De resto, a expressão "autoridade do senhor" não se relaciona com uma ciência [o poder do senhor não é algo que se ensine], mas a uma condição ou maneira de ser. O mesmo se aplica às palavras "escravidão" e "liberdade". Certamente pode haver uma ciência para comandar e uma ciência para servir, como aquela que, em Siracusa, ensinava aquele homem, mediante pagamento em dinheiro, para a instrução de jovens escravos na função dos serviços domésticos. Pode mesmo existir um ensino completo dessa espécie de profissão, como a arte de cozinhar e outras partes do serviço doméstico; alguns trabalhos são considerados mais necessários, outros mais apreciados; e, como diz o provérbio, "há senhores e senhores, e há escravos e escravos". Tudo isso, todavia, são talentos ou ciências de escravos. A ciência do senhor consiste no uso que ele faz de seus escravos; é isso que o caracteriza como senhor, e não a posse de pessoas. Essa ciência, aliás, não tem nada de grandioso ou extraordinário: trata-se apenas de o senhor saber ordenar o que escravos devem saber como executar. E, desse modo, os que estão em posição de delegar a um intendente essa tarefa desvencilham-se dela para se ocupar do governo da Cidade ou do estudo da filosofia. Quanto à ciência de adquirir e de conservar a fortuna, ela difere tanto da ciência do governar quanto da ciência do executar serviços, relacionando-se com a arte da caça ou da guerra. E é o quanto basta no que concerne à diferença entre o senhor e o escravo.

Capítulo VIII

Passemos agora ao exame da propriedade em geral e à arte de adquirir bens, aplicando a essa matéria o nosso método usual, pois o escravo é, como vimos, uma parte da propriedade.

Primeiramente, poder-se-ia indagar se a ciência de adquirir bens é idêntica à ciência do governo doméstico [ou economia]; ou se é parte dela, ou sua auxiliar [instrumental]. E, caso não seja mais que auxiliar, poder-se-ia indagar se ela tem com o governo doméstico a mesma relação que a arte de fazer lançadeiras tem com a do tecelão, ou que a forja do bronze tem com a arte do fundidor de estátuas. Pois não se trata do mesmo gênero de trabalho, uma vez que as funções ou serviços dessas duas artes não são os mesmos: um fornece o instrumento, o outro, a matéria (por matéria entendo aquilo de que se faz a obra, como a lã para o tecelão, ou como o bronze para o fundidor de estátuas).

Fica evidente, pois, que a arte de adquirir riqueza não é a mesma coisa que a arte do governo doméstico, pois o que é próprio da primeira é procurar os meios, e o objetivo da segunda é fazer uso destes. Isso porque a arte do uso dos bens da casa não pode ser outra senão a ciência do governo doméstico.

Mas essa ciência de adquirir riqueza é uma parte do governo doméstico ou é uma arte distinta? Eis outra questão. Pois, se a função daquele que pratica essa ciência [a de adquirir riqueza] é a de deliberar acerca dos meios de obter as riquezas e aumentar as posses (e o nome "posse", do mesmo modo que "riqueza", compreende muitas partes), a cultura de terras seria uma parte da ciência das riquezas ou seria de uma espécie diferente? Isto é, as diligências para obter os alimentos necessários à vida pertencem à arte de adquirir riqueza?

Há diversas espécies de alimentos, e, por essa razão, diversas maneiras de viver, tanto entre os homens quanto entre os outros animais. Todos necessitam de alimentos para viver; havendo diferentes espécies de alimentos, as diferenças entre estes introduziram diferenças análogas na vida dos animais. Com efeito, alguns vivem em bando, outros vivem isolados e dispersos, segundo convém a sua maneira de obter alimento. Uns são carnívoros, outros frugívoros, e outros, ainda, onívoros: a própria natureza distinguiu e separou seus diversos gêneros de vida conforme a espécie de alimentos e a facilidade que têm para obtê-los. A natureza não deu a todos o mesmo gosto para um mesmo alimento: uns preferem certos alimentos, outros preferem outros. Eis por que os carnívoros e os frugívoros têm diferentes gêneros de vida.

Essas diferenças igualmente se verificam na vida dos homens. Assim, os que são inclinados à indolência são nômades. Eles obtêm sem trabalho ou esforço o alimento de seus animais domesticados, mudando de lugar com seus rebanhos quando estes são obrigados a se deslocar em busca de novas pastagens, exercendo, por assim dizer, uma cultura de viventes. Outros vivem da caça, a qual apresenta diferentes formas: caçadores de presas terrestres [como os salteadores de rebanho]; pescadores, que ficam à margem dos pântanos, lagoas, rios e mar, onde abundam os peixes; e outros, enfim, que ficam nas planícies e bosques onde habitam pássaros e animais selvagens. Mas a maior parte dos homens vive da cultura da terra e dos frutos desta.

A vida nômade, a pilhagem, a pesca, a caça: são esses os meios empregados por todos esses povos para obter a subsistência, buscando-a no que lhes oferece a natureza, sem as trocas nem o comércio. Os que, porém, sabem misturar esses meios, vivem em abundância, suprindo por meio de um outro aquilo que lhes faltava, como os que recorrem à pilhagem de rebanho, à vida nômade, à caça; e do mesmo modo aqueles que procuram outros meios, levados pela necessidade.

Esse gênero de aquisição [isto é, a faculdade de conseguir alimento por meios próprios] é como um dom com o qual a natureza proveu todos os seres animados, não só na geração, mas também quando chegam ao desenvolvimento completo; por exemplo, os ovíparos trazem em seu invólucro o alimento suficiente até que rompam a casca do ovo; e os vivíparos são constituídos de forma a ter em si mesmos o leite que vai alimentar os filhos, por algum tempo. Depois do nascimento, igualmente a natureza proveu necessidades dos seres animados; por consequência, as plantas existem em razão das necessidades dos animais, e estes para as necessidades dos homens. Os animais que são suscetíveis de ser domesticados são destinados ao trabalho e à alimentação; e quanto aos animais selvagens, pelo menos em sua maioria, servem tanto para a alimentação como para o vestuário ou confecção de utensílios e outros instrumentos. Se a natureza nada faz em vão ou sem finalidade, necessariamente se conclui que fez tudo tendo em vista a espécie humana.

Assim, a arte da guerra é, de certo modo, um meio natural de adquirir, uma vez que a caça faz parte dessa arte, que é usada não só contra os animais selvagens, como também contra os homens que, destinados por natureza a obedecer, recusam-se a se submeter, de sorte que a própria natureza declara que uma tal guerra é justa. Vimos, então, uma primeira espécie da arte de adquirir, a qual é uma parte da ciência econômica [ciência do governo doméstico]: fica claro que o governo das famílias particulares (e igualmente o das Cidades) contém todos os meios de adquirir as coisas necessárias ou úteis à vida dentro de qualquer sociedade, seja civil, seja doméstica. Esses são os elementos que constituem a verdadeira riqueza, e a quantidade necessária para satisfazer completamente a tudo que é necessário para uma boa vida não é infinita, como disse Sólon em um de seus poemas:

> O homem não conhece, porém, nem fim nem medida
> Que a natureza imponha à arte de enriquecer.

Mas nesta como em todas as outras artes existem limites. Nenhuma delas tem à sua disposição meios infinitos, seja em número, seja em grandeza. Ora, a riqueza é o produto da quantidade de meios ou instrumentos que aquele que administra, seja uma família, seja uma cidade, possui. É evidente, pois, que existe, tanto para um como para outro, uma certa arte de adquirir.

Capítulo IX

Mas há também um outro tipo dessa arte, comumente chamada, e com razão, *a arte da riqueza*, e que parece, com efeito, não conhecer limites. Em virtude da afinidade que tem com a espécie da qual acabamos de falar, alguns pensam que as duas são mesma coisa, mas não são, embora não estejam muito distantes: a espécie que vimos é o produto imediato da natureza, ao passo que a segunda é um produto da arte e da experiência.

Iniciemos o exame com a seguinte consideração: cada coisa que possuímos tem dois usos. Ambos estes usos pertencem à coisa, mas não do mesmo modo, pois um é próprio, conforme a sua destinação, e o outro é impróprio ou desviado para algum outro fim. Por exemplo, o sapato pode ser usado para ser calçado ou pode ser usado para ser vendido; no segundo caso, não é o seu uso próprio, pois ele não foi feito para servir ao comércio. O mesmo se dá com as outras coisas que se tem: não foram feitas pela natureza para o comércio, entretanto, foram levadas a isso circunstancialmente, em razão de alguns homens possuírem mais e outros menos as coisas que são necessárias à vida.

Vê-se, então, que a forma de comércio que compra para revender mais caro não era necessária nas primeiras associações (isto é, na família), e que surge apenas quando as sociedades se tornam desenvolvidas. Na família primitiva, tudo era comum a todos, mas, quando ela se dividiu em partes, os objetos foram também divididos entre estas, ficando alguns privados de algumas coisas; daí a necessidade de trocas. Essa prática é verificada ainda hoje entre inúmeros povos bárbaros: se uma tribo tem de sobra o que falta a outra, elas trocam o que possuem a mais; por exemplo, trocam vinho por trigo, e assim por diante. Este gênero de transação não está, pois, contra a natureza nem constitui uma espécie separada da ciência da riqueza, visto que, na origem, não tinha outro fim senão o da satisfação das necessidades da natureza.

A outra forma mais complexa de comércio surge, como se pode concluir, da mais simples. Conforme as relações de ajuda mútua entre os Estados se desenvolvem, com a exportação dos objetos que se possuía em abundância, e a importação do que se necessitava, o uso da moeda necessariamente se introduziu. Os objetos dos quais necessitamos nem sempre são facilmente transportáveis; além disso, bem poderia ocorrer que não se precisasse do supérfluo dos outros, ou vice-versa; assim, foi estabelecido dar e receber reciprocamente algo que tivesse, além do valor intrínseco, facilidade de transporte e manejo, como o ferro e a prata, que primeiramente foi determinado pelo volume e peso e depois foi marcado com um sinal distintivo de seu valor, para evitar as medições a todo instante.

Ora, no momento em que as necessidades de comércio trazem a invenção da moeda, surge um novo ramo na ciência da riqueza, que é aquele em que se compra para revender mais caro. Inicialmente, essa nova forma se fazia de um modo bastante simples, mas se torna mais complicado à medida que os homens, pela experiência, aprenderam onde se deviam buscar os objetos e de que maneira se podia daí obter maior lucro. O objetivo principal dessa nova forma de adquirir riqueza é investigar a maneira de a obter em grande quantidade, e é propriamente aquela que produz a opulência e as grandes fortunas.

Com efeito, considera-se comumente a riqueza como a abundância de moeda, porque a abundância é o objetivo da arte da riqueza tanto quanto o do comércio de comprar para revender mais caro. Por outro lado, sustentam alguns que a moeda cunhada é uma mera ficção, algo sem nenhum fundamento na natureza, mas apenas convencional. Se aqueles que dela fazem uso vierem a fazer uma outra convenção, a moeda não terá mais nenhum valor, e não poderá proporcionar mais a menor das coisas necessárias à vida; e a um homem rico em metal cunhado poderão faltar os alimentos necessários à vida. Ora, que riqueza é essa que, embora abundante, não impede o seu possuidor de morrer de fome? É como o Midas de que falam as fábulas, que, em punição à sua avareza sem limites, transforma em ouro tudo o que toca.

Estão certos, por conseguinte, os homens que põem em questão esse tipo de riqueza, bem como a arte de adquiri-la, buscando aquela que é conforme com a natureza e constitui o objeto da ciência econômica. Ao passo que a outra forma de enriquecer, o comércio, faz do dinheiro o seu principal objetivo, pois a moeda é o elemento e o fim do comércio; e assim a riqueza que daí resulta não conhece limite nem medida. Assim como a medicina tem por fim multiplicar ao infinito o número de curas, também cada uma das artes tem por fim multiplicar indefinidamente o seu objeto. Entretanto, os meios de chegar ao fim não são ilimitados, e o limite desses meios é o fim de todas as artes. Assim, o fim a que se propõe essa espécie de arte da riqueza, o comércio, não tem limite determinado. Abarca todos os bens que se podem adquirir; seu fim é a riqueza, como posse ou aquisição de dinheiro.

Ao contrário, no caso da ciência econômica há um limite; o seu fim não é o da aquisição ilimitada de riquezas. Aqui deve haver um limite à riqueza, qualquer que seja o seu tipo, embora, na prática, frequentemente se verifique o contrário: todos aqueles que se ocupam em enriquecer nunca julgam ter o suficiente, querendo multiplicar indefinidamente o dinheiro que possuem. Tal fato se dá em razão da afinidade que existe entre essas duas ciências, uma vez que ambas dispõem dos mesmos bens ou propriedade, mas não do mesmo modo: o objetivo de uma é a posse, enquanto o da outra é o aumento da riqueza possuída. É por isso que muitos pensam que o aumento da riqueza é o alvo da ciência econômica, e persistem acreditando que se deve conservar ou aumentar indefinidamente o que se possui em moedas. A origem dessa disposição está em que se deseja viver, e não em viver bem, pois sendo esse desejo ilimitado, quer-se também multiplicar ao infinito os meios de satisfazê-lo.

Esses mesmos homens que desejam bem viver não deixam de também buscar os prazeres puramente corporais, e, como isso depende da posse de riquezas, só se ocupam de tentar obtê-las. Foi assim que surgiu essa outra espécie de ciência da riqueza. E como os prazeres corporais são em número excessivo, e para obtê-los é necessária a posse abundante de riquezas, são buscados os meios de multiplicá-la. E se não o fazem pela via do comércio, tentam obtê-la por outros meios, usando, às vezes, suas faculdades de um modo contrário à natureza. Por exemplo, o atributo da coragem não nos foi dado para acumular bens, mas para nos dar audácia e confiança. Tampouco tem por fim acumular bens a profissão militar ou a da medicina: uma tem por objetivo a vitória, e a outra, a cura. Foram, contudo, transformadas em meios de obter riqueza: tornaram-se o único fim de quase todos os homens que entram nessas carreiras.

E era isso o que eu tinha a dizer quanto aos meios não naturais de se obter riquezas [não necessárias], tendo mostrado o que ela é e as razões pelas quais se recorre a tais meios.

Vimos também quais são os meios que são conformes com a natureza, relacionados à alimentação, cujo fim é a subsistência: tais meios pertencem ao governo doméstico, gênero de aquisição que, ao contrário do anterior, tem limites.

Capítulo X

E assim temos a resposta para a questão que havíamos proposto inicialmente: se a ciência da riqueza faz ou não parte da economia [governo doméstico] ou da administração das Cidades. Essa riqueza é pressuposta, pois, do mesmo modo que a política não faz os homens, mas se serve deles tal como estão na natureza, assim também é preciso que essa mesma natureza lhes forneça, seja pelo produto da terra, seja do mar ou de qualquer outra forma, os recursos para a subsistência; em seguida, cabe ao chefe da casa explorar convenientemente esses recursos. Um tecelão não produz a lã, mas se serve dela; julga se ela é de boa qualidade, e se é ou não própria aos seus fins.

Poder-se-ia perguntar por que a ciência da riqueza é uma parte do governo doméstico, enquanto a medicina não o é; pois, sem dúvida, além de ser necessário que a família tenha alimentos e outras coisas indispensáveis à vida, também é preciso que ela goze de saúde. Ora, de certo ponto de vista, o chefe da família e o da Cidade devem manter sob seus cuidados a saúde de seus membros ou cidadãos; mas, de outro ponto de vista, tais cuidados cabem mais ao médico do que a eles. Do mesmo modo, naquilo que concerne à riqueza, há cuidados que competem ao ecônomo ou outros ministros.

Mas, como dissemos, é a natureza que deve fornecer esses primeiros bens: cabe a ela fornecer o alimento aos seres aos quais dá existência. Eis por que a espécie de riqueza que provém dos frutos da terra ou dos animais é para todos os seres uma riqueza conforme a natureza.

Há, pois, duas maneiras de obter riqueza: uma pelo governo doméstico; outra, pelo comércio. A primeira é indispensável e merece elogios; enquanto a segunda merece censura, pois não é conforme com a natureza e é um modo pelo qual um homem lucra sobre outro. É com muita razão que se tem aversão pela usura, pois, com isso, desvia-se a moeda do fim para o qual foi criada. Ela foi inventada para facilitar as trocas, enquanto a usura faz que o dinheiro sirva para aumentar-se a si mesmo; por isso recebeu o nome de *tokos* ["progenitura"], por causa da semelhança que as coisas produzidas ou engendradas guardam com aqueles que as geraram. Ora, no caso da usura, é a moeda que torna a trazer moeda, sendo o meio de obter riqueza que é o mais contrário à natureza.

Capítulo XI

O que vimos acima determinou suficientemente aquilo que é relativo ao conhecimento puramente teórico da teoria da aquisição de riquezas; resta-nos agora passar para a parte relativa à prática. Em assuntos desse gênero, a teoria tem sempre alguma coisa de livre e arbitrário, enquanto a prática ou experiência é inteiramente necessária.

As partes mais úteis dessa arte são, em primeiro lugar, o conhecimento prático das coisas que se possui — quais são as mais proveitosas, onde se encontram, qual é a maneira mais vantajosa de obtê-las —, por exemplo, quais são os melhores tipos de cavalos, bois, carneiros ou outros animais, qual o lugar mais adequado para criá-los (pois uns se adaptam melhor em uma região, enquanto outros vivem melhor em outras). Em seguida, é preciso conhecer os diversos tipos de solo, cuidados com a semeadura e a plantação; e, finalmente, como cuidar das abelhas para a obtenção do mel, bem como de outros animais, como peixes e aves, que podem ser de utilidade para os homens. Estas são, pois, as partes principais da arte da riqueza propriamente dita. Quanto à outra espécie, que consiste nas trocas, a parte principal é o comércio, subdividido, por sua vez, em três partes: *navegação*, *transporte por terra* e *venda no próprio local*. Tais partes diferem umas das outras, umas oferecendo mais segurança, outras, mais lucro. Uma segunda parte é a usura, e a terceira são os trabalhos em troca de pagamento (alguns dos quais dependem de alguma arte, ao passo que outros requerem tão somente o trabalho corporal). Uma quarta parte, intermediária entre a primeira espécie (a natural) e a segunda (a do comércio), refere-se às coisas que são extraídas da terra e não são frutos, apresentando, no entanto, a sua utilidade, como a madeira para as construções, e em geral tudo o que se extrai das minas. A arte da mineração subdivide-se, por seu turno, em muitas partes (pois há várias espécies de minas, tantas quanto os metais delas extraídos), todavia seria cansativo enumerá-las aqui. Falamos, aliás, de cada uma dessas ciências no seu aspecto geral; quanto aos detalhes mais exatos e particulares, eles são úteis, sem dúvida, para a execução do trabalho, mas seria enfadonho e fatigante nos estendermos sobre eles.

Dentre essas diferentes espécies de ocupação ou profissão, as que menos dependem do acaso são as mais excelentes pela arte e talento; as mais vis são as que deterioram o corpo; as mais servis, aquelas que exigem exclusivamente o emprego da força corporal; e finalmente as mais ignóbeis, que são aquelas que não requerem nenhum tipo de virtude.

Vários autores escreveram acerca desses assuntos, como Carés de Paros, Apolodoro de Lemnos, com tratados sobre a cultura de terras, e ainda outros, sobre outros temas desse gênero. Os que se ocupam dessas matérias devem consultar esses escritos. Deve-se também coligir a tradição espalhada a respeito dos meios que levaram certos indivíduos à riqueza, pois tudo isso pode ser útil aos que têm apreço pela arte da riqueza. Há, por exemplo, uma anedota acerca de Tales de Mileto e um estratagema que ele teria usado (na verdade, um princípio de aplicação universal, um gênero de especulação muito utilizado, mas a ele atribuído em virtude de sua sabedoria): todos o censuravam e faziam zombaria por sua pobreza, provavelmente para mostrar que sua filosofia era inútil. De acordo com a história, o conhecimento que ele tinha dos astros permitiu-lhe prever que haveria uma excelente colheita de olivas. Juntando todo o dinheiro que conseguiu, ele arrendou a bom preço (pois não havia concorrente), ainda no inverno, todas as prensas de óleo de Quios e Mileto. Quando chegou o tempo da colheita, muitos vieram ao mesmo tempo para conseguir as prensas; e então Tales as alugou pelo preço que bem entendeu, amealhando com isso uma soma considerável. Assim, ele mostrou ao mundo que os filósofos podem facilmente enriquecer, se assim o quiserem, mas que a ambição deles era de outra espécie. Foi assim que Tales teria demonstrado a sua habilidade, porém, como havíamos dito, trata-se de um gênero de especulação bastante comum, nada mais que a aplicação de um monopólio. Muitas Cidades recorrem a esse meio quando precisam de dinheiro, monopolizando a venda de certas mercadorias ao preço que querem.

Na Sicília, houve um homem que adquiriu todo o ferro que vinha das minas; depois, quando os mercadores de várias regiões vieram para comprar o ferro, o único vendedor era ele. Não aumentou demasiadamente o preço: o que lhe havia custado cinquenta talentos, ele vendeu por cem talentos. Quando Dionísio ficou sabendo do caso, permitiu-lhe sair dali com o dinheiro, ordenando-lhe, porém, que saísse de Siracusa em razão de haver imaginado um meio de enriquecer que era contrário aos interesses do governante. Esse homem teve a mesma ideia que Tales: ambos encontraram um meio de exercer um monopólio. E é bom que os que governam as Cidades conheçam esse gênero de recurso, pois é preciso dinheiro para as despesas públicas, do mesmo modo, ou até mais, que o é para o chefe da família relativamente às despesas domésticas. Aliás, entre os que se ocupam da administração da Cidade, há alguns que se dedicam unicamente a essa parte da política, a saber, a das finanças.

Capítulo XII

Vimos que o governo doméstico divide-se em três partes ou poderes: o do senhor, do qual acabamos de se tratar, o do pai e o do marido. O chefe da casa governa sua mulher e seus filhos como a seres livres, mas não da mesma maneira:

relativamente à sua mulher, o poder é político, e relativamente a seus filhos, o poder é o de um rei. Pois, embora haja exceções antinaturais, na ordem natural o macho é mais talhado para o comando que a fêmea, do mesmo modo que o mais velho, que atingiu o seu desenvolvimento completo, é superior ao mais jovem e imaturo. Mas, na maioria das magistraturas civis, o poder passa alternadamente entre os cidadãos [isto é, comanda-se e se é comandado alternadamente], pois a ideia de um Estado constitucional implica que seus cidadãos são considerados iguais por natureza. Não obstante, é preciso distinguir os que comandam de seus comandados, por meio de sinais, seja pela forma dos hábitos, seja pela linguagem, seja pelas honrarias, o que pode ser ilustrado pelo que disse Amasis com respeito à sua bacia de lavar os pés, transformada em deus.[18] A relação de superioridade do macho para com a fêmea é permanente, independentemente da idade da mulher; enquanto o poder dos pais sobre os filhos é um tipo de realeza em que se juntam a autoridade afetuosa e a da idade. Por isso Homero chamou Zeus de o "pai dos homens e dos deuses", porque ele é o rei de todos eles. É preciso que o rei tenha por natureza qualidades que o distingam dos súditos, continuando, todavia, a ser da mesma espécie que eles, do mesmo modo que são os velhos em relação aos jovens, e o pai em relação ao filho.

Capítulo XIII

Da discussão precedente, fica claro que se deve dar mais atenção ao governo doméstico relacionado aos homens do que aquele unicamente relacionado à posse de coisas inanimadas; mais aos meios que conduzem à excelência humana do que aos meios de adquirir aquilo que chamamos riqueza, e mais à virtude do homem livre do que à virtude dos escravos.

---

[18] Heródoto, II, 172. (N. do T.)

Em primeiro lugar, deve-se procurar saber se um escravo pode ter, além de suas qualidades puramente corporais, apropriadas para o serviço, alguma virtude superior, como, por exemplo, a moderação, a coragem, a justiça ou qualquer outro hábito ou disposição semelhantes. Tanto a resposta negativa quanto a afirmativa trazem dificuldades. Com efeito, se os escravos são capazes de alguma virtude superior, que diferença haveria entre eles e os homens livres? Por outro lado, sendo eles homens que compartilham do princípio racional, seria absurdo dizer que não podem ter virtudes.

A mesma dificuldade se apresenta na questão relativa às mulheres e às crianças: são suscetíveis de virtudes? Por exemplo, uma mulher deve ser sábia, corajosa e justa? Uma criança deve ser dócil e temperante? Enfim, devemos examinar, em geral, se aquele que a natureza fez para comandar e aquele que ela fez para ser comandado devem ter as mesmas virtudes ou estas devem ser diferentes. Pois se uma nobre natureza é igualmente requerida em ambos, por que deveria um deles sempre comandar e o outro sempre ser comandado? Não é possível que essa diferença seja do mais para o menos, pois o comandar e o obedecer diferem em espécie e não em grau.

Seria igualmente supor que um tenha de ter virtudes e o outro não. Pois se o que comanda não é temperante nem justo, nem moderado, como exercerá sua autoridade de um modo conveniente? E se aquele que obedece não possui essas virtudes, como poderá obedecer como deve? Pois, sendo indócil e preguiçoso, não será capaz de cumprir seus deveres. É evidente, pois, que ambos têm de ter virtudes, porém suas virtudes têm características diferentes. E isso nos reconduz imediatamente àquilo que dissemos sobre a alma: nela há uma parte que a natureza fez para comandar e uma outra para obedecer. Em cada uma reconhecemos uma propriedade ou qualidade diferente: por exemplo, a presença da razão em uma, e a ausência da razão em outra, possuindo cada uma um tipo de virtude que lhe é próprio.

É evidente que o mesmo princípio se aplica em geral, e, por conseguinte, quase todas as coisas comandam e são comandadas conforme a natureza. Entretanto, os tipos de comando diferem: o homem livre comanda seu escravo de um modo diferente do macho que comanda a fêmea, ou do pai que comanda o filho. Ainda que as partes da alma estejam presentes em todos eles, elas estão presentes em diferentes graus. Pois o escravo é inteiramente desprovido da faculdade de deliberar; a mulher a possui, mas débil e ineficaz; e a criança também a possui, mas nela essa faculdade ainda é imperfeita, não está completamente desenvolvida. O mesmo se aplica necessariamente às virtudes morais: todos devem possuí-las, mas não do mesmo modo e sim somente no grau que é requerido para cumprir sua função. Eis por que quem comanda deve possuir a virtude na sua perfeição; sua função é como a do arquiteto,[19] qual seja, a da própria razão; quanto aos outros, requer-se apenas a medida de virtude que é própria à sua função. Claramente se vê, portanto, que todos têm virtudes morais; mas a temperança, a coragem e a justiça não são, como afirmava Sócrates,[20] as mesmas em um homem e em uma mulher. A coragem de um consiste em comandar; a da outra, em obedecer.

O mesmo ocorre com as outras virtudes, como se pode ver mais claramente quando se faz a aplicação do princípio aos casos particulares. Porque é ilusório contentar-se em dizer em geral que a virtude consiste em uma boa disposição da alma, ou na prática de boas ações, ou outras coisas desse gênero. É melhor fazer uma relação, enumerando as virtudes, como fez Górgias, do que se limitar a definições gerais. Cada classe deve ser julgada naquilo que é o seu atributo especial. Como disse o poeta:[21]

> Um modesto silêncio é o ornato da mulher,
> mas o mesmo não ocorre quanto se trata do homem.

---

[19] Nota de M. Thurot (*op. cit.*): "Isto é, limita-se a conceber o plano ou planta que outros executarão sob suas ordens".

[20] Cf. Platão, *Mênon*, 72 A-73 C; e *A República*, livro 5. (N. do T.)

[21] Sófocles, *Ájax*, v. 293. (N. do T.)

Quando à criança, é fácil compreender que, estando, por assim dizer, em um estado de imperfeição, a virtude não é nela absoluta ou relativa exclusivamente a ela mesma, mas relativa ao homem inteiramente desenvolvido que a dirige ou governa. Do mesmo modo, a virtude do escravo é relativa à de seu senhor. Conforme vimos, o escravo é útil para as necessidades da vida, e sua virtude está, pois, em bem executar a sua função; evidentemente ele necessita apenas de um pouco de virtude, só o suficiente para não falhar em seu trabalho, seja por indocilidade, seja por falta de coragem.

Supondo que seja verdade o que acabamos de dizer, poder-se-ia indagar se os artífices devem igualmente possuir virtude, visto que muitas vezes eles falham por negligência em seu trabalho. Mas não há uma grande diferença entre os dois casos? Pois o escravo vive em comum com o senhor, enquanto o artífice, pelo contrário, é independente dele, e sua virtude só importa à medida que presta serviço ao senhor [isto é, que está na sua dependência]. Um artífice, como todos os que prestam serviços mecânicos [manuais], está numa espécie de servidão limitada, enquanto o escravo o é por natureza, mas o mesmo não ocorre com os sapateiros ou os outros artífices. É evidente, então, que é o senhor que deve ser para o escravo a causa da virtude que lhe é própria, e não o mero possuidor da arte que os ensinou a trabalhar, mas a do senhor que encomenda a obra que eles devem seguir.

Aqueles que pretendem que o escravo seja um ser destituído de razão, e que devem restringir-se a ordenar-lhe o que deve fazer, cometem um grande erro; é preciso repreendê-los com indulgência ainda maior do que para com as próprias crianças.

Quanto ao que concerne ao marido e à mulher, ao pai e aos filhos, as virtudes próprias a cada um deles, as suas trocas recíprocas, o que é honroso e o que é útil, o que devem procurar e o que devem evitar, é imprescindível a consideração em detalhe desses objetos em um tratado sobre o governo. Pois, visto que cada família é uma parte da Cidade, e tais pessoas são as partes que constituem a família, e a virtude da parte está necessariamente em relação com o todo, é preciso que a educação das mulheres e das crianças se faça tendo em vista a constituição daquela Cidade [sua forma particular de governo], se as virtudes destes devem fazer alguma diferença nas virtudes da Cidade. E é claro que eles têm de fazer uma diferença: as crianças quando crescerem serão os cidadãos, e as mulheres perfazem a metade das pessoas livres da Cidade.

Livro II

Capítulo I

Nosso propósito é examinar qual é, dentre todas as sociedades políticas, a que devem preferir os homens para poder realizar seu ideal de vida. Devemos, portanto, examinar não somente a constituição das Cidades que passam por ser as mais bem governadas, como também as formas teóricas de constituição, imaginadas pelos filósofos, restringindo-nos às mais notáveis; e, assim, poderemos ver o que cada uma delas pode encerrar de bom e útil. Que não se suponha que buscamos elaborar uma combinação política diferente de todas as conhecidas movidos por um vão desejo de ostentação sofística: nós somente estamos empreendendo este exame porque todas as constituições que conhecemos apresentam algum erro.

Iniciemos com o princípio natural apropriado para estudos como o nosso. Três alternativas são concebíveis para os membros de uma Cidade: 1) os cidadãos devem ter todas as coisas em comum; 2) não devem ter nada em comum; 3) devem ter algumas coisas em comum e outras não. Que eles possam não ter nada em comum é claramente impossível, pois a Cidade é uma forma de comunidade e, desde já, pelo menos o lugar há de necessariamente ser comum: uma Cidade estará em algum lugar, e os cidadãos são aqueles que compartilham o lugar daquela Cidade. Mas, na Cidade bem organizada, os membros deveriam ter tudo em comum, ou só algumas coisas em comum e outras não? Pois os cidadãos poderiam, hipoteticamente, ter os filhos, mulheres e bens em comum, como Sócrates propôs na *República* de Platão;[1] o

[1] *A República*, IV 423 e, v. 457 c, 462 b. (N. do T.)

que, então, é melhor: nossa situação atual ou a nova ordem de sociedade proposta na *República*?

Capítulo II

Há muitas dificuldades apresentadas por uma comunidade de mulheres, e o princípio sobre o qual Sócrates apoia a necessidade de tal instituição não se sustenta pelos seus argumentos; mais ainda, o esquema, como um meio para atingir o fim que ele estabelece à Cidade, é literalmente impraticável, e como devemos interpretá-lo não é estabelecido com precisão em nenhuma parte da obra. Refiro-me à premissa da qual o argumento de Sócrates procede, "a máxima unidade de uma Cidade é o maior de seus bens". Mas não é evidente que, atingindo tal grau de unidade, a Cidade desaparece? Pois a Cidade é por natureza uma pluralidade, e se se aspira à unidade máxima, de Cidade se passará à família, e de família a indivíduo, porque a família tem mais unidade que a Cidade, e o indivíduo, ainda mais que a família. Desse modo, mesmo que fosse possível obter tal unidade, seria preciso não o fazer, pois isso significaria a destruição da Cidade. A Cidade não se compõe apenas de grande número de homens, mas sim de tipos diferentes de homens; os elementos que a compõem não são iguais. Não é como uma aliança militar. Nesta última, a utilidade depende da superioridade de seu número, mesmo quando não haja diferença quanto à qualidade (o seu fim é a proteção mútua); ela é como a balança, em que decide o prato no qual há mais peso e não o que tem menos (dessa maneira, uma Cidade difere de uma tribo quando essa tribo não tem a população organizada em povoados, mas vive esparsa, ao modo dos árcades); porém os elementos dos quais uma unidade é formada diferem em espécie. Por conseguinte, conforme dissemos na *Ética*,[2] é a igualdade relativa à qualidade, e não simplesmente a mera igualdade a salvaguarda das Cidades.

---

[2] *Ética a Nicômaco*, v. 1121, b, 32. (N. do T.)

Mesmo entre os homens livres e iguais, este é um princípio que tem de ser mantido, porque, visto que não podem todos governar ao mesmo tempo, devem, pelo menos, exercê-lo por algum tempo, revezando-se ao final do ano ou por outro período qualquer, segundo um sistema dado, contanto que todos, sem exceção, passem pelo poder. O resultado é que, dessa forma, todos eles chegam a governar; é como se os sapateiros e os carpinteiros revezassem a ocupação, e as mesmas pessoas não continuassem sempre sapateiros e carpinteiros. E como às vezes a permanência na função pode ser melhor para a comunidade, é evidente que a mesma pessoa deveria continuar no poder, se fosse possível; mas isso é incompatível com a igualdade natural dos cidadãos, e é justo que todos se alternem em governar, e, assim, essa submissão, por homens iguais, ao que governa, imitará a sua desigualdade original, visto que alguns mandam e outros obedecem alternadamente, como se não fossem mais os mesmos homens; e o mesmo cidadão, cada vez que recebe uma magistratura, ora exerce um cargo, ora outro. Pelo que se vê claramente que uma Cidade não é una por natureza naquele sentido que alguns afirmaram; e aquilo que disseram ser o sumo bem da Cidade é, na verdade, a sua destruição; contudo o bem de uma coisa tem de ser aquilo que preserva a sua existência.[3] E, deste outro ponto de vista, aquela aspiração à unificação extrema da Cidade claramente não é benéfica: uma família é mais autossuficiente que um indivíduo; uma Cidade, mais que um indivíduo; e uma Cidade o é mais ainda que uma família, visto que uma Cidade somente passa a existir quando a comunidade é grande o bastante para ser autossuficiente; e, assim, a autossuficiência é o mais desejável, mas um grau menor de unidade é mais desejável que um grau maior.

[3] Cf. Platão, *A República*, I. 353. (N. do T.)

Capítulo III

Mas, mesmo supondo que o bem maior da Cidade fosse o grau máximo de unidade, isso não provaria que tal unidade decorra do fato de que todos os cidadãos digam, ao mesmo tempo: "meu" e "não meu" — prova infalível, de acordo com Sócrates, da unidade perfeita em uma Cidade. Pois a palavra "todos" é ambígua; se o que ela quer dizer é que cada indivíduo diz "meu" e "não meu" ao mesmo tempo, Sócrates talvez terá então obtido aquilo que pedia, porque cada um dirá, falando de um mesmo menino e de uma mesma mulher: "aqui está meu filho, aqui está minha mulher", e o mesmo relativamente aos bens e todo o resto. Isso, porém, não no mesmo sentido em que diriam os homens que têm mulheres e filhos em comum. Eles diriam "de todos", e não "meu". E igualmente seus bens seriam referidos como pertencente a todos, coletiva e não separadamente. "Todo" é, neste caso, uma evidente falácia; na sua dupla acepção significa tanto o "uno" quanto o "outro"; tanto o "par" quanto o "impar". E isso acaba tornando-se uma fonte de confusão de lógica. Seria uma bela coisa todos dizerem o mesmo quando falam a mesma palavra; isso, porém, é impossível; e se as palavras são ditas em outro sentido, não pode existir a unanimidade. Há ainda uma outra objeção a essa proposição, a saber, a de que se dá pouca atenção ao que é de propriedade comum; cada qual se concentra em seus interesses privados e dificilmente se ocupa dos interesses comuns, salvo quando isso lhe concerne pessoalmente. Isso ocorre porque, entre outras razões, os homens têm uma tendência a negligenciar a obrigação que eles esperam que outro execute, do mesmo modo que, no serviço doméstico, um grande número de criados é frequentemente menos útil que alguns poucos criados.

Se os mil filhos da Cidade fossem de cada cidadão, não como filhos deste, individualmente, mas como filhos de todos, bem pouca atenção teriam para si. Se um menino medra, cada qual dirá que é seu, e se ele não medra, cada qual dirá que é seu ou de qualquer outro; o mesmo filho será "meu" e de cada um dos mil ou seja lá quanto for o número de cidadãos;

e assim não mais se saberá qual foi o cidadão que teve um filho e se esse filho sobreviveu depois do nascimento.[4] Mas, então, o que é melhor: que cada um diga "meu" dos dois mil ou dez mil filhos da Cidade, ou é preferível o uso atualmente estabelecido? Atualmente, um homem chama de seu filho um menino, o qual um outro chama de irmão, primo, ou outro nome segundo a consanguinidade ou parentesco surgido por casamento, tanto por parte dele quanto por seus parentes; ou ainda de companheiro de clã ou tribo. É muito melhor ser o primo real de alguém do que ser o filho do modelo proposto por Platão! De resto, não se poderia evitar que, às vezes, alguns pais reconhecessem seus filhos, e vice-versa, ou um irmão reconhecesse o irmão, em razão da semelhança que existe entre pais e filhos, e eles iriam necessariamente encontrar indicações de seu parentesco nos traços de outra pessoa. Nos escritos de alguns autores que percorreram o mundo há referências a certos povos da Alta Líbia em que mulheres são de posse comum, e as crianças que nascem são distribuídas segundo a semelhança; e o mesmo ocorre entre algumas fêmeas de outros animais, como os cavalos e os bois, que produzem filhos exatamente iguais ao macho, como foi o caso da égua de Fársalos chamada Justa.

Capítulo IV

Há outros danos os quais os autores de uma tal comunidade não conseguiram evitar facilmente, tais como as injúrias, os homicídios (voluntários ou não), discórdias e calúnias, atos que são muito mais graves quando cometidos contra o pai, mãe ou parentes próximos do que quando cometidos contra estranhos; e que, além disso, haveriam de necessariamente ocorrer com mais frequência entre pessoas que ignoram os laços que os unem. Pelo menos, quando esses laços são

[4] *Ibidem*, v. 463, e. (N. do T.)

conhecidos, torna-se possível a expiação legal. Além disso, é bem estranho que Sócrates,[5] depois de estabelecer a comunidade dos filhos, possa ter proibido apenas aos amantes o intercurso carnal, e ter permitido aquilo que há de mais contrário à decência, que é o amor e intimidade entre pais e filhos, ou entre irmãos; só pelo fato de haver amor entre eles já implica algo indecente. E não é menos estranho proibir o intercurso carnal apenas para evitar os excessos que poderiam advir, olhando com indiferença as relações entre pais e filhos ou entre irmãos.

Essa comunidade de mulheres e filhos pareceria melhor se estabelecida na classe dos agricultores em vez de ocorrer na dos guardiões, porque, se eles têm mulheres e filhos em comum, a amizade entre eles seria menor, o que conduz à submissão à autoridade e evita rebeliões, sendo, pois, conveniente para os homens dessa classe. Em uma palavra, o resultado de tal lei seria justamente o oposto do que se espera de leis justas e boas, que era o que Sócrates pensava estar propondo com sua concepção acerca das mulheres e dos filhos. Com efeito, pensamos que o bem supremo das Cidades é a amizade, a qual pode preservá-las das revoluções; e na verdade Sócrates louva a maior unidade possível da Cidade, a qual ele e todo mundo afirmam ser produzida pela amizade entre os cidadãos. Mas a amizade que ele louva seria como aquela dos amantes no *Banquete,*[6] os quais, como disse Aristófanes, desejam, em sua afeição excessiva, tornar-se, de duas, uma só pessoa; e, nesse caso, as individualidades, ou pelo menos uma delas, pereceriam. Mas em uma Cidade em que as mulheres e os filhos são em comum, a amizade ficaria diluída, não seriam mais ouvidas as palavras "meu filho" e "meu pai". Do mesmo modo como a doçura de algumas gotas de mel fica imperceptível na mistura com uma grande quantidade de água, assim também, nesse tipo de comunidade, a ideia de amizade que é baseada naqueles nomes estaria

---

[5] *Ibidem*, III 403 a-c. (N. do T.)

[6] Platão, *Banquete*, 191 a, 192 c. (N. do T.)

perdida em uma Cidade na qual não há nenhuma razão para que o filho pense em seu pai, o pai pense no filho e os irmãos em seus irmãos. Há duas qualidades que inspiram os homens a darem atenção e apreço a algo: a propriedade e a amizade, e nenhuma delas pode existir em uma Cidade como a que propôs Platão.

Ademais, a transferência das crianças, assim que nascem, da classe dos agricultores e artífices para a classe dos guardiões, e desta para a classe inferior daqueles,[7] apresenta muitas dificuldades em sua execução. Aqueles que cedem as crianças ou aqueles que executam a transferência não sabem que crianças dão nem para quem as dão. Será então quando vão ocorrer com frequência os males que referimos anteriormente, tais como os ultrajes, relações carnais contra a lei e os homicídios, contra os quais não podem mais servir de garantia os laços de parentesco, visto que os filhos que passam da classe dos guardiões para as outras classes inferiores não chamarão de pai, nem mãe, nem irmãos aos daquela primeira classe, e da mesma forma os filhos que passam para a classe dos guardiões. E são essas as nossas conclusões a respeito da comunidade de mulheres e de filhos.

Capítulo V

Na sequência, devemos considerar qual deve ser a disposição da propriedade: na constituição mais perfeita, os homens devem ter os bens em comum ou não? Esta questão deve ser examinada separadamente daquilo que foi estatuído para as mulheres e os filhos. Mesmo supondo que as mulheres e os filhos não sejam propriedade em comum e sim pertençam ao indivíduo, de acordo com o costume que se verifica presentemente, haveria vantagem em ter ou usar bens em comum? Três casos são possíveis: 1) o solo cultivado seria propriedade privada, mas o seu produto seria guardado para consumo em

---

[7] *República*, III, 415 b. (N. do T.)

um depósito comum, conforme é o costume em certas nações; 2) o solo é comum, cultivado em comum, mas o produto é dividido entre os indivíduos, para seu uso privado; esta é uma forma de propriedade comum que, conforme dizem, ocorre entre certos bárbaros; 3) o solo e o produto deveriam ser propriedade comum.

Quando os agricultores não são os proprietários da terra,[8] o caso se torna diferente e mais fácil; mas, quando os cidadãos trabalham para si próprios, a questão da posse traz grandes dificuldades. Pois, se eles não partilham igualmente da labuta e do proveito do produto, aquele que trabalha muito, mas tira pouco proveito do produto do trabalho, irá reclamar daquele que trabalha pouco, mas recebe e consome muito. Porém, em geral é sempre difícil ao homem viver junto e partilhar das relações humanas em comum, sobretudo nessa questão de ter bens em comum. A parceria entre companheiros de viagem exemplifica bem esse ponto: naquele contato constante e diário, a maioria deles acaba discutindo por trivialidades. O mesmo se dá com os nossos criados: estamos mais suscetíveis de entrar em atrito com aqueles que mais frequentemente entram em contato conosco na vida diária.

E essas são apenas algumas das dificuldades que surgem com a comunidade de bens; o atual sistema, se for aperfeiçoado por bons hábitos e leis, seria muito melhor. Ele tem as vantagens de ambos os sistemas: a vantagem de serem comuns os bens e de estes serem possuídos como propriedade privada, pois a propriedade deve ser comum em um certo sentido, mas, como regra geral, privada. Se a administração dos bens for feita por seus proprietários, não haverá reclamações de uns contra os outros, e prosperarão mais, porque cada um considerará tal tarefa como de interesse pessoal; e a virtude dos cidadãos ajustará sua aplicação, conforme diz o provérbio, "todas essas coisas devem ser, o mais possível, comuns entre amigos".[9] Mesmo hoje já são

---

[8] Conforme é proposto por Platão, na *República*, ou ocorre na Lacedemônia, relativamente aos hilotas. (N. do T.)

[9] Cf. Platão, *A República*, 424 a. (N. do T.)

encontrados traços de tal sistema, o que indica que não é impraticável, especialmente nas Cidades bem organizadas, em que já existem em parte, e a outra parte pode vir a funcionar. Pois, embora cada homem possua seus próprios bens, ele põe algumas coisas à disposição dos amigos, e também faz uso de alguns bens destes, como se fossem bens comuns. Os lacedemônios, por exemplo, usam os escravos, cavalos e cachorros uns dos outros, como se fossem seus proprietários; e, quando lhes faltam provisões quando estão em uma viagem, eles se apropriam do que encontram nos campos. Portanto, é evidente que é melhor que a propriedade seja particular, mas que o uso seja comum; e é uma tarefa específica do legislador produzir nos cidadãos essa disposição benevolente. Além disso, quão imensamente maior é o prazer que um homem sente quando uma coisa é exclusivamente dele; pois o amor a si mesmo não é uma vaidade, e sim um sentimento dado por natureza, embora o egoísmo seja, com razão, censurado, mas este não é meramente o amor de si, mas o amor de si em excesso, do mesmo modo que a avareza é o amor exagerado ao dinheiro (embora todos apreciem o dinheiro). Ademais, é um grande prazer ajudar e fazer favores aos amigos, hóspedes e companheiros, o que só pode ser feito quando um homem possui bens próprios. Essas vantagens se perdem quando ocorre uma extrema unificação da Cidade, bem como desaparecem igualmente duas virtudes: primeiro, a temperança relativamente às mulheres (pois é uma virtude abster-se da mulher do outro); segundo, a liberalidade em relação aos bens, visto ser impossível sem a propriedade individual, uma vez que só se pode demonstrar liberalidade quando se faz uso de bens próprios.

Uma tal legislação pode ter uma agradável aparência de benevolência; um homem que ouve falar dela é facilmente levado a acreditar que, nesse sistema maravilhoso, todos se tornam amigos de todos, sobretudo quando se ouve alguém clamando contra os males que existem hoje em dia nas Cidades, tais como questões judiciais com respeito a contratos, processos por perjúrio, adulação aos homens ricos — tudo isso ocorreria, diz-se, porque os bens são possuídos privadamente. Esses males, contudo, são devidos a uma causa muito diferente: a perversidade da natureza humana. Com efeito, vemos que há muito mais desavenças entre os que possuem ou usam os bens em comum do que entre aqueles que têm bens próprios, embora os primeiros sejam menos numerosos em comparação com o grande número de possuidores de bens próprios.

Também seria justo enumerar, além dos males, as vantagens que seriam perdidas pela comunhão de bens, pois a existência sem tais proveitos parece completamente impossível. O erro de Sócrates tem de ser atribuído à falsa noção de unidade da qual ele parte. Sem dúvida, tanto a Cidade quanto a família devem ter unidade, mas não de modo absoluto. Se a unidade fosse levada ao grau ilimitado, a Cidade deixaria de existir enquanto Cidade, tornando-se inferior, como a harmonia de um só som ou o ritmo de uma só batida. A Cidade, conforme dissemos, é uma pluralidade cuja unidade deverá existir em decorrência da educação dos cidadãos; e é estranho que o autor desse sistema de educação, concebido para tornar virtuosa a Cidade, tenha a expectativa de melhorar os cidadãos por conseguir por regulamentação dessa ordem, e não pelo costume, a filosofia e as leis, como as que estão em vigor na Lacedemônia[10] e em Creta, relativamente às refeições, que lá são propriedade comum.

Não podemos, igualmente, deixar de ter em conta a experiência do tempo; neste longo decurso de tempo, se esse sistema fosse bom, não teria ficado desconhecido; pois nesse campo quase tudo já foi descoberto, não obstante algumas não tenham conseguido se enraizar e outras, por mais que sejam conhecidas, não são adotadas. A esse respeito, tudo ficaria mais claro se pudéssemos ver tal forma de governo em seu efetivo processo de formação. Pois o legislador não poderia estabelecer essa forma de governo sem dividir e individualizar a propriedade, com vista às refeições em comum e às fratrias e tribos. Assim, toda essa legislação acabaria apenas

---

[10] Cf. Xenofonte, *Constituição dos lacedemônios*, v. (N. do T.)

por proibir a agricultura aos guardiões, que é precisamente o que tentam fazer hoje em dia os lacedemônios.

Mas quanto à forma geral dessa Cidade, Sócrates, na verdade, nada disse, e nem seria mesmo fácil dizer como seria. Os cidadãos que não são os guardiões são a maioria, e a respeito deles nada foi estatuído; por exemplo, relativamente aos agricultores, a propriedade será em comum ou não? E as mulheres e as crianças serão propriedade individual ou coletiva? Se, como os guardiões, os agricultores tivessem todas as coisas em comum, então em que consistiria a diferença entre eles? E qual seria a vantagem em submeter os agricultores aos guardiões? A menos que seja empregado com eles o estratagema dos cretenses, que concedem aos escravos todos os direitos que eles próprios, cretenses, têm, exceto duas coisas: a prática da ginástica e a posse de armas. Se, por outro lado, o modo de vida das classes inferiores fosse, com respeito ao casamento e às propriedades, como o das outras cidades, qual seria a forma de sua comunidade? Não acabaria por haver, inevitavelmente, duas Cidades em uma, cada uma hostil à outra? Sócrates fez dos guardiões mera guarnição de ocupação, enquanto os agricultores, os artífices e o restante são os cidadãos.

Quanto às dissensões, pleitos e outros males que Sócrates afirma existir nas Cidades de hoje, tudo isso será encontrado do mesmo modo entre os habitantes de sua Cidade. Ele efetivamente diz que, tendo tão boa educação, o cidadão não terá necessidade de muitas leis, como as relativas à Cidade e à ágora; porém, confina a educação aos guardiões. Quanto aos agricultores, dá a eles a propriedade das terras, com a condição de pagarem um tributo, todavia é bem provável que eles sejam aí muito mais difíceis de controlar e pretensiosos que os hilotas, os penestas ou os escravos em geral, de outras Cidades existentes. E, se a comunidade de bens deve ser obrigatória para os agricultores e igualmente para os guardiões, ou como devem ser a educação, a forma de governo e as leis das classes inferiores, Sócrates nada disse a esse respeito, em nenhuma passagem. Não é fácil encontrar resposta para essas coisas, mas igualmente não é de pouca importância saber como deve ser organizada essa classe para que a classe dos guardiões possa manter-se a seu lado.

Assim, se Sócrates pretende, relativamente à classe dos agricultores, fazer das mulheres propriedade comum, e dos bens propriedades privada, quem se encarregará da administração doméstica, já que os homens estarão nos campos? E quem cuidará da agricultura, se entre os agricultores houver a comunidade de bens e de mulheres? Outra coisa: também é muito estranho que Sócrates recorra a uma analogia com os animais para mostrar que as funções das mulheres devem ser as mesmas que as dos maridos, porque entre os animais não existe a administração doméstica. A administração do governo, conforme disposto por Sócrates, também oferece perigo: ele quer que as mesmas pessoas sempre governem, mas se isso é frequentemente a causa de rebelião entre cidadãos não especialmente zelosos de sua dignidade, quanto mais não o seria entre os cidadãos belicosos! Porém, é evidente que, para Sócrates, os mesmos homens devam ser sempre os mesmos governantes: na sua concepção, os deuses concedem sempre aos mesmos homens a medida de ouro; conforme ele escreveu: "Os deuses misturaram ouro em alguns homens, e prata em outros, no momento do nascimento destes; e o ferro e o bronze eles misturaram aos agricultores e aos artífices".[11] Ele priva os guardiãos da felicidade e diz que o legislador deve fazer feliz a Cidade inteira. Mas a Cidade toda não pode ser feliz se a maioria de suas partes, ou uma parte, não desfruta a felicidade, visto que a felicidade não é como o princípio de paridade dos números, a qual só existe no todo, e não em alguma de suas partes; porém não é assim com a felicidade. E, se os guardiões não são felizes, então quem o poderia ser? Certamente não os artífices ou o povo comum. A Cidade da qual Sócrates fala apresenta todas essas dificuldades e outras ainda, não menos graves.

---

[11] *A República*, II, 373 e. (N. do T.)

Capítulo VI

O mesmo se aplica a um trabalho posterior de Platão, *Leis*; por conseguinte, vamos examinar brevemente a constituição aí descrita. Na *República*, Sócrates estabeleceu com exatidão umas poucas questões somente, tais como a comunidade de mulheres, de crianças e da propriedade, e a constituição da Cidade. A população é dividida em duas classes, a saber, a dos agricultores e a dos guardiões; desta última classe sai uma terceira, a dos conselheiros e governantes. Mas Sócrates nada estabeleceu a respeito de se os agricultores e os artífices deveriam participar do governo, e se teriam ou não o direito de possuir armas e de tomar parte, com as outras classes, nas expedições militares; certamente ele pensava que as mulheres deviam ir para os combates ao lado dos guerreiros e receber a mesma educação que eles. O resto do trabalho ele preencheu com digressões estranhas ao trabalho principal e com considerações acerca da educação dos guardiões. Já nas *Leis* quase que só há disposições legislativas; pouco foi dito sobre a constituição; mas, embora querendo fazê-la mais aplicável às Cidades em geral, acaba voltando ao seu primeiro projeto ou forma ideal. Com exceção da comunidade de mulheres e de bens, ele supõe que todo o resto seja igual em ambas as constituições: educação, isenção de trabalhos servis para os guardiões, refeições em comum, tudo é idêntico, exceto que, nas *Leis*, as refeições em comum estendem-se às mulheres e se eleva de mil para cinco mil o número de cidadãos armados.

As falas de Sócrates jamais são triviais. Elas sempre exibem graça, originalidade, exame penetrante, mas dificilmente se pode esperar perfeição em tudo. Não devemos nos esquecer do fato de que o número de cinco mil cidadãos, que acabamos de mencionar, requereria um território tão vasto quanto a Babilônia ou algum outro local imenso para comportar e alimentar essa multidão de homens ociosos junto com suas mulheres e servos de todo tipo. Indubitavelmente, cada um pode fazer hipóteses a seu gosto, mas se deve evitar tocar o impossível.

Diz-se que o legislador não pode perder de vista dois pontos: o povo e o território. Mas as regiões vizinhas também não devem ser esquecidas por ele, principalmente se a Cidade sobre a qual ele legisla quer ter uma vida política e não isolacionista. Pois uma Cidade tem de ter uma força militar organizada para defendê-la tanto interna quanto externamente. Mesmo que a vida da ação não seja admitida entre os melhores, nem entre os indivíduos nem entre as Cidades, ainda assim é necessário que uma Cidade se faça terrível a seus inimigos, tanto quando estes a invadem como quando batem em retirada.

Há ainda outro ponto. Não seria preferível definir a quantidade de bens de modo diferente, mais claro? Pois Sócrates diz que um homem deve ter uma quantidade de bens grande o bastante para permitir que ele tenha uma vida temperante, o que é apenas um modo de dizer "viver bem"; mas essa expressão é muito geral, visto que um homem pode viver de modo temperante e ser infeliz. Uma definição melhor seria que um homem deve ter bens suficientes para viver não apenas de modo temperante como também com liberalidade, pois, se esses dois modos se separam, a liberalidade poderia encaminhar-se ao fausto desmesurado, e a temperança à vida excessivamente árdua. No uso dos bens, liberalidade e temperança, são as únicas qualidades desejáveis: um homem não usaria seus bens com brandura ou intrepidez, mas com temperança e liberalidade. Portanto, a prática dessas virtudes é inseparável do uso da propriedade e a riqueza. Há também inconsistência em Sócrates igualizar as propriedades, não regulando o número de cidadãos;[12] a população resultaria ilimitada, mas ele presume que ficaria equilibrada pelo número de uniões estéreis ao lado de uniões em que nascem muitos filhos, por ter visto isso ocorrer em muitas Cidades. Mas o assunto requer agora ainda mais cuidado, pois, em nossas Cidades, seja qual for o número de filhos, a propriedade sempre é distribuída entre eles; enquanto, se a divisão das

[12] Cf. *Leis*, v 740 b-741 a. (N. do T.)

propriedades não é permitida, como nas *Leis*, os supranumerários, sejam eles poucos ou muitos, nada possuirão. Seria melhor limitar a população e não a propriedade, de modo que o número de nascimentos não fosse além de um número fixado pelo cálculo das probabilidades de mortalidade e de esterilidade em certas uniões. Negligenciar esse ponto, o que é comum em muitas Cidades, teria como consequência o aumento da pobreza entre os cidadãos; e a pobreza é a mãe da revolução e do crime. Fídon de Corinto, um dos mais antigos legisladores, pensava que a família e o número de cidadãos deveriam permanecer os mesmos, ainda que originalmente os lotes de terra tivessem sido desiguais. Nas *Leis*, defende-se o princípio oposto [o número de cidadãos é variável, o de famílias é fixo, e as propriedades são iguais]. Mais adiante diremos qual é a nossa opinião a esse respeito.

Há uma outra omissão nas *Leis*: Sócrates não nos diz qual a diferença que deve existir entre governantes e governados. Ele diz apenas que a relação entre um e outro será a mesma que entre a urdidura e a trama dos tecidos, feitos de lãs distintas. Ele permite o aumento dos bens mobiliários de um homem em até cinco vezes, mas por que não deixa, da mesma forma, alguma amplitude no tocante às terras? Também é preciso considerar se a separação das casas não seria prejudicial à economia doméstica. Sócrates dá a cada cidadão duas casas em diferentes locais, todavia é certamente muito difícil administrar duas casas.

Todo o sistema do governo de Sócrates, não sendo nem uma democracia nem uma oligarquia, acaba sendo uma forma intermediária entre estas, cujo nome é governo constitucional, composto pelos hoplitas.[13] Se ele quis dizer que essa é a mais comum entre as constituições, a que existe na maioria das Cidades de hoje, ele provavelmente estará certo, mas se quis dizer que essa é a constituição perfeita, está errado. Muitos,

---

[13] Hoplita: soldado de armadura pesada e dispendiosa, custeada pelo próprio soldado, o qual era integrante das classes superiores. (N. do T.)

com efeito, diriam que a melhor constituição é uma combinação de todas as formas existentes, e louvam a constituição dos lacedemônios, a qual dizem ser uma mistura de oligarquia, monarquia e democracia, formando o rei a monarquia, e o Conselho dos Anciãos a oligarquia, enquanto o elemento da democracia é trazido pelos éforos, visto que estes são selecionados entre o povo. Outros, todavia, declaram que a instituição dos éforos seria uma tirania, e encontram o elemento da democracia nas refeições em comum e em outros hábitos da vida cotidiana. Nas *Leis* sustenta-se que a melhor constituição é uma combinação de democracia e tirania, as quais nem são consideradas, por alguns, como constituições, ou são consideradas as piores dentre todas. Aqueles que combinam um número maior de formas de governo estão mais perto da verdade, pois a constituição é melhor quando é composta por numerosos elementos. A constituição proposta nas *Leis* não tem nenhum elemento monárquico, só oligárquico e democrático, tendendo geralmente para a oligarquia. Isso se vê no modo de distribuir as magistraturas: a escolha mediante sorteio entre candidatos eleitos previamente tanto pertence à oligarquia quanto à democracia, mas compelir os ricos a se apresentarem nas assembleias e nomearem para os mais altos cargos públicos homens entre aqueles que têm maior renda é claramente uma característica oligárquica. O princípio oligárquico prevalece também na escolha do Conselho, pois todos os cidadãos são obrigados a votar, mas têm de escolher os magistrados na primeira classe do senso [a dos grandes proprietários], e em seguida nomear um número igual entre os de segunda classe, e a seguir outro tanto entre os da terceira classe — a diferença é que os cidadãos da terceira e quarta classe não são obrigados a votar, e nas eleições do quarto censo e da quarta classes o voto só é obrigatório para os cidadãos da primeira e da segunda classes. Dessa forma, dentre as pessoas assim escolhidas, Sócrates diz que deve haver um número igual de cada classe; e o melhor tipo de cidadão predominará, já que muitos cidadãos pertencentes às classes inferiores, por não serem obrigados a votar, abster-se-ão de fazê-lo. Essas considerações e outras que serão apresentadas quando passarmos ao exame dessa forma de constituição mostram que Cidades como a de Platão não devem ser compostas de democracia e monarquia. Além disso, é perigoso eleger os magistrados em uma relação de candidatos selecionados previamente por eles próprios, pois, se alguns cidadãos, mesmo um número pequeno, fizerem uma composição, as eleições sempre terão um resultado em conformidade com os desejos deles. E esta é a constituição que foi desenvolvida no tratado das *Leis*.

Capítulo VII

Há outras constituições que foram propostas: algumas por simples cidadãos, outras por filósofos e homens de Estado, mas todas elas estão mais próximas das repúblicas existentes que das propostas por Platão [isto é, uma na *República*, outra nas *Leis*]. Ninguém mais apresentou novidades como a comunidade de mulheres e crianças, e refeições em comum, pois os outros legisladores principiaram pelo que é necessário. Na opinião de alguns, o ponto principal é a organização da propriedade, por ser a causa de todas as revoluções. Esta questão foi reconhecida por Faleas da Calcedônia, que foi o primeiro a afirmar que os cidadãos devem ter igualdade de posses. Ele pensava que nos primeiros momentos da fundação da Cidade essa igualdade não era acompanhada de dificuldade; tornava-se mais difícil quando a Cidade já havia sido constituída, porém poderia realizar-se em pouco tempo, caso os ricos dessem e não recebessem dotes matrimoniais e, ao contrário, os pobres não dessem mas recebessem tais dotes. Platão, nas *Leis*, pensava que a acumulação até certo ponto deveria ser permitida, não podendo ultrapassar o limite de cinco vezes mais que o mínimo exigido para a qualificação de cidadão. Mas esses que propõem tais leis devem lembrar-se de um ponto que tem sido esquecido, a saber, quando o legislador fixar a extensão dos bens deve também fixar o número de filhos. Se o número destes ficar muito maior em relação à propriedade, a lei passará a ser violada; e, além dessa violação da lei, é algo ruim para a Cidade que muitos cidadãos ricos passem a ser pobres, visto que aí certamente passarão a desejam provocar revoluções. Que a igualização de propriedade exerce influência na sociedade política, foi claramente entendido por alguns dos antigos legisladores, o que é provado, por exemplo, pelas leis feitas por Sólon e a lei que proíbe que o cidadão adquira terras tanto quanto deseje; e há também leis que proíbem a venda de propriedades: entre os cidadãos da Lócria, por exemplo, há uma lei que proíbe a venda da propriedade, caso não se possa provar ter sido arruinado por algum infortúnio. Igualmente, há leis feitas para preservar os lotes originais; a ab-rogação de uma lei desse gênero na Ilha de Leucas fez a constituição ficar demasiadamente democrática, e as magistraturas passaram a ser distribuídas sem obedecer ao antigo critério exigido, baseado no censo. Todavia, a igualdade de propriedade não impede que o limite legal das propriedades seja demasiadamente grande ou demasiadamente pequeno, fazendo seu possuidor encaminhar-se para o fausto ou a penúria. Assim, é evidente que o legislador não deve apenas estabelecer a igualização das propriedades, mas também garantir que elas tenham uma exata mediania. Mas, mesmo se tivesse fixado esse meio igualmente a todos os cidadãos, isso de nada adiantaria, pois não são as propriedades e sim os desejos dos homens o que precisa ser igualizado, o que é impossível sem uma educação estabelecida por boas leis. Mas Faleas provavelmente responderia que havia sido precisamente isso o que ele disse: que, na sua opinião, devia haver nas Cidades não apenas igualdade de propriedades como também de educação. E, se esta é a mesma para todos, importa saber se ela não é daquele tipo que predispõe os cidadãos à avareza ou à ambição, ou a ambas. Ademais, as revoluções nascem não apenas da desigualdade da distribuição da propriedade como também da desigualdade na de honrarias, não obstante essas duas causas atuem de formas opostas. O povo comum entra em desavença por causa da propriedade, e a classe superior discute por causa da igualdade das honrarias. Conforme o poeta,

O bom e o mau recebem as mesmas honrarias.[14]

Há crimes cujo motivo é a necessidade; para os deste tipo Faleas espera encontrar uma cura pela igualização de propriedades; desse modo, ele pensa que os homens seriam afastados da tentação de assaltar nas estradas por causa da fome ou do frio. Mas a necessidade não é o único incentivo ao crime; os homens desejam também usufruir de prazeres, e não ficar apenas no estado de desejar, querendo coisas que vão além das necessidades da vida, e então cometem crimes; e também podem desejar superfluidades para usufruir prazeres desacompanhados de dor, e por isso igualmente praticam crimes.

E qual é a cura para essas três causas de más condutas? Para a primeira, moderação nas posses e trabalho; para a segunda, o hábito da temperança; e quanto à terceira, se se deseja prazeres que dependem de si mesmo, a satisfação não será encontrada em lugar algum a não ser na filosofia, pois todos os outros prazeres dependem de outras pessoas. A verdade é que os maiores crimes são causados pelo excesso e não pela necessidade. Os homens não se tornam tiranos para não padecerem frio; e portanto as maiores honrarias são devidas não aos que matam ladrões, mas aos que matam tiranos. E, desse modo, a instituição proposta por Faleas tem validade apenas contra pequenos crimes.

Há ainda uma outra objeção a isso. A instituição proposta por Faleas é indicada principalmente para o bem-estar interno da Cidade, porém o legislador deve considerar também a relação da Cidade com as nações vizinhas e com tudo que está ao lado dela. O governo deve ser organizado tendo em mira o poderio militar, e sobre isso Faleas não disse uma só palavra. E, com respeito à propriedade da Cidade, as rendas públicas, é preciso que sejam suficientes para satisfazer não apenas as necessidades internas da Cidade, mas também para

---

[14] *Ilíada*, IX, 319. (N. do T.)

fazer frente aos perigos que a ameaçam de fora. A riqueza da Cidade não deve ser tão grande que provoque a cobiça de vizinhos mais poderosos, nem tão escassa que a impeça de enfrentar uma guerra contra um inimigo de igual poder e características. Faleas nada estabeleceu a esse respeito, mas é preciso saber que a quantidade de recurso é uma questão muito importante. O melhor limite provavelmente seja aquele em que um vizinho mais poderoso não seja tentado a fazer guerra contra uma Cidade em razão do excesso de riqueza desta, e sim receie perder mais com as despesas da guerra que lucrar com o que pudesse vir a tirar dos derrotados. Há uma história segundo a qual Eubulus, quando Autofradates ia mandar sitiar Atarneus, disse a ele que calculasse quanto tempo poderia durar a operação e quanto tal cerco iria custar. Pois, disse ele, por uma quantia menor do que aquela que Autofradates ia gastar na conquista, ele, Eubulus, entregá-lo-ia a Atarneus. Essas palavras de Eubulus causaram grande impressão em Autofradates, e ele acabou por desistir do cerco.

A igualização de propriedades é uma das coisas que tendem a prevenir revoluções, mas não é uma das mais importantes, pois os homens das classes superiores ficariam muito insatisfeitos, dizendo que seus méritos são superiores aos dos demais; e isso será frequentemente a causa de sedição e revolução. Além disso, a avareza da humanidade é insaciável; no princípio, dois óbolos são o suficiente, mas assim que essa quantia se torna costumeira, os homens passam a querer cada vez mais, sem limites. Aliás, é da natureza do desejo não ter limite, e a maioria dos homens vive somente para satisfazer seus desejos. O princípio dessa reforma não é igualizar a propriedade, mas fazer que os homens superiores por natureza não queiram enriquecer mais, e que os inferiores não o possam fazê-lo (e para isso a melhor maneira é fazer que estes sejam mantidos em sua condição de inferioridade, porém sem oprimi-los). Ademais, a igualização proposta por Faleas é imperfeita, pois ele apenas igualizou terras, enquanto um homem pode ser rico também em escravos, gado e dinheiro e todos os outros bens chamados móveis. A lei da igualdade deve estender-se a todas as coisas, ou então ser submetida a certos limites moderados; caso contrário, devemos deixar tudo isso de lado e não estatuir nada a respeito da propriedade. Vê-se que Faleas legislava tão somente para uma Cidade pequena, uma vez que todos os artífices ali são escravos públicos e não formam uma parte suplementar do corpo de cidadãos. Mas se há territórios em que artífices devem ser escravos públicos, isso somente deve aplicar-se àqueles engajados em obras públicas, como em Epidamus ou como Diofanto uma vez fez em Atenas.

Dessas considerações pode-se julgar se Faleas estava certo ou errado em suas ideias.

Capítulo VIII

Hipódamo, o filho de Eurífon, um nativo de Mileto, o mesmo que inventou a arte de planejar cidades e projetou o Pireu, era um homem excêntrico, que mostrava em seu modo de viver um desejo de distinguir-se dos demais; as pessoas o julgavam afetado, por causa de sua cabeleira abundante e ornamentos dispendiosos, embora suas roupas fossem de um tecido barato e quente, as quais ele usava tanto no inverno como no verão. Ele pretendia, também, ser um grande conhecedor das ciências naturais, e foi o primeiro homem que, não sendo um estadista, fez uma investigação acerca das melhores formas de constituição.

A Cidade de Hipódamo era composta por dez mil cidadãos distribuídos em três classes: a dos artífices, a dos agricultores e a dos defensores armados da Cidade. Ele dividia a terra em três partes: uma sagrada, outra pública e uma terceira privada. As terras reservadas ao sagrado eram aquelas que forneceriam as oferendas aos deuses; as públicas forneceriam a subsistência aos guerreiros; e as terras privadas seriam de propriedade individual dos agricultores. E também dividia a lei em não mais que três classes, porque, a seu ver, os atos judiciais só podiam ser de três espécies: ofensa, injúria e homicídio. Propôs também que fosse criado um único tribunal supremo, ao qual todas as causas que parecessem julgadas de modo impróprio seriam levadas. Esse tribunal, ele propunha que fosse composto por anciãos escolhidos por eleição. No que tange à decisão do tribunal, pensava que não deveria ser dada conforme o uso vigente, por seixos, e sim em uma tabuinha na qual se escreveria a condenação, caso o réu fosse julgado culpado, ou se deixaria a tabuinha em branco, se fosse julgado inocente; mas, se fosse julgado parcialmente inocente e parcialmente culpado, isso deveria ser registrado na tabuinha. Ele objetava que, em casos assim, o sistema vigente obrigava os juízes a cometerem perjúrio, votando de modo absoluto em caso de condenação ou absolvição. Decretava também, para aquele que descobrisse alguma coisa benéfica para a Cidade, o recebimento de honrarias; e estabelecia que o sustento dos filhos de guerreiros mortos em batalha devia ficar a cargo da Cidade, como se tal decreto (que existe hoje em Atenas e em outros lugares) nunca tivesse existido antes. Quanto aos magistrados, eles deveriam ser eleitos pelo povo (dividido nas três classes já mencionadas), os quais, uma vez nomeados, deveriam zelar pelos interesses públicos, internos e externos, e dos órfãos. E esses são os pontos mais importantes na constituição de Hipódamo.

A primeira objeção a essas propostas é quanto à divisão em três da massa dos cidadãos. Os artífices, os agricultores e os guerreiros participam todos do governo. Mas os agricultores não têm armas, os artífices não têm armas nem terras: que dizer, tornam-se quase escravos dos guerreiros, os quais evidentemente possuem armas. Portanto, é impossível que todas essas classes partilhem todos os cargos públicos. As principais magistraturas vão para os comandantes militares e os guardiões dos cidadãos — a classe dos que portam armas. Mas, se as duas classes são excluídas do governo da Cidade, como poderão ser cidadãos leais? Pode-se dizer que a classe dos que têm armas será necessariamente a dos senhores das outras duas classes, mas, se ela não for numerosa, ser a classe dos senhores não será uma tarefa muito fácil. E se ela for numerosa, por que iria deixar que as outras classes participassem do governo ou pudessem indicar magistrados? E qual seria a utilidade que os agricultores teriam para a Cidade proposta por Hipódamo? Os artífices sempre serão necessários em toda Cidade e podem viver do seu ofício, como em qualquer outro lugar. Mas, quanto aos agricultores, se eles são encarregados de prover a subsistência dos guerreiros, poderiam, com razão, fazer-se membros da Cidade; não obstante, na Cidade de Hipódamo eles têm sua própria terra e a cultivam para si mesmos. Se, por outro lado, as terras fossem cultivadas pelos guerreiros, então a classe dos guerreiros seria idêntica à dos agricultores, a despeito de o legislador pretender fazer uma distinção entre elas, e surgiria uma quarta classe, a qual não teria lugar na Cidade nem participaria de nada. Mas se está nas mãos dos mesmos cidadãos o cultivo das terras públicas e o das terras privadas, será que se saberá precisamente o que cada um deverá cultivar para satisfazer as necessidades de duas famílias; e, nesse caso, por que não dar desde o começo aos agricultores um só e mesmo lote de terra que seja suficiente para seu sustento e para produzir o que haverão de consumir os guerreiros? Há certamente uma grande confusão em tudo isso.

Tampouco é melhor sua lei relativa aos julgamentos, pois, permitindo aos juízes dividirem suas sentenças, e não ditá-las de modo absoluto, torna-os meros árbitros. Esse sistema poderia ser aceitável se os diversos árbitros pudessem deliberar entre si, mas isso não é possível, pois, pelo contrário, a maioria dos legisladores proíbe que os jurados se comuniquem entre si. Que confusão não haveria se os juízes pensarem que o acusado é culpado, mas o valor a ser reparado varia entre cada juiz: o demandante reclama vinte minas; um juiz concede dez, outro um pouco mais, outro menos, aquele concede cinco, aquele outro, quatro, enquanto alguns concederiam todo o valor, e outros não concederiam valor algum. Como apurar esses votos? De resto, nenhum juiz seria levado a cometer perjúrio, pois estaria pronunciando simplesmente, de modo absoluto, se o réu é ou não culpado, devendo o demandante receber ou não vinte minas (e não se o réu deve alguma outra quantia ao demandante). O crime de perjúrio só seria cometido por aquele juiz que condenasse o réu, pensando, todavia, que este não deveria pagar as vinte minas.

Quanto à proposta de que se deveria conferir honrarias àqueles que descobrem alguma coisa útil para a cidade, ela soa bem, mas não seria seguro torná-la lei, porque poderia encorajar informantes e talvez levar a Cidade à uma comoção política. Esta questão envolve outras: às vezes ficamos em dúvida se seria ou não útil para as Cidades a modificação de instituições tradicionais, ainda que as novas fossem melhores. Mas, se as leis não forem vantajosas, nós dificilmente concordaríamos com a proposta de Hipódamo, pois, sob pretexto de estar fazendo um bom serviço para a Cidade, um cidadão poderia introduzir medidas as quais, na verdade, levariam à destruição das leis e da constituição. Mas, já que tocamos nesse assunto, talvez devêssemos entrar em alguns detalhes a seu respeito, pois, como dissemos, é um assunto no qual as opiniões divergem. Poder-se-ia, até, pensar que seria melhor fazer mudanças. Com efeito, foi benéfico fazer mudanças nas ciências e nas artes; a medicina, por exemplo, a ginástica e todas as outras artes que se desenvolveram bastante graças a mudanças no sistema tradicional; e, como a política também deve ocupar um lugar entre estas, evidentemente é necessário aplicar a ela o mesmo princípio. São os próprios fatos que o comprovam: as leis antigas eram excessivamente simples e bárbaras; os helenos andavam sempre armados e compravam as esposas uns dos outros. Os remanescentes das antigas leis são em toda parte totalmente absurdos. Por exemplo, em Cime, há uma lei relativa a homicídios que declara culpado o réu caso o acusador apresente um certo número de testemunhas tiradas entre os próprios parentes da vítima. Os homens em geral desejam o que é bom, e não meramente aquilo que seus antepassados tinham. Os primeiros habitantes, nascido da terra ou sobreviventes de alguma catástrofe,[15] provavelmente se pareceriam com o vulgo e os ignorantes de nossos dias (é essa a ideia que nos dá a tradição dos filhos da terra); e seria um grande absurdo continuar com essas opiniões. Ademais, mesmo no tocante

[15] Cf. Hesíodo, *Trabalhos e dias*, v. 108. (N. do T.)

a leis escritas, não é melhor mantê-las imutáveis. A política, bem como as demais artes, não pode esboçar todos os pormenores. A lei deve ser universal, mas as ações concernem ao particular. Daqui podemos concluir que às vezes, em alguns casos, certas leis devem ser mudadas; mas, quando olhamos de um outro ponto de vista, parece que o assunto requer maior cautela. Pois o hábito de mudar muito prontamente a lei é um mal, e, quando a vantagem é pequena, é melhor relevar alguma falha do legislador ou governante. O cidadão não ganharia muito fazendo a mudança das leis e iria perder o hábito da desobediência. A analogia com as artes é falsa; uma mudança na lei é uma coisa muito diferente de uma mudança na arte. A lei só consegue compelir à obediência pelo hábito, e o costume só se estabelece depois de um tempo. Dessa forma, passar prontamente de leis existentes para novas leis seria enfraquecer o próprio poder da lei. Mas, admitindo que seja vantajoso mudar certa lei, perguntar-se-ia se deveria ser mudada em todas as Cidades, e se a mudança poderia ser feita por qualquer pessoa ou deveria ser feita apenas por certas pessoas. Estas são importantes questões; voltaremos a examiná-la em momento mais propício.

Capítulo IX

Relativamente às constituições da Lacedemônia e de Creta e, de um modo geral, a todas as outras formas de constituição são dois os pontos que devem ser considerados: primeiro, quando sua lei é boa ou má, em comparação com o sistema perfeito; segundo, se é ou não incoerente com o princípio e a natureza de sua constituição mesma. Em uma Cidade bem constituída, os cidadãos devem ter tempo livre, desobrigando-se das tarefas dedicadas a prover as necessidades elementares da vida cotidiana, mas não é fácil obter esse ócio. Na Tessália, os penestas frequentemente levantaram-se contra seus senhores, do mesmo modo que os hilotas o fizeram contra os lacedemônios, os quais estavam sempre à espreita de uma calamidade, da qual pudessem aproveitar-se para se livrarem de seus senhores. Nada desse tipo de coisa, todavia, ocorreu em Creta; a razão, provavelmente, é que as cidades vizinhas, mesmo quando estavam em guerra umas com as outras, nunca formaram aliança com escravos rebeldes; rebeliões não eram do interesse deles, visto que eles mesmos eram uma população dependente. Já quanto à Lacedemônia, todos os seus vizinhos eram inimigos — argivos, messênios e árcades —; e, na Tessália, a primeira revolta de escravos ocorreu porque os tessálios estavam em guerra com os povos vizinhos aqueus, perrébios e magnésios. E, mesmo que não houvesse nenhuma dificuldade, a própria necessidade de manter o controle sobre os escravos já é em si problemática, pois, se não fossem controlados rigidamente, tornar-se-iam insolentes e se considerariam iguais aos senhores; e se fossem tratados com excessiva dureza odiariam os senhores e conspirariam contra eles. É evidente, pois, que, quando isso sucede, os cidadãos da Cidade não encontraram a melhor maneira de controlar os escravos.

Por outro lado, a excessiva permissividade a respeito das mulheres lacedemônias é contrária ao espírito da constituição de Esparta e ao bem-estar da Cidade. O homem e a mulher são ambos elementos da família e, do mesmo modo, podemos considerar que a Cidade é igualmente dividida entre homens e mulheres; por conseguinte, podemos dizer que naquelas Cidades em que a situação das mulheres não é boa, metade da Cidade não tem leis. E, na verdade, é isso que sucedeu na Lacedemônia; o legislador, querendo tornar toda a população enérgica e temperante, atingiu plenamente seu objetivo no caso dos homens, mas malogrou no caso das mulheres, as quais vivem entregues à intemperança e à luxúria. A consequência é que em uma tal Cidade a riqueza é altamente valorizada, sobretudo quando os homens ficam sob o domínio de suas mulheres, como ocorre entre as raças enérgicas e belicosas, exceto os celtas e outras raças que aprovam o amor entre homens. O antigo criador de mitos acertou quando uniu Ares e Afrodite, pois todas as raças guerreiras são inclinadas ao amor tanto de homens como de mulheres. Isso é mostrado pelos lacedemônios em seus dias de grandeza; muitos assuntos eram decididos por suas mulheres. Mas que diferença existe entre as mulheres governarem e as mulheres governarem os governantes? O resultado é o mesmo. Até no que concerne à bravura, sem utilidade na vida diária e necessária apenas em tempos de guerra, a influência das mulheres lacedemônias foi bastante prejudicial. Isso ficou claro na invasão tebana, quando elas, ao contrário das mulheres de outras Cidades, não tiveram a menor utilidade e causaram mais desordens que os próprios inimigos. Essa corrupção nos costumes apresentada pelas mulheres da Lacedemônia existe desde tempos recuados. Durante as guerras da Lacedemônia, primeiro contra os argivos, depois contra os árcades e os messênios, os homens ficavam por muito tempo fora de casa e, quando a paz voltava, eles se submetiam ao legislador, já preparados pela disciplina da vida militar (na qual existem muitos elementos da virtude), ao passo que, segundo diz a tradição, quando Licurgo[16] quis submeter as mulheres ao domínio das leis, elas resistiram e Licurgo desistiu de seu intento. São essas, então, as causas do que ocorreu; claramente são, pois, as mulheres as culpadas pela falha na constituição. Não estamos, contudo, considerando quem deve ou não ser desculpado, mas o que está certo e o que está errado nas constituições; conforme dissemos, o mau comportamento das mulheres não somente dá um ar de licenciosidade à constituição considerada em si mesma, como também tende a favorecer o amor à riqueza.

Além disso, a menção à avareza naturalmente sugere uma crítica à desigualdade da propriedade. Enquanto alguns dos cidadãos lacedemônios têm muito, outros não têm quase nada; desse modo a terra está nas mãos de uns poucos. Isso se deve também a leis falhas, pois o legislador considerou, e com razão, desonrosas a compra e a venda de um patrimônio; mas permitiu dispor dos bens, seja por doação entre vivos, seja por testamento. Em ambos esses casos a consequência é

---

[16] O legislador Licurgo (séc. VIII a.C.) foi o criador da constituição da Lacedemônia. (N. do T.)

a mesma. Ademais, as mulheres são possuidoras de aproximadamente dois quintos de todas as terras da Lacedemônia, em razão de muitas delas herdarem ou pelo costume de se dar grandes dotes. Seria melhor que a lei proibisse os dotes ou restringisse o máximo possível o seu valor. Na Lacedemônia, pode-se casar a filha herdeira com quem quiser; se o pai morre sem ter disposto nada em testamento, o tutor pode casar tal moça com quem ele quiser, pelo que, embora o território dessa Cidade possa manter mil e quinhentos cavalarianos e trinta mil hoplitas, o número total dos lacedemônios mal chega a mil. Os resultados provam a natureza falha de suas leis relativas à propriedade; a Cidade não conseguiu suportar nem um único golpe, e a falta de homens causou sua ruína. Diz-se que, no tempo de seus primeiros reis, era hábito dessa Cidade conceder cidadania a estrangeiros, a fim de evitar o grave inconveniente que guerras muito longas podem provocar. Diz-se, até, que o número de lacedemônios era então de aproximadamente dez mil. Seja essa história verdadeira ou não, é melhor para a Cidade que se mantenha uma população numerosa masculina pela igualização das fortunas. Mas a própria lei relativa à procriação é contrária à correção dessa desigualdade. Com efeito, o legislador, querendo aumentar ao máximo o número dos lacedemônios, encorajou os cidadãos a terem famílias numerosas; neste sentido, há uma lei na Lacedemônia que isenta do serviço militar os pais que tenham três filhos, e isenta inteiramente de pagar imposto o cidadão que tenha quatro filhos. É óbvio que, nascendo muitas crianças, a terra será distribuída proporcionalmente a esse número de futuros cidadãos, muitos dos quais necessariamente cairão na pobreza.

A constituição da Lacedemônia é falha em relação a outro ponto, a saber, o da instituição dos éforos.[17] Esses magistrados exercem a autoridade sobre as matérias mais importantes,

---

[17] O eforato foi instituído setenta anos após Licurgo elaborar a constituição. Os cinco éforos, eleitos pelo povo por um ano, eram os verdadeiros governantes de Esparta. (N. do T.)

porém são escolhidos entre todo o povo, daí resultando que essas tão importantes funções têm caído em mãos de homens pobres, os quais, por causa de sua miséria, são facilmente subornáveis. Há muitos exemplos desse mal, nos tempos antigos; e bem recentemente, no caso dos ândrios,[18] que se deixaram subornar, eles fizeram o possível para arruinar sua Cidade. E tão grande e tão tirânico era o seu poder, que até os reis eram levados a se tornar demagogos, a tal ponto que o poder real e a constituição se deterioraram, e de uma aristocracia se transformou em democracia. É certo que o eforato mantém a Cidade unida, pois o povo permanece pacificado por participar da escolha das altas magistraturas; e tal resultado, seja por tê-lo produzido o legislador, seja obra do acaso, é vantajoso para a Cidade. Com efeito, para que uma constituição continue, é preciso que todas as partes da Cidade desejem sua permanência. Esse é o caso de Esparta, onde os reis desejam sua permanência em razão das honrarias que lhes são conferidas por causa de sua posição; os bem-nascidos estão satisfeitos porque são representados no Conselho dos Anciãos (pois o cargo é uma recompensa à sua virtude); e os pobres também estão satisfeitos porque todos são elegíveis ao cargo de éforo. Mas a eleição dos éforos, à qual, segundo é totalmente correto, todos os cidadãos podem concorrer, não deveria ser feita segundo o método atual, visto que é por demais infantil. Além disso, os éforos têm a decisão soberana nas grandes causas, embora sejam homens comuns, e, assim, eles não deveriam decidir com base na sua própria opinião e sim de acordo com regras escritas e de conformidade com as leis. O modo de vida deles [éforos], também, não está em conformidade com o espírito da constituição — é demasiadamente voltado ao luxo, ao passo que, no caso dos demais cidadãos, a excessiva severidade é tão intolerável que eles burlam a lei, a fim de usufruir de prazeres.

Do mesmo modo, o Conselho dos Anciãos não está livre de falha. Pode-se dizer que os anciãos são homens bons e

---

[18] De Andros, uma das ilhas Cíclades. (N. do T.)

cultivados nas virtudes viris, e que, por conseguinte, esse Conselho é uma vantagem para a Cidade. Todavia, que eles, em cargo vitalício, julguem as causas importantes é uma coisa discutível, pois a mente torna-se senil tanto quanto o corpo; além disso, esses homens não têm uma educação tão perfeita a ponto de o legislador confiar inteiramente neles, e isso é perigoso. Alguns deles se deixaram subornar, sacrificando, a favor de alguém, o interesse público; dessa forma, seria mais seguro que eles tivessem de prestar contas de seus atos no exercício de suas funções, ao contrário do que sucede hoje na Lacedemônia. Mas, poderia ser objetado, todos os magistrados devem prestar contas aos éforos. Sim, mas essa prerrogativa é conceder demasiado poder a eles, e pensamos que tal controle deveria ser exercido de uma outra maneira. Ademais, o modo como elegem os membros do Conselho de Anciãos é infantil; não é apropriado que a pessoa a ser eleita tenha de ficar cabalando votos; os cidadãos de mais valor devem ser designados para o cargo, queiram ou não. Mas aqui o legislador faz o mesmo que fez em outras partes de sua constituição; ele estimula a ambição dos cidadãos, tendo em vista a escolha dos anciãos do Conselho, pois nenhum homem se candidataria ao cargo se não tivesse ambição. Além disso, ambição e avareza são, mais que as outras paixões, as causas dos crimes.

Quanto à monarquia — se ela é ou não vantajosa para as Cidades —, examinaremos depois.[19] Seja como for, os reis deveriam ser escolhidos, não como são atualmente na Lacedemônia, mas considerando-se a sua conduta e vida pessoal. É evidente que o próprio legislador não imagina que possa fazer bons homens dos reis; e, às vezes, até tem mostrado grandes desconfianças quanto à sua virtude. Por essa razão, os lacedemônios costumam mandar juntos os reis e os inimigos destes na mesma expedição militar, e pensam que a oposição entre os dois reis assegura a preservação da Cidade.

[19] No livro III. (N. do T.)

Tampouco as refeições em comum, denominadas *fidítias*, foram bem reguladas pelo seu introdutor. Os gastos deveriam ser providos pela Cidade, como em Creta; contudo, na Lacedemônia, todos os cidadãos têm de contribuir, embora haja alguns que são muito pobres para poder arcar com a despesa; portanto a intenção do legislador foi malograda. A refeição em comum era para ser uma instituição popular, mas do modo como está regulada é o contrário do popular, pois para os mais pobres é muito penoso tomar parte, e, de acordo com um antigo costume, quem não puder contribuir com essa despesa perde o seu direito de ser cidadão.

A lei relativa aos almirantes lacedemônios tem sido frequentemente censurada, e com justiça: é uma fonte de dissidências, visto que os reis são generais em caráter vitalício e a função de almirante é como a de um outro rei.

Pode-se fazer a mesma acusação às intenções do legislador que aquela feita por Platão,[20] a saber, a constituição inteira considera apenas uma parte da virtude, a do guerreiro, a qual traz a vitória nas guerras; e, assim, o poder dos lacedemônios foi conservado enquanto estiveram na guerra, mas, quando eles obtiveram um império, esse poder caiu, porque eles não sabiam viver em tempo de paz, e não haviam aprendido nenhuma outra atividade mais elevada que as guerras. Há ainda um outro erro no qual incorreram, tão grande quanto aquele: eles estão certos em pensar que as vitórias são obtidas pela virtude [coragem] e não pelo vício [covardia], mas erram em supor que os bens que obtêm são mais valiosos que a virtude que fez que os bens fossem obtidos.

E mais: as fianças da Cidade são mal administradas. Não há dinheiro no tesouro; todavia os lacedemônios são forçados a arcar com grandes guerras, e o pagamento de imposto é feito sem muita boa vontade. Grande parte das terras está em mãos dos lacedemônios e, por isso, eles não se sentem muito estimulados a fiscalizarem uns aos outros. O legislador

---

[20] Livro I das Leis. (N. do T.)

produziu um resultado que é o contrário do que ele pretendia: fez a Cidade ficar pobre e seus cidadãos, vorazes por riquezas.

E isso é o suficiente quanto à constituição lacedemônia, da qual apresentamos os principais defeitos.

Capítulo X

A constituição de Creta lembra a da Lacedemônia; em alguns pontos é tão boa quanto esta, mas em outros não é tão perfeita. É que as antigas constituições são geralmente menos elaboradas que as novas, e dizem que a constituição lacedemônia é (e provavelmente seja mesmo), em grande medida, uma cópia da cretense. De acordo com a tradição, Licurgo, quando deixou de ser o guardião do rei Carilau, passou bastante tempo em Creta, pois as duas Cidades eram estreitamente ligadas a Creta. De fato, os lictios eram uma colônia de lacedemônios; chegando em Creta, adotaram a constituição existente entre os habitantes. Até hoje os periecos, os povos submetidos de Creta, são governados por leis que remontariam a Minos. A ilha de Creta parece ter sido destinada pela natureza a dominar a Hélade e a desfrutar de uma posição bem situada. Ela se estende pelo mar em torno do qual quase todos os helenos estão estabelecidos; e, enquanto uma de suas extremidades fica a curta distância do Peloponeso, a outra não fica muito longe da região da Ásia, próximo a Triópion e Rodes. Por isso, Minos conquistou o império do mar, submeteu algumas das ilhas e colonizou outras; por fim, invadiu a Sicília, e morreu perto de Câmico.

As instituições cretenses parecem-se com as da Lacedemônia. Os hilotas são os lavradores de uma, e os periecos, os da outra; ambos — cretenses e lacedemônios — têm as refeições em comum, as quais hoje são chamadas pelos lacedemônios *fidítias*, mas em tempos antigos eles a chamavam *ândria*, a mesma palavra que os cretenses ainda hoje usam para designá-la; o que demonstra que as refeições em comum tiveram origem em Creta. Além disso, as duas constituições são similares, pois a função dos éforos é a mesma que os cosmos cretenses possuem; a única diferença é que, enquanto os éforos são cinco, os cosmos são em número de dez. O número do Conselho dos Anciãos também corresponde ao do chamado Conselho de Creta. Quanto à monarquia, ela existia antigamente em Creta, mas foi abolida pelos cidadãos, e os cosmos têm a função de comandá-los na guerra. Todas as classes participam da assembleia, a qual, porém, somente pode ratificar os decretos do Conselho dos Anciãos e os dos cosmos.

As refeições em comum de Creta são sem dúvida mais bem administradas que as da Lacedemônia. Na Lacedemônia, cada qual tem de pagar sua cota, caso contrário, conforme foi dito acima, perde os seus direitos de cidadão. Já em Creta o sistema tem um caráter mais popular; do produto da terra e da criação de gado nas terras públicas, e igualmente os tributos que são pagos pelos periecos, uma porção é destinada aos deuses e às despesas públicas, e a outra parte, às refeições em comum, de modo que homens, mulheres e crianças são alimentados pela Cidade. O legislador concebeu muitos meios engenhosos de assegurar a moderação no comer e igualmente encorajava a separação entre homens e mulheres, para que não houvesse muitos nascimentos, bem como encorajavam a união de um homem com um outro — o que, se é um bem ou um mal, examinaremos em outra oportunidade. Mas que as refeições em comum são mais bem organizadas em Creta que na Lacedemônia não resta dúvida.

Por outro lado, a instituição dos cosmos é inferior à dos éforos, da qual tem todos os erros, sem trazer a sua vantagem: como os éforos, os cosmos chegam a esse cargo por sorteio, mas em Creta isso não é contrabalançado por uma vantagem política correspondente. Na Lacedemônia, todo cidadão é elegível; o povo tem uma participação nas mais altas magistraturas e deseja que a constituição permaneça. Já em Creta, os cosmos são eleitos entre certos clãs e não entre todo o corpo de cidadãos; além disso, é preciso ter sido cosmo para poder ser eleito membro do Conselho de Anciãos.

A mesma crítica feita ao Conselho dos Anciãos da Lacedemônia pode ser feita relativamente ao de Creta. A isenção de prestação de contas de seus atos no exercício da função e a vitaliciedade desse cargo conferem-lhe privilégios grandes demais, e seu poder arbitrário de agir sem estar submetido a leis escritas é perigoso. O fato de o povo não estar descontente em ser excluído não constitui prova de ser boa essa constituição, pois se os cosmos, diferentemente dos éforos, não têm muitas oportunidades de se deixar subornar, é porque vivem em uma ilha, e são afastados da tentação.

O remédio usado pelos cretenses para remover o mal dessa instituição é invulgar: é mais próprio de uma oligarquia que de um Estado constitucional. Com efeito, os cosmos são frequentemente destituídos de seus postos por conspirações levadas a cabo por seus próprios colegas ou por cidadãos particulares; e, além disso, os cosmos têm o direito de renunciar antes do término do mandato. Seria melhor que todos esses pontos fossem regulados por lei e não pelos desejos do homem, pois esta não é certamente uma regra segura. Pior de tudo é a suspensão do cosmo do exercício de seu cargo, um artifício do qual frequentemente os bem-nascidos lançam mão quando não querem submeter-se à justiça. Isso mostra que o governo cretense, embora possuindo algumas das características de um Estado constitucional, é, na verdade, uma oligarquia.

Os bem-nascidos costumam, também, estabelecer os chefes; eles formam grupos junto com o povo e seus aliados, e então esses grupos passam a lutar uns com os outros. Qual a diferença entre essa destruição temporária da Cidade e a dissolução da sociedade? Essa é uma situação muito perigosa para a Cidade, a qual fica vulnerável ao ataque de quem o deseje fazer. Porém, como já o dissemos, a ilha de Creta está a salvo em razão de sua localização; a distância tem o mesmo efeito que a lei lacedemônia que proíbe estrangeiros [*xenelasia*]; e os cretenses não exerceram o domínio sobre territórios estrangeiros. Estas são as razões pelas quais os periecos estão aquietados em Creta e os hilotas vivem em perpétua revolta. Mas, quando recentemente Creta foi invadida por estrangeiros, a fraqueza de sua constituição foi revelada. E é o suficiente no que concerne ao governo de Creta.

Capítulo XI

Considera-se que os cartagineses têm uma excelente forma de governo, a qual difere em muitos aspectos das de outros povos, e assemelha-se bastante à da Lacedemônia. Realmente, estas três constituições — a da Lacedemônia a de Creta a de Cartago — assemelham-se e, por outro lado, são bastante diferentes das demais. Muitas das instituições cartagineses são excelentes. A superioridade de sua constituição é mostrada pelo fato de o povo permanecer fiel à constituição e de os cartaginesas nunca terem feito rebeliões dignas de nota nem terem estado jamais submetidos a um tirano.

Os traços comuns entre a constituição de Cartago e a da Lacedemônia são os seguintes: as refeições em comum da primeira correspondem às *fidítias* da Lacedemônia, e o corpo de magistrados de Creta, chamado os Cento e Quatro, corresponde ao eforato; mas, enquanto os éforos são sorteados entre todas as classes, os magistrados de Cartago são eleitos de acordo com o mérito pelos cidadãos — e esse é um ponto de superioridade. Eles têm também seus reis e a gerúsia ou Conselho de Cidadãos tal qual na Lacedemônia, exceto pela seguinte característica (que lhe dá superioridade): ao contrário da Lacedemônia, os reis não são sempre de uma única família, tampouco são escolhidos indistintamente nas outras famílias, mas são escolhidos na melhor família; o critério não é o da idade ou hereditariedade, mas o do mérito. O poder do rei é muito grande, por conseguinte, se eles forem pessoas de pouco mérito, causarão muito mal, como já sucedeu na Lacedemônia.

A maioria dos defeitos ou desvios do estado perfeito da constituição cartaginesa poderia ser censurada ou aplicada igualmente às outras formas de governo que já mencionamos. Mas os desvios em relação à aristocracia e ao governo constitucional às vezes se inclinam mais à democracia e outras vezes à oligarquia. O rei e os anciãos devem determinar, se houver unanimidade, se submetem ou não certas matérias à assembleia do povo; quando não são unânimes, o povo também decide o assunto. Quando o rei e os anciãos levam ao povo a matéria de desentendimento, este não apenas ouve, mas pode também falar como soberano, e cada cidadão pode tomar a palavra e opinar sobre o assunto; e isso não é permitido em Creta ou na Lacedemônia. Por outro lado, conferir aos membros das pentarquias,[21] os quais têm em suas mãos os mais importantes assuntos, a prerrogativa de se elegerem e de escolherem o conselho supremo, um mandato mais longo que o de qualquer outro magistrado (pois eles são virtualmente governantes antes e depois de assumirem suas funções), tudo isso são características oligárquicas; o fato de não receberem salário, de não serem escolhidos por sorteio e outras coisas desse gênero, como a competência dos tribunais para toda espécie de causas, sem ter atribuições especiais (como ocorre na Lacedemônia), são características da aristocracia. A constituição cartaginesa desvia-se da aristocracia e se inclina à oligarquia, principalmente porque, de acordo com certo ponto de vista popular, seus cidadãos pensam que os magistrados devem ser escolhidos não só por seu mérito, mas também por sua riqueza: um homem pobre, dizem eles, não pode governar bem, porque não dispõe de tempo. Se, então, a escolha dos magistrados por sua riqueza é característica da oligarquia, e a escolha por mérito é característica da aristocracia, haverá uma terceira forma sob a qual a constituição de Cartago se enquadra, pois os cartagineses consideram essas duas condições para a escolha de seus magistrados, sobretudo os supremos deles, os reis e os generais.

Mas devemos reconhecer que o legislador cometeu um erro nesse desvio da aristocracia. Nada é mais absolutamente necessário que providenciar, desde o princípio, que os melhores cidadãos possam dispor de tempo e não ter de se degradar, não só no exercício de suas funções como também enquanto simples cidadãos. Sem dúvida, é necessário considerar a questão da provisão de riqueza a fim de assegurar a disponibilidade de tempo; não obstante é certamente um mal que funções como a dos reis e a dos generais devam ser venais.

---

[21] Grupo dos cinco mais altos magistrados do governo. (N. do T.)

A lei dá mais valor à riqueza que ao mérito, e a cidade toda se torna avarenta, pois, quando os dirigentes da Cidade julgam alguma coisa honrosa, os outros cidadãos seguem o exemplo deles; e, na Cidade onde a virtude não está em primeiro lugar, tal aristocracia não pode ser firmemente estabelecida. Aqueles que compram cargos certamente aprenderão com o tempo a tirar proveito para si mesmos; e seria um absurdo supor que um homem pobre e honesto quisesse se aproveitar do cargo, e um outro homem, de caráter inferior, que gastou grande quantia por seu cargo, não quisesse o mesmo. Desse modo, é necessário que o governo seja posto nas mãos daqueles que são os mais capazes. E mesmo se o legislador não se encarregasse de prover recursos para os melhores cidadãos, ainda assim, ele deveria assegurar disponibilidade de tempo para o exercício do cargo.

Poderia parecer que não é uma boa coisa o exercício de vários cargos pela mesma pessoa, o que, entre os cartagineses, é considerado algo muito honroso. Mas um homem se sai melhor fazendo uma única tarefa. O legislador deve ter isso em mente, não designando a mesma pessoa para tocar flauta e fazer sapatos ao mesmo tempo. Dessa forma, quando a Cidade é grande, está mais de acordo com o princípio democrático e constitucional que as magistraturas sejam distribuídas entre mais cidadãos, pois, conforme dissemos, esse arranjo é mais justo para todos, e as funções são mais bem exercidas quando separadas do que quando acumuladas nas mesmas mãos. Disso nos oferecem uma prova a questão naval e a militar: em ambas os deveres de comando e obediência se estendem a todos.

O governo dos cartagineses é oligárquico, mas eles tiveram sucesso em escapar dos males da oligarquia, enriquecendo uma parte da população, pelo envio desta para as suas colônias. Assim, com esse expediente para evitar o mal, eles dão estabilidade ao Estado. Todavia, isso é obra da contingência, enquanto é tarefa do legislador evitar sedições. Conforme são as coisas por lá, se ocorresse algum infortúnio e a massa dominada se revoltasse, não haveria meios de restaurar a paz por métodos legais.

E esse é o caráter das justamente celebradas constituições dos lacedemônios, dos cretenses e dos cartagineses.

CAPÍTULO XII

Dos homens que trataram do tema da constituição, alguns jamais participaram de negócios públicos e sim passaram toda a vida como simples cidadãos, e sobre a maioria deles já falamos anteriormente. Outros foram legisladores, seja em sua própria Cidade, seja em Cidades estrangeiras, as quais eles administraram; alguns apenas fizeram leis, outros estabeleceram constituições, como, por exemplo, Licurgo e Sólon. Da constituição lacedemônia já falamos. Quanto a Sólon, ele é considerado um bom legislador, que pôs um ponto final a uma oligarquia por demais fechada, emancipou o povo da escravidão, estabeleceu a democracia antiga ateniense e harmonizou os diferentes elementos da Cidade. De acordo com esse ponto de vista, o Conselho do Areópago é um elemento oligárquico; as magistraturas, um elemento aristocrático; e o tribunal, um elemento democrático. Na verdade, parece que o Conselho e a eleição dos magistrados já existiam antes do tempo de Sólon e não foram alterados por ele, mas, organizando os tribunais por meio de jurados convocados entre todo o povo, ele criou a democracia. E essa é a verdadeira razão de ele ser, às vezes, censurado: dando o poder supremo aos tribunais, cujos jurados eram escolhidos por sorteio, afirmam que ele teria destruído o elemento não democrático, isto é, teria destruído o poder do Conselho do Areópago e das altas magistraturas. Quando os tribunais tiveram o poder continuamente aumentado, os demagogos passaram a adular o povo, como se este fosse um tirano, e assim a forma de governo se transformou na democracia existente. Efialtes e Péricles diminuíram o poder do Areópago, e Péricles chegou a instituir o pagamento dos juízes; então, cada demagogo foi, por seu turno, aumentando o poder da democracia até ela se tornar aquilo que vemos hoje. É verdade, no entanto, que tudo foi o resultado de circunstâncias, e não que tenha sido um plano de Sólon. O povo, orgulhoso por haver conseguido a vitória na batalha naval na guerra contra os persas, passou a valorizar demagogos sem valor, aos quais os melhores cidadãos se opunham. O próprio Sólon, ao que parece, deu aos atenienses tão só o poder suficiente para eleger os altos magistrados e pedir a prestação de contas quando isso fosse absolutamente necessário, pois, se o povo não tivesse pelo menos esse poder, permaneceria sendo escravo e inimigo do governo. Todos os magistrados, antes, eram escolhidos entre os notáveis e os homens ricos, isto é, entre os assim chamados "homens de quinhentos médimnos", os zeugitas, e uma terceira classe de proprietários, os "cavaleiros"; os tetas, cidadãos da quarta classe, não participavam de nenhuma magistratura.

Záleuco, que deu as leis aos lócrios epizefírios, e Carondas, que estabeleceu as leis da sua própria Cidade, a Catânia, e de outras Cidades calcídias na Itália e na Sicília, eram apenas legisladores. Alguns afirmam que Onomácrito foi o primeiro homem a ter bons conhecimentos em matéria de legislação, e que ele, embora um locriano por nascimento, estudou em Creta, onde viveu do exercício de sua arte profética, e que Tales teria sido seu companheiro; Licurgo e Záleuco teriam sido discípulos de Tales, e Carondas o foi de Záleuco. Mas esses relatos são completamente incoerentes com a cronologia.

Houve também Filolau de Corinto, o qual deu as leis aos tebanos. Ele era da família dos Baquíadas e foi um dos amantes de Diocles, o vencedor olímpico que deixou Corinto em razão do horror que despertou por causa do amor incestuoso que tinha por sua mãe, Alcione, dirigindo-se para Tebas; Filolau então partiu também para lá, e ambos os amigos terminaram seus dias nessa Cidade. Os tebanos ainda hoje mostram os túmulos deles, um de frente para o outro: um voltado para Corinto e o outro não. Diz a tradição que foram os dois amigos mesmos que determinaram aquela posição das sepulturas: Diocles, por causa do horror daquele infortúnio, para que a terra de Corinto não fosse visível da sua tumba, e Filolau, para que o fosse. Foi por aquele motivo que eles se estabeleceram em Tebas; Filolau veio a ser legislador, e, ao lado de outros decretos, deu aos tebanos leis sobre a procriação de filhos, chamadas de "leis da adoção" pelos tebanos. Essas leis foram especialmente feitas por ele com vista à preservação do número de lotes.

Na legislação de Carondas não há nada de notável, exceto pelas ações contra falso testemunho. Ele foi o primeiro a instituir denúncia por perjúrio. Tais leis são mais precisas e exatas que as dos outros legisladores, mesmo os da atualidade. Característico de Faleas é o dispositivo com vista à igualização de propriedade. De Platão é a comunidade de mulheres, crianças e as refeições em comum de mulheres, e as leis concernentes à embriaguez, que estabelecem que os homens sóbrios presidam os banquetes, e igualmente o treino de soldados, a fim de que adquiram pela prática a habilidade de ambas as mãos, para que um homem não tenha uma mão útil e a outra inútil.

Drácon também deixou leis, mas ele as adaptou para uma constituição já existente, e nada há de particular nelas que seja digno de nota, exceto pelo rigor excessivo de suas penas.

Pítaco, também, foi um legislador, mas não foi o autor de uma constituição; há uma lei que é peculiar dele: que, se um homem embriagado fizer alguma coisa errada, ele deve ser mais severamente punido que se estivesse sóbrio; ele tinha em mente a utilidade da repressão, pois os ébrios cometem mais frequentemente atos de violência que os sóbrios.

Androdamas de Régio foi o legislador dos calcídios da Trácia. São dele algumas leis sobre homicídio e filhas únicas herdeiras; mas não há nada de notável nessas leis.

E aqui concluímos nosso exame das várias constituições que existem atualmente ou concebidas por alguns teóricos.

Livro III

Capítulo I

Aquele que investiga a essência e atributos dos vários tipos de governo deve antes de tudo determinar o que seja uma Cidade. Até o presente esta é uma questão polêmica. Alguns dizem que a Cidade pratica certa atividade; outros dizem que não é a Cidade, mas o oligarca ou o tirano. Vemos que a atividade do legislador ou do estadista concerne diretamente à Cidade, e uma constituição ou governo é a organização dos habitantes de uma Cidade; mas esta última é composta naquela mesma acepção em que quaisquer outras coisas que são um todo são um composto de muitas partes. Dessa forma, é evidente que devemos começar pela pergunta "quem é o cidadão e qual o sentido desse termo?". Pois aqui novamente há divergência de opinião. Aquele que é cidadão em uma democracia frequentemente não o seria em uma oligarquia. Só consideraremos aqui os cidadãos por nascimento, e não os que obtiveram esse título de qualquer outra maneira. O cidadão não é cidadão porque vive em um certo lugar, pois os estrangeiros e os escravos também são estabelecidos em um lugar; tampouco são cidadãos aqueles que partilham de um mesmo sistema legal, de levar ou ser conduzido diante do tribunal, pois residentes estrangeiros não possuem completamente esses direitos, em muitos lugares, sendo obrigados a apresentar um patrono, um cidadão responsável por eles e, assim, só participam imperfeitamente da cidadania, e os chamamos de cidadãos apenas na acepção em que se aplica o termo às crianças, que são muito jovens para o registro de cidadãos, ou aos homens velhos, que já estão isentos dos deveres cívicos. Não dizemos que eles sejam cidadãos de modo absoluto, e sim que os muito jovens são cidadãos incompletos e que os idosos já passaram da idade, ou alguma coisa desse gênero, não importa, o sentido é claro. Dificuldades similares podem ser encontradas com respeito aos cidadãos declarados infames e os banidos. O cidadão que estamos buscando definir é um cidadão no sentido estrito, a respeito do qual não se possa apresentar nenhuma exceção, e sua qualidade característica é ter o direito de administrar justiça e de exercer as magistraturas. Algumas dessas magistraturas são temporárias; não é permitido que a mesma pessoa a exerça mais de uma vez, e tem um prazo fixado de duração. Outras não têm limite de tempo, por exemplo, a função de jurado ou de membro da assembleia dos cidadãos. Poder-se-ia dizer que tais funções não são de modo algum magistraturas nem dão a quem as exerce participação no governo, porém seria ridículo dizer que aqueles que têm o poder supremo não governam. Mas deixemos isso de lado, pois se trata meramente de uma questão verbal; não temos um termo comum para significar ambos os termos "jurado" e "membro da assembleia dos cidadãos". Chamemo-los, pois, para efeito de distinção, "magistraturas indefinidas", e consideramos aqueles que podem exercer essas magistraturas cidadãos. Esta é de um modo geral a definição de cidadão mais adequada a todos aqueles que em geral são denominados cidadãos.

Mas não devemos nos esquecer de que as coisas cujo princípio subjacente difere em espécie, sendo um deles o primeiro, outro o segundo, e outro o terceiro, nada ou quase nada têm em comum, quando consideradas nessa relação, que seja digno de nota. De fato, vemos que as constituições diferem em espécie, que umas são anteriores e outras posteriores, e que as falhas ou corrompidas são necessariamente as posteriores a uma que era perfeita. (Depois parecerá mais claro o sentido em que aplicamos esses termos.)

O cidadão, pois, será necessariamente diferente em cada uma dessas formas de governo, e nossa definição está mais bem adaptada ao cidadão da democracia, e não necessariamente a outras formas de governo. Em algumas Cidades, o povo não é reconhecido nas assembleias como jurado; não são realizadas assembleias regularmente, mas apenas as extraordinárias, e as petições são distribuídas por seções entre os magistrados. Na Lacedemônia, por exemplo, os éforos julgam as petições sobre contratos, enquanto os anciãos julgam os casos de homicídio e outras causas são julgadas por outros magistrados. Um princípio similar prevalece em Cartago, onde os magistrados julgam todas as causas. Com efeito, devemos modificar nossa definição de cidadão, para incluir essas Cidades. Nestas, o membro da assembleia ou do tribunal não exerce uma magistratura indefinida e sim uma magistratura em conformidade com suas atribuições. Alguns deles legislam e julgam sobre todas as coisas ou algumas delas. A concepção de cidadão agora começa a ficar clara.

Aquele que tem o poder de tomar parte na administração deliberativa ou judicial de alguma Cidade, dizemos que é cidadão daquela Cidade, e, falando em geral, uma Cidade é um corpo de cidadãos suficiente para atender às necessidades da vida.

Capítulo II

Entretanto, na prática um cidadão é definido como aquele cujos pais são cidadãos; outros insistem em ir mais ainda para trás, até os segundos, terceiros ou mais ancestrais. Esta é uma curta e prática definição, mas implica uma outra questão: como esses terceiros ou quartos ancestrais vieram a ser cidadãos? Górgias de Leonte, em parte porque ficava em dificuldade para responder, em parte por ironia, dizia: "A argamassa é feita pelos artífices de argamassa, e os cidadãos de Larissa são feitos pelos magistrados, pois o ofício deles é fazer larissianos". No entanto, a questão é bastante simples, pois, de acordo com a definição que acabamos de dar, cidadão é aquele que participa do governo. Esta é uma definição melhor que a outra, pois as palavras "nascido de pais cidadãos" não pode ser aplicada aos primeiros habitantes ou fundadores de uma Cidade.

Há mais dificuldade, ainda, no caso daqueles que se fizeram cidadãos depois de uma revolução, como a cidadania outorgada por Clístenes, em Atenas, depois da expulsão dos tiranos, quando ele formou tribos novas de estrangeiros e escravos. A dúvida aí é se tais homens receberam justamente ou não o título. Há também outra dúvida: se não receberam o título com justiça, então seriam eles ilegitimamente cidadãos? E na verdade, nesse caso, "ilegítimo" corresponde a "errado". Com efeito, vemos, às vezes, homens a governar erradamente, mas não podemos negar que governem, e sim dizer que governam ilegitimamente; e definimos cidadãos como aqueles que participam de algum tipo de magistratura judicial ou legislativa. Assim, é evidente que mesmo homens que receberam ilegitimamente o título de cidadãos devem ser considerados cidadãos.

Capítulo III

Se eles deveriam ou não ser cidadãos é uma pergunta que está ligada à nossa indagação anterior,[1] pois levanta uma outra questão a respeito da Cidade, a saber, se determinado ato é ou não um ato da Cidade, como, por exemplo, na transição de uma oligarquia ou uma tirania para uma democracia. Em um caso assim, algumas pessoas pensam que não se deva honrar seus contratos ou alguma outra obrigação contraídos no governo anterior, alegando terem sido assumidos pelo tirano, e não pela Cidade. Eles alegam que essa constituição foi estabelecida pela força e não tem em mira o bem comum. Mas isso pode ser igualmente aplicado à democracia, pois esta também pode ter sido fundada pela violência e, então, os atos da democracia serão nem mais nem menos os da Cidade, do mesmo modo que o seriam no caso de uma oligarquia ou de uma tirania. Essa questão entrelaça-se a uma outra: com base em que princípios podemos dizer que uma cidade é a mesma que era, ou que é uma outra? O modo mais superficial de se considerar a questão é fazê-lo apenas pelo território

[1] Livro III, início do capítulo 1: o que é uma Cidade? (N. do T.)

e sua população (pois a terra e a população podem ter-se separado, e alguns dos habitantes podem viver em um lugar e outros em outros. Entretanto, isso não é fácil de resolver; só precisamos observar que a palavra "Cidade" é ambígua, tendo várias acepções.

Na sequência perguntamos: quando pode ser considerado uma Cidade una esse lugar em que homens vivem agrupados — qual é o limite? Certamente essa unidade não é dada pelo muro que a cerca, porque, nesse caso, poder-se-ia pôr um muro cercando todo o Peloponeso. Talvez a Babilônia seja um caso desses, bem como toda cidade da qual o perímetro seja o de uma nação, mais que o da cidade. Na ocasião em que houve a captura da Babilônia, dizem que grande parte da Cidade só ficou sabendo do fato três dias depois de ocorrido. Essa questão pode ser examinada com mais proveito em outra ocasião; o estadista tem de considerar o tamanho da Cidade e se ela deve consistir de mais de uma raça ou não.

Deveríamos, então, dizer que a Cidade em que a mesma população vive no mesmo lugar é a mesma Cidade enquanto o povo for da mesma raça, embora sempre haja alguém nascendo ou morrendo, do mesmo modo que dizemos que um rio ou uma fonte são sempre os mesmos, embora sempre esteja entrando ou saindo um novo fluxo de água nesse rio ou fonte? Ou deveríamos dizer que as gerações de homens, como os rios, são as mesmas, porém a Cidade muda? Pois a Cidade é uma associação, e uma associação de cidadãos sob uma constituição; quando a forma de governo muda e se torna diferente, parece que a Cidade não é mais a mesma, como um coro trágico difere de um coro de comédia, embora os membros do coro sejam os mesmos. E dizemos que cada conjunto ou composição de elementos torna-se diferente quando a forma de sua composição se altera; por exemplo, uma escala musical que contém os mesmos sons, dizemos que é diferente conforme é tocada no modo dório ou frígio. Se for assim, é evidente que uma Cidade continua a mesma por causa de sua constituição, seja ou não chamada pelo mesmo nome, sejam os seus habitantes os mesmos ou inteiramente diferentes. Se uma cidade deve ou não honrar seus compromissos assumidos antes de adotar uma nova constituição é outra questão.

Capítulo IV

Há um outro ponto estreitamente relacionado com o precedente: se a virtude do homem bom e a do cidadão bom são as mesmas.[2] Mas, antes de entrar nessa discussão, temos de ter, certamente, uma primeira noção da virtude do cidadão. Como o marinheiro, o cidadão é um membro da comunidade; embora os marinheiros tenham diferentes funções — um é remador, outro é o timoneiro, outro é o vigia de proa, e outros tenham denominações similares — e, por isso, a definição de cada excelência individual se aplique exclusivamente a cada um, haverá, ao mesmo tempo, uma definição comum aplicável a todos eles, visto que todos têm um objeto comum, que é a segurança na navegação. Similarmente, cada cidadão difere do outro, mas a salvaguarda da comunidade é o trabalho de todos eles. Essa comunidade é a constituição, a virtude do cidadão deve, portanto, ser relativa à constituição da qual ele é membro. Se, então, há diversas formas de governo, é evidente que não há apenas uma excelência do bom cidadão, que é a perfeita virtude. Dissemos que o homem bom é aquele que possui uma única virtude, a virtude perfeita, mas é evidente que o bom cidadão não necessita possuir a virtude que faz um homem bom.

A mesma questão pode ser abordada por outra forma, pela consideração da melhor constituição. Se a Cidade não pode ser inteiramente composta de homens bons, e se cada cidadão deve desempenhar bem a tarefa relativa à sua função, o que só é possível pela excelência de cada um, a virtude do bom cidadão e a do homem bom não coincidem. Todos devem ter a virtude do bom cidadão — assim, e só assim, a Cidade pode ser perfeita; mas não terão todos a virtude do homem bom,

---

[2] Cf. *Ética a Nicômaco*, 1130 b, no final. (N. do T.)

visto que reconhecemos que na boa Cidade os cidadãos não serão necessariamente homens bons.

A Cidade, uma vez que é composta por dessemelhantes, pode ser comparada aos seres animados, que são compostos de alma e corpo: do mesmo modo que a alma é composta do princípio racional e das paixões, a família é formada do marido e da esposa, a propriedade é composta pelo senhor e o escravo, assim também a Cidade é formada desses elementos dessemelhantes. Consequentemente, a virtude de todos os cidadãos não pode ser a mesma, do mesmo modo que a virtude de um corifeu não pode ser a mesma que a do dançarino ao seu lado. E o que dissemos é o suficiente para mostrar por que os dois tipos de virtude [a do bom cidadão e a do homem bom] não podem ser as mesmas.

Mas então não haverá nenhum caso em que a virtude do bom cidadão e a do homem bom coincidam? A isso responderemos que o bom governante é um homem bom e sensato, e que aquele que quiser ser um estadista deverá ser um homem sensato. Algumas pessoas dizem, até, que a educação do governante deve ser de um tipo especial; e, com efeito, vemos que os filhos de reis são instruídos em exercícios militares e equitação. Como disse Eurípides:[3]

> Nada de artes sutis para mim, mas tão somente o que a Cidade requer, como se houvesse uma educação especial para um governante.

Se então a virtude de um bom governante é a mesma de um homem bom, e se supõe que se permanece sendo cidadão no ato mesmo de obedecer a um superior, a virtude do bom cidadão e a virtude do homem bom não podem absolutamente ser a mesma (embora em alguns casos particulares possam ser), pois a virtude do governante difere da de um cidadão. Foi a noção dessa diferença que levou Jasão a dizer que se sentia miserável quando não exercia a tirania, querendo

[3] Fragmento 16, v. 2, na coletânea de Nauck. (N. do T.)

com isso significar que não conseguia viver como homem que não tem ofício público. Mas, por outro lado, louvamos tanto o homem que sabe mandar como o homem que sabe obedecer, e parece que o cidadão virtuoso é aquele capacitado tanto para uma coisa como para a outra. Se admitirmos que a virtude do homem bom é saber mandar, e a virtude do cidadão inclui mandar e obedecer, não se pode dizer que eles sejam igualmente merecedores dos mesmos elogios. Assim, como se supõe, às vezes, que aquele que comanda e aquele que obedece devam aprender coisas diferentes, e não as mesmas, e que, porém, o cidadão deva conhecer ambas as artes e partilhar as duas posições, a inferência é óbvia: há uma forma de autoridade que é a do senhor, cuja parte relacionada aos trabalhos domésticos não requer que o senhor saiba desempenhá-las, mas que saiba comandar outros para que a executem; a outra capacidade (quero dizer, a capacidade de executar aqueles tais trabalhos domésticos) é a do escravo. Há várias espécies de tarefas, as quais são executadas pelas várias espécies de escravos, como, por exemplo, os trabalhadores manuais, aqueles que vivem pelo labor de suas mãos, entre os quais se incluem os artífices mecânicos. Por isso, antigamente, em algumas nações a classe dos trabalhadores não participava do governo — um privilégio que eles adquiriram somente sob uma democracia extremada. Certamente o homem bom, o estadista e o bom cidadão não devem aprender o ofício dos inferiores, exceto para seu uso ocasional; se eles praticassem habitualmente essas tarefas, cessaria a distinção entre senhor e escravo.

Existe, contudo, um outro tipo de autoridade, a qual é exercida sobre homens livres e iguais — uma autoridade constitucional, a qual o governante deve aprender enquanto é governado, do mesmo modo que se aprende a ser general de cavalaria enquanto se é comandado pelo general de cavalaria, ou só ser o comandante da infantaria após ter serviço sobre um comandante da infantaria e ter comandado um regimento e uma companhia de cavalaria. Está certo, pois, aquele que disse: "quem jamais aprendeu a obedecer não pode ser um bom comandante". A virtude do que comanda e a do que obedece não são a mesma, mas o bom cidadão deve ser capaz de ambos; ele deve saber governar, nos dois aspectos, como um homem livre — essas são as virtudes de um cidadão. E, embora a temperança e a justiça em um governante sejam distintas daquelas de um governado, a virtude de um homem bom as inclui a ambas, pois a virtude do homem bom, por exemplo, a sua justiça, não é a mesma de quando ele é governado e de quando ele é livre: a que o qualifica para governar difere daquela que o qualifica para obedecer, do mesmo modo que a coragem dos homens difere da coragem das mulheres (pois um homem seria tido como covarde se tivesse a coragem de uma mulher corajosa, e uma mulher seria considerada muito loquaz se fosse tão comedida quanto um homem bom em uma conversação; com efeito, a participação deles na administração doméstica são diferentes, a de um é adquirir e a outra é preservar. A sabedoria prática é a única característica apenas do governante; todas as outras virtudes são igualmente próprias tanto do que comanda quanto do comandado. A virtude do que é comandado certamente não é a sabedoria, mas a sinceridade em dar a opinião; ele pode ser comparado ao que faz flautas, e o governante, ao flautista.

Essas considerações precedentes respondem à questão se a virtude do homem bom é a mesma ou não que a do bom cidadão, o quanto elas são as mesmas e o quanto diferem.

CAPÍTULO V

Resta ainda uma questão a respeito do cidadão: é só um legítimo cidadão que deve partilhar as magistraturas, ou o artífice deve ser incluído nisso? Se aqueles que não podem ocupar magistraturas devem ser considerados cidadãos, então a virtude deles não pode mais ser a mesma, conforme dissemos, pois um artífice será um cidadão. E, se nenhum deles é cidadão, em que parte da Cidade devem ser situados, uma vez que nem são estrangeiros residentes nem estrangeiros propriamente falando? Ou podemos responder que essa objeção é absurda, pois tampouco os escravos e os libertos pertencem às classes que mencionamos acima? Devemos admitir que não podemos considerar como cidadãos todos aqueles que são necessários à existência da Cidade; por exemplo, crianças não são cidadãos no mesmo sentido que um adulto; este é cidadão absolutamente, enquanto as crianças o são incompletamente. Com efeito, nos tempos antigos, entre algumas nações a classe dos artífices era constituída de escravos ou estrangeiros, e é por essa razão que a maioria deles hoje tem essa origem. A melhor forma de Cidade não deverá admitir os artífices como cidadãos; porém, se forem admitidos, então nossa definição de virtude não se aplicará a todo cidadão e homem livre, mas apenas aos cidadãos isentos das atividades servis. Aqueles que prestam seus serviços nas necessidades da vida aos indivíduos são escravos, e os que trabalham para o público são artífices ou assalariados. Essas reflexões tornam mais clara a posição deles.

Visto que há muitas formas de constituição, há também muitas espécies de cidadãos, sobretudo cidadãos que são comandados; assim, sob algumas formas de constituição os artífices e assalariados serão cidadãos, e sob outras, como, por exemplo, na aristocracia ou no assim chamado governo dos melhores, no qual as honrarias são conferidas de acordo com a virtude e o mérito, pois nenhum homem poderia praticar a virtude tendo uma vida de artífice ou assalariado. Nas oligarquias, a qualificação para as magistraturas está condicionada ao tamanho da riqueza e, portanto, nenhum assalariado pode ser cidadão, mas um artífice poderia, pois a maioria deles é rica. Em Tebas, havia uma lei pela qual nenhum homem que exercesse o comércio poderia exercer alguma magistratura; só o poderia fazer se estivesse afastado daquela atividade há pelo menos dez anos. Mas, em algumas Cidades, a lei admite até estrangeiros como cidadãos; em algumas democracias, um homem é cidadão se a mãe for cidadã; e um princípio similar é aplicado aos filhos ilegítimos; a lei tem um relaxamento quando a população decresce; mas quando o número de cidadãos aumenta, são excluídos da cidadania primeiramente os filhos de pai ou mãe escravos, depois aqueles que têm só mãe cidadã, e por fim o direito à cidadania é limitado apenas aos que têm pai e mãe cidadãos. Pelo que se vê de modo evidente que há diferentes espécies de cidadãos, e que cidadão, no sentido pleno, é aquele que participa das magistraturas da Cidade. Conforme está implícito as palavras de Homero:

> Como algum estrangeiro desonrado,

pois aquele que é excluído da participação nas funções públicas da Cidade não é melhor que um estrangeiro. Mas, às vezes, essa exclusão é encoberta, com o objetivo de a classe privilegiada iludir os habitantes.

Relativamente à questão de se a virtude do homem bom é a mesma do bom cidadão, as considerações precedentes provam que em algumas Cidades elas são as mesmas, e em outras, diferentes. Quando são as mesmas, não é todo cidadão que é um homem bom, e sim apenas o homem político que, sozinho ou junto com outros, ocupa-se dos assuntos públicos.

Capítulo VI

Havendo determinado essas questões, vamos agora considerar se há apenas uma forma de constituição ou se há várias, quais e quantas são elas, e quais são as diferenças entre elas.

Uma constituição é a disposição das magistraturas em uma Cidade, especialmente a mais alta delas. O governo é em toda parte soberano, e a constituição é na verdade o governo. Por exemplo, na democracia o povo é soberano, e nas oligarquias são uns poucos; e, assim, dizemos que essas duas formas de governo são diferentes, e o mesmo se dá em relação a outras formas de governo.

Primeiramente, consideremos qual é o objetivo de uma Cidade e quantas são as formas de governo pelas quais as sociedades humanas são reguladas. Dissemos, na primeira parte deste tratado, quando discutimos a administração doméstica e o poder do senhor, que o homem é por natureza um animal político.[4] Por conseguinte, mesmo quando os homens não precisam de ajuda mútua, ainda assim têm o desejo de viver juntos; eles são levados a se associar por seus interesses em comum à proporção que conseguem alguma medida de bem-estar. Esta é certamente a principal finalidade, tanto do indivíduo quanto das Cidades, mas os homens também se unem simplesmente para viver (no que deve haver algum sublime elemento, desde que os infortúnios da existência estejam contrabalançados com as coisas boas). Vemos que os homens se associam e mantêm conjuntamente uma comunidade política, e os homens se apegam à vida mesmo à custa de grande sofrimento, parecendo encontrar na vida uma doçura natural e felicidade.

Não há dificuldade em distinguir as várias espécies de autoridade; elas foram frequentemente definidas em nossas discussões exotéricas.[5] O poder do senhor sobre o escravo, embora o escravo por natureza e o senhor por natureza tenham, na realidade, os mesmos interesses, é exercido, não obstante, tendo em vista primariamente o interesse do senhor, e acidentalmente o interesse do escravo, pois, se o escravo perecer, o poder do senhor perecerá com ele. Por outro lado, o governo do senhor sobre a esposa e os filhos, o qual denominamos governo doméstico, é exercitado para o bem dos governados ou no interesse comum de ambas as partes, mas essencialmente para o bem dos governados, como podemos ver que ocorre no caso da medicina, da ginástica e nas artes em geral, que são praticadas essencialmente no interesse das pessoas que a elas se submetem, mas apenas acidentalmente no interesse da própria pessoa que a exerce, pois não há razão para que o treinador não possa, às vezes, praticar ginástica, do mesmo modo que o timoneiro é um marinheiro na tripulação. Assim, o treinador e o timoneiro consideram o bem daqueles que estão submetidos aos seus cuidados, mas

---

[4] No sentido de viver na *pólis*, de viver em sociedade. (N. do T.)

[5] Para o público fora da escola; o contrário de esotérico (que é reservado aos iniciados). (N. do T.)

acidentalmente participam dos benefícios, haja vista que o timoneiro é também um marinheiro, e o treinador torna-se um dos homens que treinam sob seus próprios cuidados. Assim também se passa na política: quando a Cidade é estabelecida segundo o princípio da igualdade e equivalência entre os cidadãos, ali os cidadãos pensam ter o direito de ocupar as magistraturas por turno. Antigamente, como é natural, cada qual se alternava nos cargos; então, alguém que estava ocupando uma magistratura olhava pelo interesse de quem não estava, o qual, igualmente, olhava pelo interesse dos outros quando estivesse ocupando uma magistratura. Mas, atualmente, com o objetivo de obter vantagens no exercício dos cargos, os homens querem conservar esses cargos para si, como se o fato de continuar ocupando-os lhes conferisse saúde (pois, nesse caso, estariam certos em querer continuar ocupando os cargos). A conclusão é evidente: os governos que têm em vista o interesse comum estão constituídos em conformidade com os princípios de justiça e, portanto, estruturados corretamente, mas aqueles que têm em vista apenas o interesse dos governantes são todos falhos e formas desviadas das constituições corretas, visto que são despóticos, enquanto a Cidade é uma comunidade de homens livres.

Capítulo VII

Havendo determinado esses pontos, devemos considerar a seguir quantas e quais são as formas de governo. Em primeiro lugar, devemos examinar quais são as formas corretas de constituição, pois, quando elas forem determinadas, seus desvios ficarão aparentes. As palavras "constituição" e "governo" têm o mesmo sentido, e o governo, que é a suprema autoridade na Cidade, tem de estar, ou nas mãos de um, ou nas de uns poucos, ou nas de muitos. Por conseguinte, as formas corretas de constituição são aquelas nas quais uma única pessoa, umas poucas pessoas ou muitas pessoas governam visando ao interesse comum; enquanto os governos que têm em vista o interesse privado, seja de um, seja de uns poucos, seja de muitos, são desvios de constituição correta, pois os membros da Cidade, se eles são verdadeiramente cidadãos, devem participar da vantagem comum. As formas de governo em que um só governa, chamamos a que visa ao bem comum de monarquia; aquelas em que governam uns poucos, os melhores homens, visando ao bem comum, chamamos aristocracia; e quando uma grande parte dos cidadãos administra a Cidade, tendo em mira o bem comum, o governo é chamado por um nome genérico, "constituição", que é um nome comum a todas as outras. E há uma razão para usar essa palavra. Ao passo que um homem ou uns poucos homens podem sobrepujar por suas virtudes, quando o número de homens aumenta torna-se difícil obter perfeição em cada espécie de virtude, embora possam sobrepujar em virtude militar, pois esta é encontrada no maior número. Desse modo, em um governo constitucional os guerreiros tem o poder supremo, e aqueles que possuem armas são os cidadãos.

Das formas de constituição acima mencionadas, os desvios são: da monarquia, a tirania; da aristocracia, a oligarquia; do governo constitucional, a democracia. Com efeito, a tirania é uma espécie de monarquia em que apenas se visa ao interesse do monarca; a oligarquia é o governo no qual apenas se considera os interesses dos ricos; democracia é o governo no qual se tem em mira apenas o interesse da massa, e nenhuma dessas formas governa para o interesse de toda a sociedade.

Capítulo VIII

Há, todavia, dificuldades nesse assunto e, portanto, seria necessário nos determos um pouco mais para examinar a natureza de cada uma dessas formas de governo, pois aquele que pretende fazer um exame filosófico da matéria, e não apenas um exame de ordem prática, não deve omitir nenhum detalhe e sim evidenciar a verdade em cada particular. Tirania, conforme dizíamos, é a monarquia exercendo o poder do senhor sobre a sociedade política; oligarquia é quando os donos das riquezas têm o governo em suas mãos; e democracia, o oposto, quando os pobres, e não os donos das riquezas, são os governantes. A primeira dificuldade é sobre a definição: democracia é dita do governo de muitos, mas e se muitos são donos das riquezas e têm o poder em suas mãos? Do mesmo modo, oligarquia é dita do governo de poucos, mas e se os pobres são em menor número que os ricos e têm o poder em suas mãos porque são mais fortes? Nesses casos a distinção que tínhamos sobre as formas de governo não parece muito boa.

Suponhamos, ainda, que combinemos a riqueza com poucos e a pobreza com muitos, e denominemos oligarquia a constituição na qual os ricos, sendo poucos, são os governantes, e democracia, aquela em que os pobres, sendo muitos, são os governantes — isso também nos leva a uma dificuldade, pois, se as únicas formas de governo são as que mencionamos antes, como poderíamos descrever essas outras formas de governo, que acabamos de mencionar, nas quais os ricos são mais numerosos e os pobres são em menor número, e o poder estivesse nas mãos dos ricos, no primeiro caso, e dos pobres, no segundo caso?

O argumento parece mostrar que é acidental que poucos ou muitos governem nas oligarquias ou nas democracias, porque, em toda parte, o número de ricos é menor e o de pobres, maior. Mas, se é assim, há um equívoco na causa das diferenças entre eles; a verdadeira diferença entre democracia e oligarquia é a pobreza e a riqueza. Em toda parte que os homens governem em razão de sua riqueza, sejam muitos ou poucos, há ali uma oligarquia, e em todo lugar em que os pobres governem, ali existe uma democracia. É um fato que, geralmente, os ricos são poucos e os pobres, muitos; a abundância é para poucos, mas a liberdade é de todos os cidadãos, e riqueza e liberdade são os fundamentos para as pretensões ao poder na Cidade tanto do lado oligárquico quanto do lado democrático.

Capítulo IX

Principiemos pela consideração de definições comuns de oligarquia e democracia: qual é o princípio da justiça oligárquica e o da democrática? Todos os homens se apegam a algum tipo de justiça, mas a concepção de cada um é imperfeita e não expressa a idéia completa. Por exemplo, alguns pensam que justiça é igualdade, e efetivamente o é, embora não o seja para todos e sim para aqueles que são iguais entre si. Também se pensa que a desigualdade pode ser justa, e de fato o pode, mas não para todos e sim para aqueles que são desiguais entre si. Quando se é omisso, julga-se erroneamente; a razão é que a pessoa julga baseada em si mesmo, e a maioria das pessoas, em causa própria, julga mal. Decorre daí que, enquanto aquilo que é justo tem tal significado apenas para certas pessoas, e de modo idêntico é distinguido relativamente às coisas a serem distribuídas, bem como às pessoas para as quais as coisas foram distribuídas, como dissemos na *Ética,*[6] pode ser que se concorde quanto ao que seja a igualdade entre as coisas, mas discordam acerca do que constitui igualdade entre as pessoas, sobretudo pelo motivo que mencionamos acima, qual seja o de que os homens são maus juízes em causa própria e, em segundo lugar, porque ambas as partes do argumento falam de uma justiça parcial e limitada, enquanto se imagina falar da justiça absoluta. Um dos lados considera que as pessoas, sendo desiguais em alguns aspectos, por exemplo, na riqueza, sejam desiguais em tudo; e o outro lado considera que, sendo iguais em alguns aspectos, por exemplo, terem nascido livres, acreditam que sejam iguais em tudo. Mas eles deixam de lado o ponto principal. Se os homens se reunissem e se associassem com vista exclusivamente à riqueza, sua participação na Cidade deveria ser proporcional aos seus bens, e então a doutrina dos defensores da oligarquia pareceria válida. Não seria justo que aquele que contribuiu com uma mina tivesse direito a uma participação no principal ou nos juros idêntica

---

[6] *Ética a Nicômaco*, 1131 a. (N. do T.)

àquela de quem contribuiu com noventa e nove minas. Uma Cidade existe por causa da meta de conseguir uma vida boa, e não para somente assegurar a vida: se a vida fosse só isso, os escravos e os animais selvagens constituiriam uma Cidade, mas não é isso que ocorre, pois os escravos e os animais não participam da felicidade ou de uma vida de livre escolha. Tampouco uma Cidade existe por causa da meta de aliança e segurança contra a injustiça, nem por causa do objetivo de comércio e relações de negócios, pois, nesse caso, os etruscos e os cartagineses, bem como todos aqueles povos que têm comércio uns com os outros, seriam cidadãos de uma mesma Cidade. Na verdade, eles têm acordos sobre importações, compromissos de não praticar deslealdade uns para com os outros e de aliança para a defesa mútua, mas não têm magistrados comuns a ambas as partes que zelem pelo cumprimento de seus compromissos, e cada diferente Cidade tem seus próprios magistrados, tampouco cada Cidade se preocupa se os cidadãos da outra cidade são como deveriam ser ou se a conduta dos cidadãos é desonesta ou imoral em cada Cidade, e sim apenas se não praticam injustiça umas contra as outras. Ao contrário, todos os que cuidam para que haja um bom governo dão a importância devida à virtude e ao vício em sua Cidade. Por conseguinte, qualquer Cidade merecedora desse nome deve atentar para as virtudes de seus cidadãos, pois sem esse fim a comunidade tornar-se-á uma mera aliança, que difere, apenas quanto à localização, de outras Cidades separadas que também formam a aliança; e a lei, aí, passa a ser somente uma convenção, e, como disse o sofista Licofron, "uma garantia de justiça de uns para os outros", e não o poder de fazer que os cidadãos sejam bons e justos.

É óbvio que isso ocorre assim, pois se supondo que lugares distintos como Corinto e Megara fossem reunidos em um só lugar, de tal modo que seus muros se tocassem, mesmo assim elas não seriam uma só Cidade, nem mesmo se fosse decretado o direito de casamento entre os cidadãos das duas Cidades, o que é um dos direitos que caracterizam uma Cidade. E, igualmente, supondo-se que alguns homens vivam separados por alguma distância um do outro, mas uma distância não muito grande que impeça o relacionamento (como, por exemplo, um carpinteiro, um agricultor, um sapateiro), e que houvesse leis que regulassem suas ações mercantis, ainda assim eles não constituiriam uma Cidade. Por quê? Certamente não porque eles estão distante uns dos outros, pois ainda que se juntassem em algum lugar, cada qual vê sua casa como se fosse a Cidade, e a união é como uma aliança contra a violência: se se observa com cuidado, não existe uma Cidade aí, e as relações dessa união não são mais do que as que havia antes entre indivíduos separados. É evidente que uma Cidade é mais do que uma mera associação em um lugar comum, estabelecida com o objetivo de prevenir crimes mútuos e de comércio. Essas são condições sem as quais uma Cidade não pode existir, mas todas essas condições juntas ainda não constituem uma Cidade, a qual é uma comunidade de famílias e agregados que se unem para viver melhor, com o objetivo de uma vida perfeita e autossuficiente. Uma tal comunidade somente poderá ser estabelecida entre aqueles que vivem no mesmo lugar e se casam apenas entre si. Em consequência disso surgem laços entre famílias, fraternidade, o fazer sacrifícios religiosos juntos, o divertimento, que levam os homens a conviver. A fonte de tudo isso é a amizade, pois o desejo de viver junto é a amizade. O fim da Cidade é a boa vida, e aquelas instituições são os meios para chegar a esse fim. A Cidade é a união de famílias e povoados para uma vida perfeita e autossuficiente, a qual consideramos uma vida feliz e nobre.

Nossa conclusão, então, é que a sociedade política existe com a finalidade das nobres ações e não para a simples convivência. Por conseguinte, aqueles que mais contribuem para a existência de tal sociedade têm uma participação mais importante que a dos que têm uma mesma ou até maior liberdade ou nobreza de nascimento, mas são inferiores em virtude política, ou dos que possuem mais riquezas, mas são inferiores em virtudes.

Fica evidente, depois desse exame, que os partidários das diferentes formas de governo falam apenas de uma parte da justiça.

Capítulo X

Há também um outro problema que é o de saber a quem deve ficar o supremo poder na Cidade: com as massas? Os ricos? Os bons? O melhor dos homens? Ou a um tirano? Qualquer uma dessas alternativas envolve conseqüências desagradáveis. Se os pobres, por exemplo, em razão de sua superioridade numérica, dividissem entre eles os bens dos ricos, isso não seria injusto? De forma nenhuma, diriam alguns, pois a suprema autoridade assim o desejou, e justamente. Mas isso seria uma enorme injustiça! Se, depois daquela divisão, uma nova maioria quiser dividir novamente os bens da nova minoria, não é evidente que eles iriam acabar arruinando a Cidade? No entanto, certamente as virtudes não arruínam o seu possuidor, tampouco a justiça destrói a Cidade; portanto, claramente essa lei de confisco não pode ser justa. Se o fosse, todos os atos de um tirano teriam necessariamente de ser justos, pois ele exerce coação sobre os outros apenas por ser mais forte, do mesmo modo que, no nosso exemplo, a maioria dos pobres coage o rico. Mas é justo, então, que os poucos e os ricos devam governar? Se eles, do mesmo modo, tomassem os bens do povo, seria isso justo? Se o fosse, o caso anterior seria igualmente justo. Não há dúvida, porém, de que todas essas coisas são erradas e injustas.

Mas então os homens bons deverão governar e ter em suas mãos o poder supremo sobre todos? Nesse caso, todos os outros serão excluídos do poder e destituídos de dignidades, pois ficarão privados das magistraturas e a estas nos referimos como cargos de honra; e se os mesmos homens permanecem nos cargos do governo, os demais são destituídos de dignidades. Então o certo seria que o melhor dentre os homens governasse? Mas isso seria mais oligárquico ainda, pois o número dos destituídos das dignidades iria aumentar mais. Alguém poderia dizer que, de qualquer modo, não seria bom que um homem, sujeito aos acidentes das paixões humanas, tivesse o poder supremo em suas mãos, em vez de dá-lo à lei. Mas, seja a lei democrática, seja oligárquica, isso nos ajudaria a resolver nossa dificuldade? De modo algum, as mesmas consequências se seguiriam.

Capítulo XI

A maior parte dessas questões, porém, deve ser reservada para outra ocasião. O princípio de que a maioria deve exercer o poder soberano e não uns poucos melhores entre todos pode ser sustentado, e embora não esteja a salvo de dificuldade, parece conter um elemento de verdade. Os homem que integram a maioria, embora considerados individualmente não sejam homens bons, quando reunidos podem ser bons coletivamente, do mesmo modo que um banquete para o qual contribuíram muitos é melhor que o banquete oferecido à custa de um só homem. Com efeito, cada indivíduo tem sua parte de virtude e prudência, e todos reunidos formam, por assim dizer, um só homem, que tem muitos pés, mãos e sentidos, e uma só inteligência e disposição. Assim, muitos são melhores juízes de música e poesia que um só, pois alguns consideram uma parte, outros consideram uma outra parte, e a reunião deles considera a obra inteira. O homem excelente, considerado individualmente, difere da multidão como a beleza difere da fealdade, como uma obra de arte difere da realidade pela reunião em um só corpo de traços de beleza esparsos por todo o quadro, o que não impede que seja possível encontrar outro corpo, outros olhos ou outra parte qualquer mais belos que os do quadro. Contudo, não é claro se esse princípio pode ser aplicado a cada democracia. Aliás, em alguns casos é impossível a sua aplicação, pois o argumento poderia igualmente se aplicar aos animais, e seria o caso de perguntar qual é a diferença entre alguns homens e os animais. Mas nada impede que o que dissemos seja verdadeiro relativamente a uma determinada maioria. E, se for assim, a dificuldade levantada acima, bem como uma outra questão relacionada, a saber, qual deve ser o poder dos homens livres e o da massa dos cidadãos (dos que nem são ricos nem se distinguem por alguma espécie de mérito pessoal), podem ser ambas resolvidas. Seria um grande perigo permitir que eles partilhassem das altas magistraturas, pois sua tolice os levaria ao erro, e sua desonestidade, ao crime. Mas há perigo também em não os deixar participar, pois quando um grande número de homens é excluído dos cargos a Cidade fica cheia de inimigos do governo. O único meio de escapar a isso é permitir-lhes a participação nas funções deliberativas e judiciais. Por essa razão Sólon e certos outros legisladores deram a eles o poder de escolher por eleição os altos magistrados e chamá-los à prestação de contas, sem, no entanto, lhes dar acesso às próprias magistraturas. Quando reunidos, a percepção deles é suficientemente boa, e, combinados com a classe dos melhores, eles são úteis à Cidade (exatamente como o alimento impuro, quando misturado com alimentos puros, torna o todo melhor que só uma quantidade pequena de alimento puro); mas cada indivíduo, isolado, forma julgamentos imperfeitos. Por outro lado, a forma popular de governo envolve certas dificuldades. Em primeiro lugar, pode ser objetado que quem é mais indicado para julgar qual é o médico que prescreveu o melhor tratamento é aquele que é capaz de tratar e curar, por si mesmo, a doença do paciente, e tal homem, em outras palavras, é um médico, e da mesma forma em relação a outras profissões e artes. Assim, se o médico deve ser julgado por médicos, o mesmo deve ocorrer relativamente aos outros profissionais. Mas "médico" pode significar três coisas: o prático comum, o mestre em sua profissão e o homem que estudou essa matéria como parte de sua educação: em quase todas as artes há estudiosos como estes, aos quais atribuímos o direito de julgar tanto quanto aos que propriamente as praticam. Não se pode aplicar o mesmo princípio à escolha dos altos magistrados? Pois eleger corretamente é uma tarefa para quem tem conhecimento; aquele que sabe geometria, por exemplo, escolherá corretamente o geômetra, e os que conhecem a navegação saberão escolher o timoneiro; e, ainda que em algumas ocupações e artes algumas pessoas participem da habilidade de escolher, eles certamente não escolherão tão bem como os especialistas. Assim, de acordo com esse argumento, nem a escolha dos magistrados nem a fiscalização da prestação de contas devem ser confiados à maioria. Talvez essa objeção não seja inteiramente correta, conforme as razões que apresentamos acima, se o povo não for completamente degradado; embora individualmente eles possam ser piores juizes que os especialistas, todos serão, reunidos, juízes melhores, ou pelo menos tão bons quanto os especialistas. Além disso, há algumas coisas em que o artista que as produziu pode não ser o único ou melhor juiz, sobretudo aquelas artes cujos produtos são reconhecidos até por quem não os possui. Por exemplo, o conhecimento de uma casa não é limitado ao construtor somente, mas o morador da casa é melhor juiz. Do mesmo modo, o timoneiro julgará melhor o leme que o carpinteiro, e o convidado ao banquete opinará melhor sobre a comida que o cozinheiro.

Esta questão parece agora ter sido suficientemente respondida, mas há ainda uma outra dificuldade relacionada à anterior: consideramos ser um absurdo que as pessoas inferiores tenham autoridade sobre cidadãos superiores, decidindo sobre matérias mais importantes que aquelas que decidem os cidadãos mais respeitáveis, como a escolha dos mais altos magistrados e pedir a prestação de contas; e muitas Cidades concederam esse direito às classes inferiores, as quais têm poder soberano nas assembleias; pessoas de todas as idades e de poucos recursos sentam na assembleia, deliberam e julgam, mas são requeridas para os altos oficiais da Cidade, como os magistrados do tesouro público e os generais, grandes posses. Essa dificuldade pode ser resolvida do mesmo modo que a precedente, e essa forma de democracia pode ser defensável; o poder não reside no juiz individual, conselheiros ou membros da assembleia, e sim no tribunal, no Conselho e no povo, pois os primeiros são parte dos segundos. Por essa razão, é justo que a maioria tenha mais autoridade nessas matérias que os poucos, pois a assembleia popular, o Conselho e o tribunal do júri consistem de muitas pessoas, e também as propriedades destas, coletivamente, são maiores que as propriedades de um ou poucos indivíduos que estão nos altos cargos. E é o suficiente sobre essa matéria.

A discussão da primeira questão mostra sobretudo e claramente que as leis, quando boas, devem ser soberanas; e que o magistrado ou os magistrados devem regular apenas os assuntos nos quais a lei não é suficientemente precisa, em razão da dificuldade de algum princípio abarcar todos os particulares. Mas o que são boas leis ainda não foi explanado de modo claro. A bondade ou a maldade, a justiça ou injustiça das leis variam tal qual variam as constituições das Cidades; é claro, portanto, que as leis devem ser adaptadas às constituições e, desse modo, as leis que estão em conformidade com as constituições corretas são necessariamente justas, e as leis elaboradas segundo às formas corrompidas devem ser injustas.

Capítulo XII

Em todas as ciências e artes o fim é um bem, e o bem no mais alto grau deve ser o sumo bem da ciência mais alta dentre todas, e esta é a ciência política; em outras palavras, o bem mais alto é o interesse comum. Por essa razão todos os homens pensam que justiça seja um tipo de igualdade, e até certo ponto concordam com as distinções filosóficas feitas por nós na *Ética*,[7] que explicam o que é a justiça e a quem esta se aplica, e que deve ser igual entre homens iguais. Mas permanece ainda uma questão: igualdade ou desigualdade em quê? Há aqui uma dificuldade que tem de recorrer à filosofia política. Dir-se-á, talvez, que os cargos devem ser distribuídos desigualmente, de acordo com a excelência dos pretendentes aos cargos, ainda que não existam outras diferenças entre eles, pois diferentes homens têm diferentes direitos e méritos. Mas, certamente, se for assim, a superioridade na compleição e estatura ou algo do gênero deveria conferir vantagens relativamente a direitos políticos. O erro aqui está bem evidente, e pode ser ilustrado por outras artes e ciências. Se alguns tocadores de flautas são iguais em sua arte, não há razão para que sejam conferidas vantagens aos melhores por nascimento, visto que eles não tocarão melhor por essa razão; e os instrumentos superiores devem ser reservados para aqueles que são os artistas superiores. Se o que

---

[7] *Ética a Nicômaco*, v. 5. (N. do T.)

dissemos ficou um tanto obscuro, aprofundando-nos mais a coisa ficará mais clara. Digamos que haja um flautista superior em arte, mas inferior em nascimento e aparência; mesmo que aparência e nascimento superiores sejam qualidades superiores ao bem tocar flauta, ainda assim o flautista deve receber os melhores instrumentos, a menos que as vantagens de riqueza e nascimento contribuíssem para a excelência no tocar flauta (mas não contribuem). Ademais, sob esse princípio todas as coisas boas poderiam ser comparadas entre si, pois se uma dada estatura trouxesse a superioridade, então a estatura passaria a competir, de modo geral, com a riqueza e o ter nascido livre; efetivamente, se uma certa quantia de uma coisa for melhor que certa quantia de outra, é evidente que certa quantia de uma é igual à certa quantia da outra. Visto, porém, que é impossível uma tal comparação, é evidente que há boas razões para, em política, os homens não reivindicarem altos cargos com base na desigualdade, pois, se uns homens são lentos e outros rápidos, isso não constitui razão para que uns tenham pouco e outros, muito. Só na ginástica isso interfere no mérito, ao passo que a reivindicação aos altos cargos deve estar baseada necessariamente na superioridade de qualidades essenciais à composição da Cidade. Portanto, o bem-nascido, o livre ou o rico têm boas razões para reivindicar as altas magistraturas, pois os que têm essa função devem ser homens livres e pagadores de tributos, e não poderia haver uma Cidade constituída inteiramente de pobres ou inteiramente de escravos. Mas se riqueza e liberdade são elementos necessários, justiça e valor o são igualmente, pois sem essas qualidades uma Cidade não pode existir, do mesmo modo que não pode existir sem as primeiras.

Capítulo XIII

Se são necessários todos esses fatores para a existência de uma Cidade, então todas, ou pelo menos algumas dessas reivindicações são justas; mas se estamos nos referindo à vida melhor, educação e virtude têm as reivindicações superiores, conforme dissemos antes. Contudo, visto que os homens que são iguais em uma só coisa não devem ser considerados iguais em todas as outras coisas, nem os desiguais acerca de uma só coisa devem ser considerados desiguais em todas as outras coisas, conclui-se que todas as formas de constituição baseadas em uma igualdade ou desigualdade são perversões da constituição ideal. Todos os homens têm uma reivindicação de certo modo justa, malgrado nem todos tenham uma reivindicação justa de modo absoluto. O rico reivindica porque tem a maior parte das terras, e terra é o elemento comum na Cidade; e além disso os ricos são também geralmente mais confiáveis em seus compromissos. O homem livre reivindica em nome daquilo mesmo que reivindica o bem-nascido, visto que existe afinidade entre eles: os bem-nascidos são cidadãos em um sentido mais legítimo que os humildes, e ser bem-nascido é sempre uma razão de distinção para cada homem na Cidade. Outra razão é a probabilidade de os nascidos de ancestrais melhores serem homens melhores, pois a nobreza é uma distinção relativamente à raça. Também a reivindicação de virtude política é justa, pois dizemos que esta é necessária na vida da Cidade, e implica todas as outras virtudes. Igualmente tem reivindicações justas a maioria em relação aos poucos, porque, quando são referidos coletivamente e comparados com os poucos eles são mais fortes, ricos e melhores. Mas, vivendo todos em uma mesma Cidade, os bons, os ricos, os bem-nascidos e todas as classes que constituem um Estado, há ou não alguma dúvida a respeito de quem deve governar? Não há dúvida alguma em determinar quem deve governar em cada uma das formas de governo mencionadas acima, pois as Cidades são caracterizadas por diferenças em sua classe dominante: uma delas tem um governo exercido pelos ricos, outra pelos virtuosos, e assim por diante. Mas uma dificuldade se nos apresenta quando todos esses elementos coexistem. Supondo que os virtuosos sejam bem pouco numerosos, deveríamos considerá-los, em relação às suas tarefas, se são capazes de administrar a Cidade e se somam um número suficiente para constituir uma Cidade? Podem ser apresentadas objeções contra todos os aspirantes ao poder político, pois poderia parecer injusta a pretensão daqueles que baseiam sua reivindicação na riqueza; e igualmente quanto aos bem-nascidos. De fato, de acordo com esse princípio, se alguma pessoa fosse mais rica que todo o resto junto, é evidente que ela deveria governar todos os demais, e igualmente aquele que fosse extraordinariamente bem-nascido em comparação aos demais deveria ter a superioridade sobre todos os outros. Em uma aristocracia ou governo do melhor ocorre uma dificuldade parecida, pois, se um cidadão for melhor que os outros membros do governo, pelo mesmo princípio de justiça ele deverá governar os outros. No entanto, se o povo é soberano porque é mais forte que a minoria, porém um dos homens (ou mais que um, mas não a maioria) for mais poderoso, então este deve governar e não a maioria.

Todas essas considerações parecem mostrar que nenhum dos princípios sob os quais os homens reclamam o direito de governar e manter os demais submetidos a eles está estritamente correto. Àqueles que reivindicam o direito de governar por causa de sua superioridade em virtude ou riqueza, a maioria pode responder que sua reivindicação ao direito de governar é justa porque seus componentes são, com frequência, melhores e mais ricos que a minoria, não individual, mas coletivamente. Isso responde a uma outra aguda objeção que algumas vezes se apresenta: algumas pessoas põem em dúvida se o legislador, desejando fazer as leis mais justas, deveria legislar tendo em vista o bem dos melhores ou o bem da maioria, nos casos que já mencionamos [quando a maioria é melhor que a minoria]. "Justo" e "certo" devem ser entendidos no sentido de "equitativo", e considerados em referência à vantagem da Cidade e ao bem comum dos cidadãos. Cidadão é aquele que governa e é governado (em turno). Ele difere segundo as diversas formas de governo, mas na melhor constituição ele é o homem que tem capacidade e vontade de ser governado e governar, visando a uma vida de virtude.

Se, contudo, existe um cidadão (ou mais que um, mas não perfazendo um número suficiente para compor completamente uma Cidade) cuja virtude e capacidade política sejam tão preeminentes que não admitam comparação com os demais, ele já não pode ser admitido como um membro qualquer da Cidade, pois seria tratado injustamente se fosse considerado merecedor tão somente de uma função igual às dos demais, visto que é tão superior em virtude de capacidade política, e um tal homem deve ser um deus entre homens. Vemos, portanto, que a legislação é necessariamente concernente apenas aos iguais em nascimento e em capacidade, e que os homens preeminentes em virtude, eles mesmos são uma lei. Com efeito, seria ridículo que alguém pretendesse legislar para eles; eles provavelmente diriam o que disse o leão, na história de Antístenes,[8] quando as lebres reivindicavam na assembleia direito igual para todos os animais. Foi por essa razão que as Cidades democráticas instituíram o ostracismo; elas pretendiam a igualdade acima de todas as coisas e condenavam ao ostracismo os homens considerados muito poderosos por sua riqueza, número de amigos ou outra influência política. A mitologia nos conta que os argonautas deixaram Héracles em sua viagem por uma razão similar; o navio Argos recusou-se a levá-lo com o resto dos expedicionários em razão de ele ser muito pesado. Por esse motivo também não se deve considerar absolutamente certos aqueles que criticam a tirania e a advertência de Períandro a Trasíbulo. A história diz que Períandro, quando o arauto foi enviado para pedir conselho a ele, nada declarou, apenas foi à plantação de milho e cortou todas as espigas que eram mais altas que as outras, nivelando a plantação. O arauto não compreendeu o significado daquela ação, mas reportou-a a Trasíbulo, o qual entendeu que devia eliminar os homens preeminentes da Cidade. Essa política não é apenas uma prática dos tiranos, mas igualmente necessária nas oligarquias e democracias. O ostracismo é uma medida do mesmo gênero, afastando da

---

[8] Trata-se do discípulo de Sócrates, fundador da Escola Cínica. O leão teria perguntado "Mas onde estão suas garras e dentes?". (N. do T.)

Cidade os cidadãos preeminentes. As grandes potências fazem o mesmo em relação a Cidades e nações; por exemplo, os atenienses em relação aos samianos, os de Quios em relação aos de Lesbos; assim que se tornam senhores incontestáveis do império, humilham-nos e não cumprem os compromissos fixados anteriormente. O rei dos persas oprimia repetidamente os medas, babilônios e outras nações que tinham ainda o espírito imbuído da grandeza de seu passado.

O problema é universal e concerne a todas as formas de governo, tanto as corretas quanto as degradadas, pois, embora as formas pervertidas adotem essa política, visando ao benefício pessoal do governante, o mesmo sucede nas constituições que visam ao bem comum. A mesma coisa é observada nas artes e nas ciências: o pintor jamais permitiria que um pé, por mais belo que fosse, ficasse desproporcional ao resto da figura, nem o construtor de navios faria a proa ou qualquer outra parte do barco desproporcionalmente maior que as demais, nem o ensaiador do coro permitiria que um cantor cantasse mais alto que os demais do coro, por mais que sua voz fosse maravilhosa. Os monarcas, também, podem conduzir-se e viver em harmonia com as cidades, se eles próprios governam no interesse da Cidade. Por conseguinte, quando existe uma superioridade reconhecida, os argumentos em favor do ostracismo são baseados em um certo tipo de justiça política. Certamente seria melhor que o legislador constituísse sua Cidade desde o início para não ter de recorrer a um tal remédio. Mas, se for necessário, a segunda melhor alternativa é corrigir o mal adotando essa medida. O princípio, contudo, não foi aplicado de modo justo pelas Cidades, as quais, em vez de ter em mira o bem da própria constituição, usaram o ostracismo com objetivos facciosos. Assim, nas formas pervertidas de governo e para atender a objetivos pessoais ficam claras as vantagens e justiça desse expediente, mas é claro também que isso não é absolutamente justo. Mas, na constituição perfeita, há muitas dúvidas acerca do que deve ser feito no caso, não da superioridade em força, riqueza ou popularidade, mas no caso da preeminência em virtudes — o que deve ser feito? É evidente que não se deverá dizer que tal homem deva ser banido; por outro lado, ele não poderia ser submetido, pois isso seria o mesmo que pretender governar Zeus, dividindo com ele seus poderes. A única alternativa, que parece estar de acordo com a ordem da natureza, é obedecer a esse homem, e que homens como ele sejam reis por toda sua vida em sua Cidade.

Capítulo XIV

A discussão precedente, por uma natural transição, conduz à consideração da monarquia, pois admitimos que ela é uma das formas corretas de governo. Vejamos se é vantajoso para uma Cidade ou nação ser governada por um rei, ou se uma outra constituição é melhor, ou se a forma monárquica é conveniente para algumas Cidades, porém não para outras. Mas primeiramente devemos determinar se há apenas uma espécie de governo monárquico ou se há várias. É fácil ver que há várias; o modo de governar não é o mesmo em todas as monarquias.

Nas monarquias consideradas como regidas pela lei, o poder real não é absoluto, exceto quando ele está no comando de uma expedição militar, fora da fronteira, detendo então o poder soberano nos assuntos referentes à guerra e também as matérias relacionadas à religião. O posto real é, assim, um tipo de comando militar autocrático e perpétuo. O rei não tem o poder de vida e morte, salvo em casos específicos, como por exemplo, nos tempos antigos, os reis tinham o direito de matar. Esse costume foi descrito por Homero: Agamênon ouvia pacientemente quando era atacado na assembleia, mas, quando em expedições militares, ele tinha o direito de vida e morte. Diz Homero:

> Aquele que eu vir abandonando o posto na luta
> não poderá fugir dos cães e abutres,
> pois tenho a morte em minhas mãos.

Assim, pois, é esta uma das formas da monarquia: um comando militar por toda, vida; algumas entre elas são hereditárias, outras eletivas.

Há um outro tipo de monarquia aqui que é comum entre os povos bárbaros, que lembra a tirania, com a diferença de que esta é governada conforme a lei e é hereditária. Os bárbaros têm um temperamento mais servil que os helenos, e os asiáticos, um temperamento mais servil que o dos europeus e não se rebelam contra o poder despótico. Essa espécie de monarquia tem a natureza das tiranias, mas não há perigo de instabilidade, porque elas são hereditárias e segundo a lei. Também por esse motivo a guarda desses reis não é do tipo tirânico, visto que os reis são guardados por cidadãos armados (ao passo que os tiranos têm guardas mercenários). Isso porque os reis governam segundo a lei, sobre súditos voluntários, enquanto os tiranos governam sobre súditos que não o aceitam voluntariamente: os reis escolhem seus guardas entre os cidadãos, ao passo que os tiranos têm de usar seus guardas contra os cidadãos.

Essas são duas formas de monarquia, mas há ainda uma terceira, que existiu entre os antigos helenos, denominada *aisimneta* ou tirania eletiva. Era como a monarquia dos bárbaros, legal; diferia por não ser hereditária. Algumas vezes o cargo era exercido vitaliciamente, outras, por alguns anos ou até serem cumpridas certas missões especiais; por exemplo, os mitilenos, em certa época, elegeram Pítaco para enfrentar os banidos comandados por Antimênides e Alceu, o poeta. Alceu diz, reprovando o povo, em um de seus poemas, que eles elegeram Pítaco, o mal-nascido, para ser tirano da desafortunada Cidade, cobrindo-o de louvores.

Essas formas de governo sempre tiveram o caráter de tirania, porque seus reis tinham o poder despótico, mas como estes eram escolhidos e aceitos livremente são da mesma natureza das monarquias.

Há uma quarta espécie de governo monárquico, a dos tempos heroicos, que era exercida com o consentimento dos súditos, em razão de os reis primeiros na linhagem terem sido benfeitores do povo, em arte ou na guerra; eles conseguiram reunir a multidão em uma comunidade [fazendo dela um povo], deram terra aos seus integrantes; tornaram-se reis de súditos voluntários, e seu poder foi transmitido aos seus descendentes. Tinham o comando na guerra e presidiam aos sacrifícios, exceto os que requeriam um sacerdote. Eles também decidiam causas judiciais: alguns sob juramento, outros não, e quando juravam o faziam erguendo o cetro. Nos tempos antigos, o poder dos reis se estendia continuamente sobre todas as coisas na Cidade e seus territórios, bem como no estrangeiro. Mas posteriormente eles foram renunciando a alguns de seus privilégios, enquanto outros privilégios lhes foram tirados pelo povo; em algumas Cidades apenas os sacrifícios continuaram a seu cargo; e onde restou algo que possa chamar-se ainda monarquia, os reis ficaram apenas com o comando em expedição militar no estrangeiro.

São essas, então, as quatro espécies de monarquia. A primeira é a monarquia dos tempos heroicos, exercida sobre súditos voluntários, mas limitadas a certas funções: o rei era general, juiz e tinha o controle da religião. A segunda é a dos povos bárbaros, que é um governo despótico e hereditário, exercido em conformidade com a lei. A terceira é o governo da assim chamada *aisimneta*, que é uma tirania eletiva. A quarta é o governo monárquico dos lacedemônios, que é na verdade um comando militar hereditário e vitalício. Essas quatro formas diferem uma da outra conforme foi descrito.

Há uma quinta espécie de governo monárquico na qual um único governante exerce o poder soberano sobre todas as coisas, do mesmo modo que cada nação ou Cidade têm o poder nas matérias públicas; essa forma corresponde ao governo doméstico, pois, assim como este é como uma monarquia doméstica, a monarquia absoluta é como o comando de um chefe de família sobre uma cidade ou uma nação ou várias nações.

Capítulo XV

Dessas espécies de governo monárquico devemos considerar apenas duas, a da Lacedemônia e a monarquia absoluta, pois as outras são englobadas nestas, tendo menos poder que a última, e menos que a primeira. Por conseguinte, nossa investigação se reduz a dois pontos: primeiro, se é vantajoso ter um general vitalício e, se for assim, o cargo deveria ser confinado a uma única família [hereditário] ou por turno entre os cidadãos [por eleição]? Segundo, é conveniente que um único homem tenha o poder supremo sobre todas as coisas? A primeira questão tem o aspecto mais de ordem jurídica que constitucional, pois esse tipo de cargo pode existir sob qualquer forma de governo; assim, vamos deixá-lo de parte por ora. A outra espécie de monarquia, porém, é um tipo de governo constitucional, a qual iremos considerar agora, verificando as dificuldades envolvidas aqui. Vamos principiar inquirindo se é mais vantajoso ser governado pelos melhores homens ou pelas melhores leis.

Os adeptos da monarquia afirmam que as leis falam apenas em termos gerais, não contemplam as circunstâncias, e que em qualquer espécie de arte seria um absurdo estabelecer normas escritas. Com efeito, no Egito os médicos podem alterar o tratamento de seus pacientes depois de passados quatro dias, mas, se o fizerem antes desse prazo, o risco correrá por sua conta. É evidente, pois, que um governo de acordo com leis escritas não é o melhor, mas certamente o governante não pode dispensar o princípio geral que existe nas leis; é melhor aquilo que está livre das paixões que aquilo em que elas são inatas. Enquanto a lei é isenta de paixões, a alma humana vive sob o domínio delas. Poder-se-ia dizer, todavia, que um único governante deliberará melhor sobre os casos particulares e, assim, necessariamente o governante tem de ser um legislador e as leis têm de existir, mas essas leis perdem a autoridade quando se afastam do seu princípio geral; porém em todos os outros casos elas devem continuar soberanas. Em matérias em que não é possível a lei determinar de um modo geral, ou não determine bem, quem deve decidir: o melhor entre os cidadãos ou todos? De acordo com nossa presente prática, os cidadãos se reúnem em assembleias, deliberam e decidem, sendo os julgamentos todos sobre casos particulares. Qualquer membro da assembleia, separadamente, é por certo inferior ao homem sábio, porém uma Cidade é composta de vários indivíduos, e, do mesmo modo que um banquete para o qual todos os comensais contribuem é melhor que um banquete fornecido por um único homem, assim também uma multidão é melhor juiz que um indivíduo. Além disso, a maioria é menos corruptível que a minoria; são como a grande quantidade de água que é menos corruptível que a menor quantidade. O indivíduo é mais suscetível de ser dominado pela cólera ou outra emoção, o que necessariamente interferiria em seu julgamento, enquanto seria mais difícil que acontecesse o mesmo com um grupo de cidadãos [isto é, errar coletivamente]. Tomemos uma maioria composta de homens livres, os quais jamais devem fazer nada fora da lei, salvo nos casos em que nela haja uma lacuna. Se isso é difícil de conseguir no caso de muitos homens, perguntar-se-ia, se a maioria fosse composta por bons cidadãos, se um só homem poderia ser um governante mais incorruptível que muitos homens bons. Não seria a maioria? No entanto, poder-se-ia dizer que esta se dividirá em partes, enquanto o mesmo não ocorrerá no caso de um homem único. Mas contra isso se poderia dizer que a alma de cada parte da maioria é tão boa quanto a do governante único. Se o governo da maioria (quando esta é composta apenas de homens bons) é uma aristocracia, e o governo de um homem único é monarquia, a aristocracia seria melhor para as Cidades que a monarquia, fosse ou não a função real sustentada pela força, se fosse possível ser encontrado um número maior de homens com iguais virtudes que as de um homem apenas.

Talvez tenha sido por essa razão que os primeiros governos eram monarquias: porque antigamente, quando as Cidades eram pequenas, eram poucos os homens de virtude superior. Eles eram feitos reis por serem benfeitores e prestar esses serviços é obra dos homens bons. Mas quando surgiram muitos homens de mérito semelhante, em breve eles não mais suportaram submeter-se à preeminência de um só, e desejaram um governo compartilhado por todos e foi estabelecida uma constituição. A classe dominante logo deteriorou e passou a enriquecer, usando o dinheiro público, e daí se desenvolveu naturalmente a oligarquia. De oligarquia passaram à tirania, e desta às democracias, pois, por causa do amor desmedido ao ganho, os oligarcas puseram um número cada vez maior de homens no governo, o que fortaleceu as massas, as quais, finalmente, rebelaram-se contra os senhores, estabelecendo a democracia. Agora que as cidades aumentaram em tamanho talvez não seja fácil surgir outra forma de governo, além da democracia.

Mesmo que se diga que o governo monárquico é a melhor forma para as Cidades, o que fazer quanto à descendência do rei? Devem seus filhos sucedê-lo? Isso será maléfico se os filhos dos reis forem como têm sido alguns. Mas, dizem os amantes da monarquia, o rei não deverá, nesse caso, passar o poder a seus filhos. Mas dificilmente ocorreria de o rei deserdar seus filhos, sendo necessárias, para isso, virtudes superiores às da natureza humana. Outra dificuldade é aquela relativa às forças à disposição dos reis; deve o rei ter uma força armada, com a qual possa obrigar os obstinados a obedecerem? Se não, como administrar o reino? Mesmo se se tratar de um rei obediente às leis, que jamais agisse contra elas por vontade própria, ainda assim tal rei precisaria de apoio para manter a lei. No caso de um rei desse tipo não é muito difícil responder à pergunta: ele deve ter uma força armada, e essa força deve ser tal, que seja o rei mais poderoso que cada cidadão em particular ou que certo número de cidadãos reunidos, e também que seja mais fraca que o povo. Os antigos observavam esse princípio quando designavam guardas a serviço de governantes da cidade, chamados por eles de *aisimnetas* ou tiranos, e assim, quando Dioniso pediu uma guarda pessoal, um sircusiano disse que deveriam dar a ele naquela proporção.

Capítulo XVI

A discussão nos conduz agora ao caso do rei que age em todas as matérias de acordo com sua própria vontade; consideremos, então, esse caso. A chamada monarquia constitucional, ou de acordo com a lei, conforme dissemos, não é uma forma distinta de governo, pois pode haver um comando militar vitalício sob todas as outras constituições, como, por exemplo, em uma democracia ou aristocracia, e muitos povos conferem a um só homem o poder soberano. Há um governo assim em Epidamus e em Opos (esta última com poderes mais limitados).

Mas tratemos agora da chamada monarquia absoluta, a monarquia em que o rei governa todos os cidadãos segundo sua vontade, a qual, no caso de ser uma Cidade composta por iguais, alguns pensam ser absolutamente contra a natureza. Diz-se que aqueles que são por natureza iguais devem ter o mesmo direito natural e valor; que dar alimento e vestimenta iguais a homens de constituição e estatura diferentes é prejudicial do mesmo modo que o seria relativamente aos direitos políticos; e que, por conseguinte, é um erro conferir tratamento desigual a iguais, não sendo mais justo para um homem que para outro governar ou ser governado. Assim, todos devem governar e ser governados em turnos. Isso é uma lei, pois uma ordem de sucessão necessariamente é lei. A lei deve, então governar preferencialmente a qualquer indivíduo. Segundo o mesmo princípio, ainda que seja melhor que certos cidadãos governem, eles devem ser nomeados apenas guardiões e ministros das leis, pois, sendo as magistraturas uma coisa indispensável, é uma evidente injustiça dar a alta magistratura a um só cidadão, com exclusão de todos os que não têm o mesmo valor que ele. Com efeito, podem ocorrer casos que a lei pareça não ser capaz de resolver, contudo, algum homem seria capaz de resolver tais casos? De fato, a lei deve instruir os magistrados com esse propósito específico e só depois deve encarregá-los de examinar e decidir os casos omissos, julgando do modo mais justo. Mais ainda, a lei deve permitir que eles introduzam emendas que pareçam melhores que as existentes. Portanto, quando se reclama a soberania da lei, reclama-se o império da Divindade e da Razão, porém, quem prefere que o homem governe, de certa forma também deseja pôr uma besta selvagem no governo, pois as paixões são como bestas e transtornam os governantes, ainda que eles sejam os melhores dos homens. Desse modo, a lei é a razão não afetada pelo desejo. Aquela analogia extraída das artes [práticas, como, no caso, a medicina] não parece constituir verdade: trata-se de um mal tomar remédio pelos livros; é muito melhor procurar os especialistas nas respectivas artes, visto que eles jamais agem contrariamente a seus princípios por motivo de amizade; o médico cura e só depois recebe o pagamento, enquanto o magistrado muitas vezes age por ressentimento e com parcialidade. De fato, se se suspeita que o médico está em conluio com os inimigos do paciente para atentar contra sua vida, aí se recorre aos livros. Certamente os médicos, quando estão doentes, recorrem a outros médicos, e os instrutores de ginástica, quando estão treinando, recorrem a outros instrutores, porque pensam que não serão capazes de julgar corretamente, pois serão influenciados por seus sentimentos. É evidente, pois, que, procurando pelo justo, os homens procuram por um termo médio, visto que a lei é o justo meio. Ademais, as leis fundadas no costume têm mais peso e são mais importantes que as leis escritas; um homem pode ser um governante mais seguro que as leis escritas, mas não mais seguro que as leis fundadas no costume. Igualmente não é fácil para um único homem supervisionar muitas coisas; ele deverá designar muitos subordinados para ajudá-lo — e que diferença faz se esses subordinados já haviam sido designados antes ou foram designados agora para auxiliar esse único homem? Se, conforme dissemos antes, o homem bom tem o direito de governar porque ele é o melhor, ainda assim é melhor que haja dois homens no governo: conforme a antiga expressão, "dois caminhando juntos",[9] e como a prece de Agamênon "tivesse eu dez conselheiros...".[10] Até os dias de

[9] *Ilíada*, X, v. 224. (N. do T.)

[10] *Ilíada*, II, v. 372. (N. do T.)

hoje há magistrados, por exemplo juízes, que têm autoridade para decidir algumas matérias que a lei não determina claramente, porém não resta dúvida de que a melhor maneira é quando a lei comanda e decide. Mas alguns casos podem ser abrangidos pela lei e outros não; são os que não podem ser abrangidos que originam e levantam a questão de saber se é preferível que governe a melhor das leis ou o melhor dos homens, pois não é possível haver uma lei incluindo casos que são ainda sujeitos a deliberações. Tampouco se nega que a decisão de tais matérias caiba ao homem, mas argumenta-se que o julgamento deve ficar a cargo de vários homens e não de um único. De fato, todo governante julga bem quando está devidamente instruído pela lei; certamente seria um absurdo que uma pessoa enxergasse melhor, julgando com dois olhos, dois ouvidos, dois pés e mãos, que várias pessoas, pois, ainda como as coisas são hoje, os reis usam muitos olhos, fazendo seus os olhos de seus amigos e colaboradores; se estes não forem amigos verdadeiramente, não agirão conforme deseja o rei; se forem amigos, sim: amizade implica semelhança e igualdade, e, portanto, se o rei pensar que os amigos devem participar do governo, deve pensar que outros homens iguais a ele devem governar conforme ele mesmo. Estas são as principais controvérsias relativas à monarquia.

Capítulo XVII

Mas tudo isso pode ser verdadeiro em alguns casos e não em outros. Pois há, por natureza, uma justiça e uma vantagem apropriadas ao governo do senhor, assim como há uma relativa ao governo constitucional, e outras a outros gêneros, mas não há nenhuma apropriada à tirania e a nenhuma forma pervertida de governo, visto que estas são contrárias à natureza. Se julgarmos pelo que foi dito apenas, é evidente que não é vantajoso, entre pessoas iguais e identificadas, que uma seja o senhor de todas, nem quando há leis nem quando não há leis [e a própria pessoa seja a lei], tampouco quando homens bons comandam homens bons, nem quando homens maus comandam homens maus, nem quando o rei é superior em virtude a todos os cidadãos, salvo em um caso particular que comentaremos a seguir, e que já havíamos indicado antes. Mas antes devemos determinar qual é a natureza do governo monárquico, a do aristocrático e a do constitucional.

Um povo que por natureza é capaz de produzir uma raça excelente em virtude no comando político é feito para o governo monárquico. Um povo cujos cidadãos se submetem, como homens livres, ao governo de homens cujas virtudes os tornam capazes para o comando político é adaptado para o governo aristocrático; e o povo feito para o governo constitucional é aquele cujos cidadãos são guerreiros por natureza e sabe tanto ser comandado como comandar em turnos sob uma lei que distribui as magistraturas em conformidade com o mérito. Mas quando ocorre de uma família inteira ou algum cidadão superarem em virtude de modo extraordinário os outros, então é justo que essa família deva reinar sobre todos, e que o cidadão seja rei, pois, como dissemos antes, isso está em conformidade tanto com o direito que, em geral, é reconhecido pelos fundadores de todas as Cidades, seja aristocrática, oligárquica ou democrática, como com o próprio direito mencionado antes. Não teria cabimento matar, banir ou condenar esse cidadão ao exílio, tampouco requerer que ele se alterne no poder. O todo é naturalmente superior à parte, e um homem dotado dessa preeminência é como um todo em relação à parte. E, se for assim, a única alternativa é que seja dado a ele o supremo poder e que ele seja o rei, não alternadamente, mas de modo vitalício. Essas são as nossas conclusões às questões que levantamos acerca da monarquia, suas variedades e se ela é vantajosa ou não para as Cidades, para que Cidade e em que condições.

Afirmamos que as formas corretas de governo são três e que, dentre essas, a melhor, necessariamente, é aquela administrada por um homem, uma família ou grupo de pessoas que excedam todos os demais juntos, em virtude, e na qual, tanto os governantes como os governados estão prontos a exercer o seu papel de modo a obter a mais desejável vida. No início da nossa investigação mostramos que a virtude do homem bom é necessariamente a mesma virtude do cidadão na Cidade perfeita. É evidente, pois, que, pelo mesmo modo e pelos mesmos meios os quais um homem se torna verdadeiramente bom, ele poderá formar uma Cidade a ser governada por uma aristocracia ou por um rei, e descobrir-se-á que a mesma educação e os mesmos hábitos fazem o homem bom e o homem apto a ser um estadista ou rei.

Tendo chegado a essas conclusões, devemos, na continuação, falar sobre a Cidade perfeita e sobre como deve ser estabelecida.

Livro IV

Capítulo I

Todas as artes e ciências que abraçam o seu objeto por inteiro, e não de um modo fragmentário, devem considerar tudo quanto convém a cada gênero. Por exemplo, a arte da ginástica considera não só a adequação dos diferentes tipos de treinamento aos diferentes corpos, mas qual é o tipo de treinamento melhor absolutamente (o qual deve ser necessariamente o tipo adequado ao corpo mais bem constituído por natureza e mais bem desenvolvido), e igualmente o mais adaptado à grande maioria dos homens. E se um homem não desejar as melhores condições para seu corpo ou as melhores habilidades na ginástica para obter eficiência nas competições, ainda assim o instrutor ou o professor de ginástica deverá ser capaz de dar o treinamento para esse grau mais baixo. O mesmo princípio se apresenta na medicina e na construção naval, na produção de roupas e em geral em todas as artes.

Assim, é evidente que no caso das constituições cabe à mesma ciência considerar qual governo é o melhor, que características deve ter para estar em conformidade com nossa expectativa, se nenhum impedimento externo ocorrer, e também qual tipo de governo é adequado a uma Cidade particular; pois o melhor frequentemente é inatingível, e o verdadeiro legislador e estadista deve conhecer não somente a melhor constituição em abstrato, mas também a melhor dentro das circunstâncias. E ele deve ser capaz de saber como uma Cidade deve ser constituída sob condições dadas, pois deve conjecturar em cima de uma certa etapa de funcionamento de uma constituição, imaginar como foi originariamente formada e, quando já formada, como poderia ser preservada por mais tempo. Supomos aqui tanto uma Cidade que chegou a ter a melhor constituição, mas não tinha os requisitos necessários para possuí-la, como uma Cidade que teve uma constituição inferior às suas circunstâncias.

Ele deve, além disso, conhecer a forma de governo mais adequada às Cidades em geral, pois os estudiosos dessa matéria, embora tenham ideias excelentes, frequentemente elas não são práticas. Deve-se considerar não apenas qual é a melhor forma de governo, mas também qual é a possível e mais facilmente aplicável a todas as Cidades. Há, atualmente, alguns que só procuram a constituição mais perfeita, mas para isso são exigidas pesadas contribuições dos cidadãos. Outros falam de formas práticas, mas, rejeitando a constituição sob a qual vivem, o fazem para exaltar alguma constituição em particular, como, por exemplo, a da Lacedemônia. Quando se propõe alguma constituição, deve-se fazê-lo de modo que seja facilmente adotada, a partir da que já se encontra estabelecida, bem como tenha aplicação geral, visto que reformar uma constituição não dá menos trabalho que estabelecer uma desde o início, do mesmo modo que desaprender uma ciência é mais difícil que a aprender. Por conseguinte, em adição às qualificações do estadista antes mencionadas, ele deve também ser capaz de encontrar remédio para os defeitos das constituições existentes, como já dissemos antes. Isso, porém, não será possível se ele não souber quantas formas de governo existem. Hoje em dia frequentemente se pensa que há um só tipo de democracia e de oligarquia, mas isso é um engano; e, a fim de evitar enganos, devemos determinar quais são as diferenças entre as constituições, quantas são estas, e suas combinações possíveis. Esse conhecimento deve estender-se ao estudo das leis, quais são as melhores e quais as melhores em relação a cada constituição, pois as leis são feitas para as constituições e não vice-versa, princípio que todos os legisladores reconhecem. A constituição é a organização das magistraturas na Cidade, a distribuição dos poderes, as atribuições do poder supremo, a determinação da finalidade de cada comunidade. Mas as leis não se confundem com os princípios da constituição; elas são as regras de acordo com as quais os magistrados deverão administrar a Cidade e o procedimento contra os infratores a tais leis. Assim, deve-se conhecer quais e quantas são as variedades das formas de governo, ainda que não seja mais que para poder determinar as leis, visto que não podem convir as mesmas leis para todas as oligarquias e para todas as democracias, porque são muitas as suas espécies.

CAPÍTULO II

Em nossa primeira discussão sobre as formas de governo, nós a dividimos em três formas corretas: monarquia, aristocracia e governo constitucional; e seus três respectivos desvios, tirania, oligarquia e democracia. Da monarquia e da aristocracia nós já falamos; a investigação acerca da Cidade mais perfeita é a mesma coisa que abordar as formas de governo que têm tais nomes, já que cada uma dessas formas corresponde a um sistema que se baseia na qualificação pelo mérito e nos meios para seu fundamento. Também determinamos em que a aristocracia e a monarquia diferem uma da outra, e quando a última deve ser estabelecida. Resta agora falar sobre a forma de governo que recebe o nome geral de governo constitucional [*politéia*, que em grego também significa "constituição"], e as outras constituições: oligarquia, democracia e tirania. É evidente qual dessas três perversões é a pior e qual a que segue nessa escala: é a da primeira e mais divina das formas do bom governo; do mesmo modo que a monarquia, se não for apenas um nome, tem de existir necessariamente baseada na superioridade excepcional daquele que é o rei. Assim, a tirania, sendo o pior dos governos, é necessariamente a forma mais afastada da forma bem constituída; a seguir vem a oligarquia, e por último a democracia, que é o mais tolerável dos três desvios.

Um escritor[1] que nos precedeu tratou desse ponto, mas seu ponto de vista não é o mesmo que o nosso, uma vez que

[1] Platão. (N. do T.)

não se baseava nos princípios que adotamos. Ele pensava que há variedades boas de todas as formas de governo (por exemplo, uma forma boa de oligarquia, bem como das outras formas); e que a democracia era a pior dentre as boas formas, porém a melhor entre as variedades más, ao passo que afirmamos que nenhum dos desvios é bom, e que nenhuma das variedades da oligarquia pode ser boa, e sim apenas menos má.

Mas deixemos de lado, por enquanto, uma classificação desse gênero. Primeiro, devemos determinar quantas formas diferentes de constituição existem (já que existem várias no que tange à democracia e oligarquia). Em seguida, devemos examinar qual constituição é a mais aceita em geral, e qual é, em segundo lugar, a mais desejável depois do governo perfeito; se há outra forma aristocrática bem constituída e ao mesmo tempo adaptada às Cidades em geral; e qual é a forma mais adequada a cada povo, pois para alguns povos a democracia pode ser mais desejável que a oligarquia, e para outros se dá o contrário. Em seguida, temos de considerar de que maneira deve proceder aquele que deseja estabelecer alguma dessas várias formas, seja democracia, seja oligarquia. E finalmente, depois de termos examinado sumariamente essas questões do melhor modo que pudemos, devemos nos esforçar para encontrar os meios de ruína e de preservação em geral e de cada uma separadamente, e a que causas isso pode ser atribuído.

Capítulo III

A razão de que haja diversas formas de constituição é que cada Cidade contém vários elementos, os quais a compõem. Em primeiro lugar, vemos que todas as Cidades são feitas de famílias, e na multidão dos cidadãos há alguns que são ricos, outros que são pobres e outros que estão em uma condição média. Os ricos devem ser pesadamente armados, os pobres não. Entre o povo comum, alguns são agricultores, outros, comerciantes e outros, ainda, artífices. Entre as classes superiores também há diferenças de riqueza e posse de propriedade — no número de cavalos que eles criam, pois não é fácil manter cavalos sem ser rico, e é por isso que nos tempos antigos havia em todas as Cidades oligarquias cuja força se baseava em sua cavalaria, e eles usavam cavalos nas guerras contra seus vizinhos, como, por exemplo, era prática entre os eretrianos, os calcídios e os magnésios próximos ao rio Meandro, e outros povos na Ásia. Ao lado da diferença em riqueza, há também a diferença em nascimento e em mérito, bem como outras que mencionamos quando tratávamos da aristocracia e quando enumeramos os elementos essenciais de uma Cidade. Esses elementos podem ter participação no governo, seja em sua totalidade, seja em maior ou menor número. É evidente, então, que tem de haver várias formas de governo, diferindo em espécie, visto que as partes que a compõem diferem em espécie uma da outra. Com efeito, uma constituição é a organização das magistraturas, as quais são distribuídas entre os cidadãos, de acordo com o poder dos diferentes participantes, por exemplo, o rico e o pobre, ou de acordo com algum princípio de igualdade que inclua essas partes. Por conseguinte, há tantas formas de governo quantos modos de ordenamento, de acordo com a hierarquia e diferenças entre as partes da Cidade.

Consideram-se, em geral, duas formas principais. Do mesmo modo que dizemos, quando se trata de vento, que uns vêm no norte e outros do sul, e consideramos que os outros são variações desses, assim também, no tocante às constituições, dizemos que há duas formas, a democracia e a oligarquia. Com efeito, consideramos a aristocracia um tipo de oligarquia, como o governo de poucos, e o assim chamado governo constitucional é tido como uma democracia, como, no caso dos ventos, toma-se o vento do oeste como uma espécie de vento do norte, e o do leste, uma espécie de vento do sul. Similarmente, com os tons da escala musical ocorre o mesmo, como dizem alguns, pois também nesse caso são referidos apenas um ou outro desses dois modos, e os demais arranjos de escalas são chamados alguns de dórios e outros de frígios. Mas o modo melhor e mais exato é distinguir as formas de governo tal como temos procedido; não há mais que duas formas de constituição (ou uma, se se quiser) das quais as outras se derivam e são degenerações. Em música, todos os modos derivam de um modo perfeito; no tocante à constituição, elas derivam da constituição-modelo; são oligárquicas se o poder está concentrado e é despótico; são democráticas, se mais relaxado e suave.

CAPÍTULO IV

Não se deve simplesmente supor, como se faz hoje em dia, que a democracia seja a forma de governo na qual o grande número [povo] é soberano, pois mesmo nas oligarquias e em todas as formas de governo, a maioria é soberana; e nem se deve supor a oligarquia como a forma de governo em que a minoria é soberana. Suponhamos que o número da população de uma Cidade fosse mil e trezentos, e, desses, mil fossem ricos e não permitissem que os restantes trezentos cidadãos pobres, que não obstante eram nascidos livres e iguais a eles, participassem do governo — ninguém diria que se tratasse de um governo democrático. Do mesmo modo, se os pobres fossem minoria e mais poderosos que os ricos em maior número, ninguém poderia chamar esse governo, no qual a maioria rica não tem cargos no governo, de oligárquico. Portanto, deveríamos antes dizer que a democracia é uma forma de governo na qual os homens livres exercem o poder, e oligarquia aquela na qual são os ricos os que exercem o poder, e é somente por acidente que os homens livres são maioria e os homens ricos a minoria. Por outra parte, um governo no qual as magistraturas fossem dadas de acordo com a estatura, como dizem que ocorre na Etiópia, ou de acordo com a beleza, constituiria uma oligarquia, porque o número de altos e de belos é pequeno. E ademais a oligarquia e a democracia não são suficientemente distinguíveis mediante essas duas características de riqueza e nascimento livre. Ambas contêm muitos outros elementos e, portanto, precisamos agir com cautela nesse ponto, e dizer que não é uma democracia o governo no qual o homem livre, sendo minoria em número, governa sobre a maioria de homens não livres, como em Apolônia, no Golfo Iônio, e em Tera (pois em cada uma dessas Cidades os bem-nascidos e fundadores das colônias recebiam as mais altas magistraturas, com exclusão da maioria). Tampouco é uma democracia quando os ricos exercem o governo porque são a maioria, como no caso de Colofon, onde a maioria da população tinha grandes propriedades antes da guerra com os lídios. A forma de governo é uma democracia quando os homens nascidos livres constituem a maioria e exercem o poder soberano, e é uma oligarquia quando os ricos e bem-nascidos constituem a minoria e exercem o poder soberano.

Dissemos que há várias formas de constituição e explicamos quais as causas dessa variedade. Vimos também que as Cidades são constituídas não de uma, mas de várias partes; desse modo, se estivéssemos procurando fazer uma classificação dos animais, determinaríamos primeiramente os órgãos indispensáveis de cada animal, como, por exemplo, alguns órgãos dos sentidos e como recebe e digere os alimentos, como boca e estômago, ao lado dos órgãos de locomoção. Supondo agora que houvesse variedade desses elementos (por exemplo, vários tipos de boca e estômago, órgãos perceptivos e de locomoção), o número dessas variações acarretaria um grande número de espécie de animais, pois, com efeito, não é possível que o mesmo animal possua vários tipos de boca ou de orelhas, por exemplo. Quando todas as combinações fossem consideradas, haveria tantas espécies de animais quantas fossem as combinações necessárias de partes; e assim, do mesmo modo, faremos a classificação das várias constituições que descrevemos. As Cidades, como dissemos repetidamente, são compostas não de uma, mas de várias partes. Uma dessas partes relaciona-se com a classe dos produtores de alimentos, denominada classe dos agricultores. Uma outra é a dos artífices, que se dedicam às artes e ofícios sem os quais seria impossível viver em uma Cidade; alguns deles são absolutamente necessários, enquanto outros contribuem para o luxo e para fazer a vida mais agradável. A terceira classe é a dos comerciantes, e com isso queremos significar a classe dedicada à compra e venda no comércio por atacado e no varejo. A quarta classe é a dos trabalhadores braçais. Os guerreiros constituem a quinta classe e é tão necessária quanto as demais classes se não se quer que a Cidade se torne escrava de invasores. Como se poderia dar o nome de Cidade a uma comunidade escrava por natureza? A Cidade é independente e autossuficiente, e um escravo é o reverso do independente. Portanto, vemos que aquilo que foi dito na *República*[2] pode ter sido engenhoso, mas é insatisfatório. Ali Sócrates diz que uma Cidade é composta de quatro tipos de pessoas, que são absolutamente necessárias: o tecelão, o agricultor, o sapateiro e o construtor; depois, achando que não eram o bastante, ele acrescentou o ferreiro, a seguir o pastor e ainda o comerciante atacadista e por varejo. Todos esses formam o complemento da primeira Cidade, como se uma Cidade fosse estabelecida meramente para suprir as necessidades da vida e não para o objetivo de buscar o bem da Cidade, ou fosse igual a necessidade de sapateiros e agricultores. Ele não admite a classe dos guerreiros senão quando a Cidade aumenta em tamanho e entra em contato com o território dos vizinhos, o que acaba levando-a à guerra. Mesmo, porém, entre os quatro cidadãos originais, ou seja lá qual for o seu número, tem de haver alguém para administrar a justiça e determinar o que é justo. E do mesmo modo que, no ser animado, a alma deve ser considerada parte mais importante que o corpo, assim também a parte mais elevada da Cidade é composta — mais que os elementos que contribuem apenas para satisfação das necessidades da vida — pela classe dos guerreiros, a classe encarregada da administração da justiça e a de deliberar, pois é isso o que deve fazer a inteligência política. Se essas funções forem desempenhadas por diferentes cidadãos ou pelos mesmos, isso não fará nenhuma diferença ao nosso raciocínio; frequentemente pode ocorrer de o guerreiro e o agricultor serem os mesmos homens. Se a classe mais alta e a mais baixa são consideradas igualmente partes da Cidade,

[2] *A República*, Platão, 369 b-372 e. (N. do T.)

o elemento militar também deve ser incluído. A parte que contribui com a fortuna de seus membros para os encargos públicos é a sétima classe. A oitava classe é dos magistrados e administradores, pois a Cidade não pode existir sem governantes. Por conseguinte, é necessário que haja cidadãos capazes de governar e prestar serviços à Cidade, contínua ou alternativamente. Se a presença desses elementos e seu justo e bom funcionamento é necessário às Cidades, então é igualmente necessária a existência nestas de cidadãos com qualidades de estadistas. Pensa-se que as diferentes funções possam ser combinadas no mesmo indivíduo; por exemplo, o guerreiro pode frequentemente ser um agricultor ou um artífice, ou, igualmente, o homem que delibera na assembleia ser um juiz, e todos os que pretendem ter habilidades políticas pensam que são competentes para executar a maior parte das magistraturas. Mas não é possível que as mesmas pessoas sejam pobres e ricas ao mesmo tempo; é por essa razão que estas são as partes mais distintas de uma Cidade. E porque os ricos são geralmente a minoria, enquanto os pobres são a maioria, eles parecem ser antagonistas entre as partes existentes na Cidade, e também faz que a predominância das pretensões de uma ou da outra determine as formas de governo, de modo que, conforme a opinião comum, supõe-se que haja apenas duas formas de governo, democracia e oligarquia.

Vimos que há várias espécies de constituição e qual é a causa dessa variedade. Agora vamos mostrar que há diferentes formas tanto de democracia quanto de oligarquia, como de fato fica evidente diante do precedente, pois tanto o povo quanto os notáveis são compostos por várias classes; das classes do povo, uma é a dos agricultores, outra é a dos artífices, outra é a dos comerciantes nos negócios de compra e venda, e outra a que se dedica às atividades relacionadas ao mar; esta é dividida em subclasses dedicadas à guerra naval, ao comércio marítimo, ao transporte de passageiros e à pesca. (Em alguns locais algumas dessas classes formam uma grande população; por exemplo, os pescadores de Tarento e de Bizâncio, os tripulantes de trirremes em Atenas, os tripulantes de navios mercantes em Aigina e Quios, e os navios de passageiros em Tênedo.) Além dessas, há a classe dos trabalhadores braçais, e daqueles que, em razão de terem poucas posses, não podem se dedicar ao ócio, bem como daqueles que não são homens livres, descendentes de pais e mães cidadãos e de outras classes semelhantes entre o povo. Os notáveis também são divididos de acordo com suas propriedades, nascimento, virtude, educação e outras distinções similares.

A primeira espécie de democracia é aquela que está baseada estritamente na igualdade. Em uma tal democracia a lei diz que o pobre não tem mais direitos que os ricos e que nenhum deles é o senhor, mas todos são iguais, pois se liberdade e igualdade são consideradas, como alguns pensam, essenciais na democracia, então elas só podem existir em sua plenitude se todos os cidadãos usufruírem perfeita igualdade política. E como o povo é a maioria, e a opinião da maioria é decisiva, tal governo deve necessariamente ser uma democracia. Este é, então, um tipo de democracia. Há um outro tipo no qual as magistraturas são exercidas com base na qualificação pelos bens possuídos, contudo é de pouca monta o valor dos bens classificatórios. Quem tiver o valor em bens estipulado poderá participar do governo, e será excluído se deixar de o possuir. Em um terceiro tipo todos os cidadãos (que não estão sob desqualificação) podem participar do governo; a lei é soberana. Em um quarto tipo, todos participam do governo, se forem cidadãos; a lei também é soberana. Em uma quinta forma de democracia, tudo é semelhante, porém é o povo, e não a lei, que é soberano, e isso se dá quando os decretos da assembleia ficam acima das leis. Isso ocorre em função dos demagogos. Nas democracias governadas pela lei, os melhores cidadãos ocupam as magistraturas mais elevadas e não há lugar para os demagogos; mas, quando as leis não são soberanas, então surgem os demagogos, pois o povo torna-se uma espécie de rei múltiplo, uma espécie de unidade composta por muitos cidadãos; a maioria tem o poder em suas mãos, não como indivíduos, mas coletivamente.

Homero[3] diz que não é bom o governo de muitos, mas se ele se referia ao poder exercido em massa ou ao poder de muitos indivíduos é incerto. Um tal povo, transformado praticamente em um rei, quer exercer um governo monárquico, não deixando que a lei governe e encaminhando-se ao despotismo, dando ocasião a que os aduladores ganhem espaço. Este tipo de democracia é semelhante à forma tirânica da monarquia, visto que o espírito de ambas é o mesmo: exercem um governo despótico sobre os melhores cidadãos, os decretos votados pela assembleia correspondem aos editos dos tiranos, e os demagogos e aduladores confundem-se uns com os outros. Ambos possuem grande poder: o bajulador junto ao tirano, o demagogo na espécie de democracia que estamos descrevendo. Os demagogos fazem que os decretos da assembleia popular sejam soberanos, não as leis; eles ganham ascendência sobre o povo, em virtude de este se tornar, desse modo, soberano em tudo, e, por outro lado, eles também são soberanos relativamente à opinião do povo, uma vez que o povo crê neles. E os que fazem acusações aos magistrados dizem que o povo deve julgar as causas, e o povo aceita alegremente o convite, e dessa forma toda magistratura se acaba. De uma tal democracia pode-se dizer que não é uma constituição, pois não existe constituição onde não são as leis que governam. As leis devem estar acima de tudo, e os magistrados devem cuidar tão só dos casos particulares. Assim, se a democracia é de fato uma das formas de constituição, o tipo de sistema no qual todas as coisas são reguladas por decretos evidentemente não é uma democracia no verdadeiro sentido da palavra, pois decretos se referem apenas a casos particulares.

São essas, então, as diversas espécies de democracia.

---

3 *Ilíada*, II, v. 204. (N. do T.)

CAPÍTULO V

Também a oligarquia tem várias espécies. Uma delas é aquela em que o critério de qualificação é tal que os pobres, embora formem a maioria, não participam do governo; aquele, porém, que consegue atingir o valor estipulado obtém a qualificação. Uma segunda espécie é quando as funções são preenchidas entre as classes de qualificação mais alta por bens possuídos, e esses próprios altos magistrados escolhem outros em caso de vacância; se eles fizessem a escolha entre todos os cidadãos qualificados, seria um procedimento de natureza aristocrática, contudo, fazendo a escolha da forma que fazem trata-se de um procedimento oligárquico. A terceira espécie é quando o filho sucede ao pai na função. A quarta espécie é quando se tem esse sistema hereditário e os magistrados governam em lugar da lei. Correspondem a essa oligarquia a tirania entre as monarquias e a última forma de democracia de que falamos entre as democracias; na verdade, essa última espécie de democracia recebe o nome de dinastia ou o governo de famílias poderosas.

Essas são as diferentes espécies de oligarquias e democracias. Lembremo-nos de que em muitas Cidades a constituição estabelecida por lei, embora não seja democrática, em razão da educação e costumes do povo pode ser administrada democraticamente, e, por outro lado, em outras Cidades a constituição estabelecida pode tender para a democracia, mas ser administrada segundo o espírito oligárquico. Isso ocorre frequentemente depois de uma revolução: os governos não passam imediatamente para uma nova forma, e nos primeiros momentos contenta-se em conseguir pequenas vantagens dos seus oponentes. As leis que existiam previamente continuam por algum tempo, mas os autores da revolução têm o poder nas mãos.

Capítulo VI

Do que foi dito, infere-se a existência dessas várias espécies de democracias e oligarquias, pois é claro que todas as classes que mencionamos devam necessariamente participar do governo, ou que algumas atuem e outras não. Quando a classe dos agricultores e a dos que têm poucos bens possuem o poder supremo, o governo é administrado de acordo com a lei, pois os cidadãos têm de viver pelo seu labor, e não podem dedicar-se ao ócio. Assim, eles se sujeitam à autoridade da lei e se reúnem em assembleias só quando necessário. Todos obtêm o direito de participar do governo quando atingem a qualificação pela posse de bens fixada por lei — a exclusão absoluta de alguma classe caracterizaria uma oligarquia; por isso, todos que atingem o nível de qualificação são admitidos a participar no governo. Mas o ócio necessário à participação constante nas assembleias não é possível ao cidadão que não tem posses. Esta é uma espécie de democracia que surge pelas causas expostas. Uma outra espécie vem da distinção que se segue em uma ordem natural; nela, cada um que tenha direito, por nascimento, é elegível, mas, na verdade, só participa do governo aquele que tem recursos para poder dedicar-se ao ócio. Em uma tal democracia o poder supremo é a lei, porque a Cidade não tem recursos para pagar aos cidadãos, para que estes possam ter tempo para frequentar as assembleias. Um terceiro tipo é quando todo homem livre tem direito de participar do governo, mas não participa dele efetivamente pelo motivo que dissemos antes; assim, nesta forma a lei também é soberana. A quarta espécie é a última forma, cronologicamente falando, que surgiu na história das Cidades. Quando as Cidades aumentaram seu tamanho original e seus recursos igualmente cresceram, todos os cidadãos podiam ter um cargo no governo, por causa da superioridade da multidão; e todos eles, incluindo os pobres que recebiam dinheiro da Cidade, tinham tempo para se dedicar ao ócio, exercitando seus direitos, participando da administração. Efetivamente, quando é pago, o povo tem mais tempo para o ócio, pois não é estorvado pelos cuidados com as propriedades, ao passo que os ricos ficam presos aos seus negócios e frequentemente são impedidos de tomar parte nas assembleias e tribunais; consequentemente a Cidade é governada pelos pobres, os quais são a maioria, e não pelas leis. Eis então as espécies de democracia que necessariamente surgem das causas anteriormente mencionadas.

Quanto às espécies da oligarquia, a primeira é a forma na qual a maioria dos cidadãos possui bens, mas de pouca monta; concede-se o direito de participar do governo a todo cidadão que acumule o total legal requerido de bens. Os participantes somam um grande número, do que se segue necessariamente que é a lei, e não os indivíduos, que governa, pois, estando muito distantes da unidade monárquica, não possuindo bens o bastante para se dedicar ao ócio, e não sendo pobres o suficiente para viver às expensas da Cidade, eles necessariamente têm de proclamar a lei soberana e não reclamar o poder para si mesmos. Mas se o número de homens possuidores de bens passar a ser mais do que era antes, o valor dos bens aumenta, ocorrendo então a segunda forma de oligarquia. Com efeito, conforme os possuidores de bens se tornam mais fortes, começam a reivindicar uma participação maior, passando, eles mesmos, a selecionar as classes que também devem participar do governo; porém, como não são suficientemente fortes para governar sem a lei, fazem a lei representar seus desejos. Quando esse poder é intensificado por uma subsequente diminuição em seu número e aumento em seus bens, surge o terceiro estágio da oligarquia, em que o governo mantém os cargos em suas mãos e sob uma lei que ordena que o filho suceda ao pai. Quando os governantes atingem um poder ainda maior, em virtude de sua riqueza e dos numerosos amigos, esse tipo de família despótica aproxima-se da monarquia; os indivíduos passam a governar, e não a lei. Esta quarta espécie de oligarquia é análoga à última espécie de democracia.

Capítulo VII

Há ainda duas formas de governo ao lado da democracia e da oligarquia; uma delas é universalmente reconhecida e incluída entre as quatro principais (conforme dissemos: 1.) monarquia, 2.) oligarquia, 3.) democracia, 4.) aristocracia ou governo dos melhores). Mas há uma quinta, que recebe o nome genérico de governo político ou constitucional; como não é comum, é frequentemente esquecida pelos que tentam enumerar as formas de governo, como Platão, que reconhece apenas quatro nos seus livros[4] sobre a Cidade. O termo "aristocracia" é aplicado corretamente às formas de governo que foram descritas na primeira parte do nosso tratado, pois dar o nome de aristocracia é correto somente à constituição em que os cidadãos são melhores de forma absoluta, e não apenas bons relativamente às suas próprias formas de constituição. Contudo, também existem certas constituições nas quais há diferenças em comparação com Cidades governadas de modo oligárquico e com o governo constitucional, visto que nestas os altos magistrados são escolhidos pela riqueza e pelos méritos; esta espécie difere das outras e é chamada aristocracia. Com efeito, mesmo nas Cidades que não fazem da virtude o objetivo da comunidade, homens de virtude e reputação podem ser encontrados. Assim, onde as constituições consideram a riqueza, a virtude e o número, como em Cartago, elas são aristocráticas; e onde elas consideram apenas duas daquelas três características, o mérito e o número, como na Lacedemônia, então há uma mistura de democracia e aristocracia. São essas as duas formas de aristocracia em adição à primeira, que é a melhor constituição, bem como uma terceira, as constituições que são exemplos do chamado governo constitucional quando se inclinam em direção à oligarquia.

---

[4] *A República*, VIII e IX. (N. do T.)

Capítulo VIII

Resta-nos ainda falar do governo constitucional e da tirania. Colocamo-las nesta ordem, não porque o governo constitucional deva ser considerado um desvio, tampouco devem ser consideradas assim as formas de aristocracia acima referidas, mas porque, na verdade, todas essas formas são corrupções da constituição perfeita; por conseguinte, são computadas entre os desvios, e as outras são desvios destas, conforme dissemos em nossa discussão inicial. Por ultimo, falaremos da tirania, que ocupa o último lugar da série porque estamos examinando as constituições, e a tirania é o reverso de uma constituição.

Tendo explicado por que adotamos essa ordem, cumpre-nos considerar a forma constitucional de governo, cuja natureza se mostrará agora mais claramente, depois que as características da oligarquia e da democracia foram definidas, pois o governo constitucional pode ser descrito, de um modo geral, como uma mescla de oligarquia e democracia. Mas o termo governo constitucional geralmente é aplicado àquelas formas de governo que se inclinam à democracia, e o termo aristocracia, àquelas que se inclinam à oligarquia, porque nascimento e educação são em geral patrimônio dos ricos. Além disso, acredita-se que os ricos já possuam as coisas cuja conquista leva à tentação do crime; é por isso que eles são chamados de bem-nascidos e notáveis. Visto que aristocracia significa dar aos melhores cidadãos as mais altas magistraturas, diz-se também que as oligarquias são compostas de bem-nascidos e notáveis. Parece ser uma coisa impossível que uma Cidade governada, não pelos melhores cidadãos, mas pelos piores, possa ser bem governada, e parece igualmente impossível que uma Cidade mal governada seja governada pelos melhores cidadãos. Mas devemos lembrar-nos de que boas leis, se não forem obedecidas, não constituem um bom governo. O bom governo tem duas partes: uma consiste na obediência dos cidadãos às leis, a outra parte é se as leis às quais se obedece são boas; tanto as boas quanto as más leis podem ser obedecidas. E há ainda uma posterior subdivisão: ou as leis são as melhores possíveis para certo povo ou são as melhores de modo absoluto.

A distribuição das magistraturas de acordo com o mérito é a característica particular da aristocracia, pois o princípio da aristocracia é a virtude, assim como a riqueza é o da oligarquia, e a liberdade o, da democracia. Em todas elas, certamente, existe o direito da maioria e, desse modo, seja na aristocracia, seja na democracia, a maior parte dos que ocupam as magistraturas decide de forma soberana. Na maioria das Cidades existe a forma chamada constituição, pois a mescla não é mais do que a tentativa de unir a liberdade do pobre e a riqueza do rico; esta última comumente parece ocupar o lugar da virtude. Porém há três elementos dos quais os homens reclamam igualdade: liberdade, riqueza e virtude (o quarto, o nascimento nobre, é mais a consequência dos outros dois primeiros, visto que é a antiguidade em riqueza e virtude). A combinação do rico e do pobre é o governo constitucional; a união de rico, pobre e virtuoso é chamada aristocracia ou governo do melhor, exceto a verdadeira forma, da qual falamos antes.

Demonstramos a existência de outras formas de Cidade além da monarquia, democracia e oligarquia, quais as suas características, em que as várias espécies de aristocracias diferem umas das outras e as formas do governo constitucional diferem das formas da aristocracia: que estas duas últimas são bastante próximas é evidente.

Capítulo IX

A seguir, consideremos o modo como surge, ao lado da oligarquia e da democracia, o assim chamado governo constitucional, e como deve ser organizado. Sua natureza será mais bem compreendida a partir de uma comparação entre oligarquia e democracia, da qual poderemos averiguar as diferentes características destas e, então, combiná-las, tomando a parte de cada uma delas como as partes de um *symbolon.*[5]

Há três modos de se efetuar essa mescla. No primeiro modo, podem-se combinar as leis feitas por ambos os governos, concernentes à administração de justiça. Nas oligarquias são impostas multas para os cidadãos ricos que não servirem como jurados, contudo, não existe pagamento para os pobres que prestarem tal serviço, ao passo que nas democracias há pagamento para os pobres e não há multas para os ricos. A reunião desses dois modos é o meio-termo entre eles, peculiar ao governo constitucional e comum àquelas duas formas de governo, visto que é uma combinação de ambas. Este é um dos modos de combinar dois elementos; um outro modo é o de adotar um meio-termo entre os dispositivos adotados pela oligarquia e a democracia. Por exemplo, as democracias não requerem nenhuma condição de riqueza, ou apenas uma pequena, dos membros da assembleia; já a oligarquia requer uma alta condição de riqueza; o termo médio consiste em não adotar nenhuma dessas duas formas e sim adotar um termo intermediário entre as duas. Há um terceiro modo, que é uma combinação das leis oligárquica e democrática, tomando algumas coisas da lei oligárquica e algumas da democrática. Por exemplo, o sorteio para escolha de magistrados existe na democracia, e a eleição, na oligarquia; e a inexistência de qualificação por bens possuídos é considerada peculiaridade da democracia, e a existência dessa qualificação é considerada oligárquica. Na aristocracia ou Cidade constitucional, pega-se um elemento de cada — da oligarquia o princípio de eleição para a distribuição das magistraturas, e da democracia toma-se o princípio de que

[5] Trata-se de um costume entre alguns povos da Grécia antiga, em que um objeto era cortado em dois; uma das partes ficava com o dono da casa e a outra com o hóspede. Isso servia para que, no futuro, eles ou seus descendentes se identificassem como ligados por relações de hospitalidade, unindo as duas partes do objeto. (N. do T.)

essa eleição não se faça pela qualificação por riqueza. Esses são os vários modos de combinação. Para que essa mistura seja uma mescla perfeita da democracia e da oligarquia é necessário que uma tal Cidade possa ser chamada indiferentemente de democracia ou oligarquia, pois é isso o que se entende como mescla completa. O termo médio tem essa qualidade: os dois extremos aparecem nele. A constituição da Lacedemônia, por exemplo, é frequentemente descrita como uma democracia, porque nela, de fato, há muitos elementos democráticos. Em primeiro lugar, a educação comum: todos os filhos recebem a mesma educação, tanto os pobres como os ricos. Uma igualdade similar prevalece no período de vida seguinte, e quando são homens a mesma regra é observada, não há distinção entre ricos e pobres. Do mesmo modo, todos eles compartilham a mesma comida, em refeições coletivas, o rico usa a mesma roupa que um pobre pode obter, e o povo elege para uma das mais elevadas magistraturas da Cidade, o Conselho, e da outra, o eforato, ele mesmo participa. De outra parte, a constituição da Lacedemônia é dita uma oligarquia, porque apresenta muitos elementos oligárquicos. Uma dessas características é que todas as magistraturas são eletivas; nenhuma é designada por sorteio. Outra característica é que o poder de decretar pena de morte e de banimento é conferido apenas a uns poucos magistrados; além de outras instituições não menos oligárquicas. Em uma constituição em que se mesclam perfeitamente a democracia e a oligarquia devem aparecer ambos os elementos e nenhum em separado; o governo deve estar apoiado em si mesmo, e não se apoiar em ajuda externa; mas apoiado em si mesmo não por meio da vontade da maioria (isso igualmente poderia ocorrer em uma forma viciosa de governo), e sim porque há um acordo unânime das classes da Cidade em manter a constituição.

E falamos o suficiente em como constituir o governo constitucional e as demais formas chamadas aristocráticas.

Capítulo X

Temos ainda de tratar da natureza da tirania, a fim de que ela possa ter seu lugar em nossa investigação, embora não haja muito a dizer a seu respeito. Já o havíamos feito antes, quando examinamos a monarquia, a fim de considerar se era ou não vantajosa às Cidades, que tipo de realeza deveria ser estabelecido, como, e qual a sua origem.

Quando falamos da monarquia também falamos de duas espécies de tirania, ambas as quais governam segundo a lei e se aproximam da monarquia. Entre os bárbaros há certos povos que elegem monarcas que exercem um poder despótico; e também entre os antigos helenos havia governantes despóticos chamados *aisimnetas*. Esses monarcas, em comparação com outros, apresentam certas diferenças; eles são, conforme dissemos antes, reis, enquanto devem à lei e à vontade dos súditos a sua existência; mas são tirânicos enquanto seu exercício é despótico e de acordo com seus próprios desejos. Há também um terceiro tipo de tirania, que é sua forma mais típica e a contraparte da monarquia perfeita. Essa tirania não é nada mais que o poder arbitrário de um indivíduo, que governa todos os súditos, iguais ou melhores que ele, visando ao interesse dele e não ao dos súditos e, portanto, contra o desejo destes. Nenhum homem livre, se pudesse escapar, suportaria um tal governo.

Pelas razões oferecidas, são essas as espécies e o número de tirania.

Capítulo XI

Agora devemos investigar qual é a melhor constituição para a maioria das Cidades e qual o melhor modo de vida para a maior parte dos homens, não adotando um padrão de virtude mais elevado que a pessoa comum, nem uma educação excepcionalmente favorecida pela natureza e circunstâncias, tampouco a constituição ideal, e sim uma forma de vida que seja capaz de ser partilhada pela maior parte dos cidadãos e uma constituição ao alcance da maioria das Cidades. As aristocracias, das quais acabamos de falar, ficam fora das possibilidades de grande número das Cidades ou se aproximam do governo constitucional; examiná-las-emos, portanto, como se fossem uma só. De fato, as conclusões relativas a todas essas formas repousam sobre os mesmos fundamentos, pois, se o que dissemos na *Ética*[6] for verdade, que a vida feliz é a vida segundo a virtude vivida sem impedimento, e que a virtude é um meio, então a vida segundo esse meio-termo — um meio-termo alcançável por qualquer homem — é a melhor. E o mesmo princípio de virtude e de vício deve aplicar-se às Cidades e constituições, pois a constituição é a vida da cidade.

Em todas as Cidades há três classes de cidadãos: uma classe é muito rica, outra é muito pobre, e uma terceira é o meio-termo. Em geral, admite-se que o que é moderado e está no meio é melhor e, por conseguinte, será evidentemente melhor desfrutar com moderação os presentes que a fortuna oferecer, visto que nessa condição de vida é mais fácil seguir o princípio racional. Ao contrário, para aqueles que são excessivamente belos, fortes, bem-nascidos ou ricos, ou então os que são muito pobres, fracos ou extremamente desafortunados, resulta muito difícil seguir o princípio racional; com efeito, os primeiros tendem à insolência e à perversidade, enquanto aos segundos tendem a mesquinharias e maldades; os crimes são originados pela insolência e pela maldade. Além disso, a classe do meio inclina-se menos a fugir do exercício de funções no governo ou de procurar ambiciosamente por elas — coisas que prejudicam a Cidade. E aqueles que têm em excesso as dádivas da fortuna — força, riqueza, amigos e coisas assim — não se submetem à autoridade. Esse mal tem início em casa, pois na infância viviam na incontinência e jamais aprenderam, mesmo na escola, a obedecer. Por outro lado, os muito pobres acabam degradando-se; e, então,

---

[6] *Ética a Nicômaco*, I, 1098 a 16, VII, 1153 b 10, X, 1177 a 12. (N. do T.)

enquanto uma classe não sabe obedecer e governa despoticamente, a outra não sabe comandar e se submete como escrava aos primeiros. Assim, surge uma Cidade, não de homens livres, mas de senhores e escravos, uns são invejosos, outros prepotentes; e nada pode ser mais fatal à amizade e à vida comunitária na Cidade do que isso, pois a vida comunitária nasce da amizade: com inimigos os homens não gostam nem sequer de ir pelo mesmo caminho. Mas uma Cidade deve ser composta, tanto quanto possível, de iguais e similares, e isso se dá sobretudo na classe média; desse modo, a Cidade que é composta por cidadãos da classe média é necessariamente mais bem constituída relativamente aos elementos dos quais dizemos que as Cidades naturalmente consistem. Igualmente, essa é a classe mais segura na Cidade, visto que os cidadãos que a compõem não cobiçam os bens dos vizinhos, como os pobres, e não são, como os ricos, objeto da cobiça dos pobres; como eles não tramam uns contra os outros, nem os demais tramam contra eles, os integrantes da classe média levam uma vida livre de perigo. É sábia a prece de Focílides:[7] "em muitas coisas é melhor o meio-termo; desejo viver no meio-termo em minha terra".

Desse modo, é evidente que a melhor comunidade política é a formada por cidadãos da classe média, e que igualmente a Cidade mais bem administrada é aquela na qual a classe média é mais larga e, se possível, mais forte que as duas outras classes juntas, ou, caso não seja possível, sozinha, pois ela pode fazer a balança pender a favor da classe à qual queira unir-se, evitando, assim, que qualquer dos extremos contrários seja dominante. Grande, então, é a felicidade da Cidade na qual os cidadãos possuem uma fortuna suficiente e moderada, pois onde alguns têm fortuna em excesso e outros não têm nada surge uma democracia extremada, ou uma pura oligarquia, ou poderá surgir uma tirania de um desses extremos. Com efeito, a tirania se origina da democracia

---

[7] Poeta milesiano nascido em 560 a.C., talvez o mais antigo dos moralistas. (N. do T.)

extremada tanto quanto da oligarquia, porém muito menos frequentemente das formas moderadas de constituição e outras similares a esta. Explicaremos a razão disso depois, quando estivermos examinando as revoluções nas Cidades. A forma média de constituição é claramente a melhor, uma vez que nenhuma outra está livre do faccionalismo, e, quando a faixa da classe média é larga, ocorrem menos formações de facções e dissensões. Por uma razão similar, as grandes Cidades estão menos sujeitas à formação de facções que as menores, porque nelas a faixa da classe média é mais larga, ao passo que nas Cidades pequenas é fácil dividir os cidadãos em duas classes (os ricos e os pobres), sem uma classe intermediária. As democracias são mais seguras e permanentes que as oligarquias porque elas têm uma classe média numerosa que participa grandemente das funções do governo, pois, quando não é a classe média e sim a que excede em número, surgem os problemas e a Cidade em breve chega a seu fim. Uma prova dessa superioridade é que os melhores legisladores saíram das classes médias; por exemplo, Sólon pertencia a essa classe (conforme seus versos testemunham); Licurgo, pois ele não era um rei; Carondas e quase todos os outros legisladores.

Essas considerações nos ajudarão a entender por que a as constituições são, em sua maioria, democráticas ou oligárquicas. A razão é que a classe média, nessas Cidades, é frequentemente menor, e os que dominam, sejam os ricos, sejam os pobres, estão igualmente distantes do termo médio e conduzem o governo segundo suas tendências, e assim este se torna oligárquico ou democrático. Há ainda uma outra razão: o pobre e o rico estão em dissensão um com o outro, e a facção que prevalece, qualquer que seja o lado, não chega a estabelecer um governo justo ou popular; assume as magistraturas no governo e institui uma democracia (se a facção vitoriosa é a dos pobres) ou uma oligarquia (se a facção vitoriosa é a dos ricos). Ademais, as duas Cidades que tiveram no passado a supremacia na Hélade [Esparta e Atenas], nas cidades sob sua hegemonia consideraram apenas a forma de governo existente em sua própria Cidade; em um dos casos foram estabelecidas democracias, no outro, oligarquias, visando apenas à própria vantagem delas. Por essas razões, a forma mediana de governo raramente existiu, se é que existiu: somente um homem na Hélade, dentre os que exerciam o poder na época, foi levado a dar uma constituição mediana a algumas Cidades. Mas agora é um hábito entre os cidadãos das Cidades não desejar nem mesmo a igualdade e simplesmente dominar, ou, se conquistado, submeter-se.

Fica evidente, depois dessas considerações, qual é a melhor forma de governo e o que a faz melhor; e não é difícil ver, tendo definido qual é a melhor, qual é, entre as outras formas (dissemos que existem várias formas de democracia e de oligarquia), a espécie que deve vir em primeiro lugar, segundo, e assim por diante, na ordem de excelência, pois uma é melhor e a outra é pior, e, com efeito, a mais próxima da melhor deve ser a melhor dentre as outras, e a mais afastada do meio-termo, a pior; salvo casos especiais, isto é, aqueles em que uma constituição, ainda que seja preferível em si, não é tão boa para um determinado povo.

Capítulo XII

Vamos agora considerar quais as condições e qualidades da constituição que convém a determinado povo. Devemos presumir inicialmente que há um princípio geral, comum a todos os governos, de que a parte da Cidade que deseja a permanência da constituição seja mais forte do que aquela que deseja o contrário. Toda Cidade é composta de qualidade e quantidade. Por qualidade eu quero significar liberdade, riqueza, educação, nascimento nobre; por quantidade, superioridade em número. Qualidade pode existir em uma das classes que compõem a Cidade, e quantidade em outra. Por exemplo, pode ser que os de nascimento humilde sejam mais numerosos que os bem-nascidos, ou que os pobres sejam em número maior que os ricos; não obstante, a superioridade do número não compensa a diferença em qualidade, e, portanto, deve-se ter em conta essas relações proporcionais. Onde o número dos pobres é maior que a superioridade qualitativa da outra classe, haverá naturalmente uma democracia, variando na forma conforme a espécie de povo que a compõe em cada caso. Se, por exemplo, o número dos agricultores predominar, ter-se-á a primeira espécie de democracia; se for o número dos artífices e dos trabalhadores braçais, será a última espécie de democracia; e do mesmo modo as formas intermediárias. Mas, quando os ricos e os notáveis excedem em qualidade o número, surge a oligarquia, assumindo similarmente várias formas, de acordo com a espécie de superioridade que possuem os oligarcas.

O legislador deve sempre incluir a classe média em seu governo; se ele faz leis de caráter oligárquico, deve ter a classe média em mente; e, igualmente, se ele faz leis de caráter democrático. Só é possível ter um governo constitucional estável quando o número da classe média excede o das classes extremas (ou pelo menos o de uma delas), pois jamais se deverá temer que os ricos unam-se aos pobres contra os governantes, pois nenhum deles desejará submeter-se ao outro, e se a classe dos ricos e a dos pobres buscassem outra constituição mais adequada aos seus interesses que aquela não a encontrariam, visto que não consentiriam em governar alternadamente, porque desconfiam um do outro. Só se tem confiança em um árbitro, e nesse caso é a classe média o árbitro. Quanto mais perfeita for a mistura das constituições, mais duradouras elas serão. Mesmo aqueles que desejam estabelecer formas aristocráticas de constituição cometem um erro, não só porque dão muito poder aos ricos como também por enganar o povo. Chegará o tempo em que os falsos benefícios resultarão em males reais, visto que os abusos dos ricos são mais destrutivos à constituição do que os do povo.

Capítulo XIII

Os estratagemas pelos quais as oligarquias logram o povo são em número de cinco; eles se relacionam com 1) a assembleia, 2) as magistraturas, 3) os tribunais, 4) o uso de armas, 5) o exercício da ginástica. As assembleias são abertas a todos, mas apenas os ricos são multados por ausência, ou então a multa para eles é muito mais alta que a dos outros. No que concernente às magistraturas, os cidadãos qualificados por suas posses não podem declinar do cargo público mediante juramento, porém os pobres podem. No que tange aos tribunais, somente aos ricos é imposta uma multa por não participação como jurados, enquanto os pobres estão isentos dessa multa, ou então é infligida multa elevada aos ricos, e pequena aos pobres, como nas leis de Carondas. Em algumas Cidades todos os cidadãos, depois de serem registrados, têm o direito de participar da assembleia e do júri, mas, se depois do registro eles não comparecerem a estes, são-lhes aplicadas vultosas multas. A intenção é que a multa desencoraje que eles se registrem e consequentemente deixem de participar das assembleias e tribunais. Quanto à posse de armas e ao exercício da ginástica há leis com esse mesmo espírito. O pobre não é obrigado a ter armas, mas o rico é multado se não as tiver; do mesmo modo, não é aplicada nenhuma multa se o pobre não comparecer ao *gimnasium*, mas ao rico, sim. Consequentemente, os ricos comparecem por temer a multa, e os pobres não participam porque não têm esse temor.

Esses são artifícios da legislação oligárquica; nas democracias os artifícios são em sentido contrário. Eles pagam os pobres para comparecer às assembleias e ao júri, e não aplicam penas aos ricos por não comparecerem. É evidente que aquele que quiser fazer uma combinação justa dos dois princípios deverá combinar os dispositivos que existem em ambas as constituições, provendo o pagamento pelo comparecimento e multa pela ausência; desse modo, todos tomarão parte. Se não existir tal combinação, o poder ficará apenas com uma das partes. As magistraturas devem ser concedidas somente aos que possuem armas pesadas. No que toca à qualificação por bens possuídos, não é possível determinar quantidade absoluta, mas sim estipular o valor mais elevado que eles devem ter, com a intenção de tornar o número de cidadãos participantes das magistraturas maior que o número dos excluídos. Os pobres, se não participam das magistraturas, não reclamam, desde que não sejam ultrajados ou destituídos de seus bens.

Mas o tratamento brando aos pobres não é uma coisa fácil, porque os governantes nem sempre são benevolentes. Ademais, em tempos de guerra os pobres são mais propensos a hesitar se não recebem alimentação; se recebem, tornam-se dispostos a lutar. Em algumas Cidades são cidadãos não só os que estão servindo como hoplitas, como também os que já serviram; por exemplo, entre os málios eles são cidadãos quando já prestaram o serviço militar, e as altas magistraturas são distribuídas entre os que estão prestando esse serviço. Os primeiros governos que existiram entre os helenos, depois da abolição da monarquia, eram compostos de soldados; originariamente provinham da cavalaria, uma vez que a força e a superioridade na guerra vêm da cavalaria; sem disciplina, a infantaria é inútil, e no passado não havia ainda a arte e a tática da guerra, ficando então a força com a cavalaria. Mas quando as Cidades cresceram e os hoplitas ficaram mais fortes, mais cidadãos passaram a participar do governo; é por essa razão que o governo constitucional tinha antes o nome de democracia, mas as constituições antigas eram oligárquicas e monárquicas; sua população, sendo pequena, não tinha uma classe média muito numerosa, e o povo, em número reduzido e fraco em organização, suportava melhor a condição de submissão.

Explicamos as causas da existência de várias formas de constituição e por que existem outras além daquelas que têm uma designação própria (pois não existe uma forma única de democracia, e o mesmo ocorre relativamente às outras formas de governo), bem como quais são as diferenças entre elas e por que existem essas diferenças. Explicamos também qual é a melhor constituição, falando de um modo geral, e a que povo em particular cada espécie das outras constituições é mais apropriada.

Capítulo XIV

Voltemos agora ao estudo de todos esses governos globalmente e um por um, remontando aos princípios em que se baseiam. Toda Cidade tem três elementos, cabendo ao bom legislador examinar o que é mais conveniente para cada constituição. Quando essas partes forem bem ordenadas, a constituição será bem ordenada, e, conforme diferem umas das outras, as constituições também diferem. A primeira dessas partes concerne à deliberação sobre os assuntos públicos; a segunda, às magistraturas: qual deve ser instituída, qual deve ter sua autoridade específica e como os magistrados devem ser escolhidos; por último, determin-se como deve ser o poder judiciário.

A parte deliberativa é soberana nas matérias de guerra e paz e formação e dissolução de alianças, no tocante às sentenças de morte, exílio, confisco, prestação de contas dos magistrados. Esses poderes devem ser atribuídos a todos os cidadãos, ou todos a alguns deles (por exemplo, a um ou a diferentes magistrados), ou alguns deles a todos os cidadãos ou a um certo número de cidadãos. É característica da democracia que todas as coisas sejam decididas por todos; esse é o tipo de igualdade que o povo deseja. Mas há vários meios de oferecer essa participação a todos os funcionários; eles podem deliberar, não todos juntos, mas em turnos, como na constituição de Têlecles, o milesiano; e há outras constituições em que os magistrados se reúnem para deliberar, mas seus cargos são por tempo determinado, e todo cidadão chega a ter tal cargo, eleito pelas tribos, quando chega o seu turno. Os cidadãos, por outro lado, reúnem-se em assembleias apenas para deliberar matérias da legislação e para ouvir os éditos dos magistrados. Em outra espécie de democracia, os cidadãos formam um corpo único, porém apenas para escolher os altos magistrados, votar leis, deliberar sobre guerra e paz e fazer auditoria nas contas dos magistrados; as outras matérias devem ser tratadas pelos funcionários encarregados delas, os quais são escolhidos por voto ou sorteio entre todos os cidadãos. Outra forma é reunir os cidadãos para escolher os altos magistrados e para auditoria das contas, deliberar a respeito de guerras e alianças, enquanto todas as outras matérias devem ser tratadas por funcionários escolhidos por voto sempre que possível, e essas funções devem ser preenchidas por conhecedores desses assuntos. A quarta forma de democracia é quando todos os cidadãos se reúnem para deliberar a respeito de todas as coisas; os magistrados nada decidem, somente se limitam a fazer as preliminares para as decisões; é esse o modo pelo qual são administradas, hoje em dia, as democracias extremadas. É a forma de democracia, conforme dissemos, que corresponde à oligarquia com características de dinastias e monarquias tirânicas. Todas essas formas são democráticas. Por outro lado, restringir a função de deliberar sobre todas as matérias, atribuindo-a tão somente a algumas pessoas, constitui uma característica oligárquica, mas essa forma, assim como a democrática, tem muitas variações. Quando os membros do corpo deliberativo são escolhidos com base em uma qualificação moderada por bens possuídos, e os cidadãos elegíveis são mais numerosos em razão dessa qualificação moderada, e eles não introduzem alterações proibidas por lei, e qualquer um que preenche os requisitos pode participar do governo, então, exatamente por causa dessa moderação, a oligarquia inclina-se ao governo constitucional. Mas quando apenas cidadãos previamente selecionados por eleição participam das deliberações, e tais cidadãos governam segundo a lei, conforme o exemplo anterior, o governo é puramente oligárquico. Ou quando os membros do corpo deliberativo são eleitos uns pelos outros, quando os filhos sucedem aos pais nas funções e o poder daqueles que as exercem está cima das leis, esse sistema é necessariamente oligárquico. Todavia, quando pessoas particulares decidem sobre a guerra e a paz e fazem auditoria nas contas dos magistrados, mas tudo está sujeito à autoridade dos magistrados e estes são escolhidos pelo voto, esse governo é uma aristocracia. E se algumas questões são decididas pelos magistrados eleitos por votação, e outras por magistrados eleitos por sorteio, o qual é feito diretamente ou a partir de uma lista com uma seleção prévia pelo voto, ou se magistrados escolhidos pelo voto e por sorteio se reúnem em um corpo conjunto, essas práticas são parcialmente características de um governo aristocrático, e parcialmente de um governo constitucional.

Essas são as várias formas de corpos deliberativos, que são correspondentes às várias formas de governo. E o governo de cada Cidade é administrado de acordo com as diferenças mencionadas. No tocante à democracia, em especial aquela que na atualidade é considerada mais digna do nome (referimo-nos àquela forma extremada de democracia na qual o povo é soberano até sobre as leis), seria bom, no interesse das deliberações, adotar para os tribunais o sistema das oligarquias. A oligarquia serve-se de multa para obrigar a que compareçam aos tribunais aqueles cuja presença é julgada necessária. As democracias fazem um pagamento aos pobres que desempenham funções nos tribunais, e deveriam adotar o mesmo método no que tange às assembleias gerais. Essas assembleias deliberam melhor quando o povo e os notáveis deliberarem juntos, e igualmente é bom para quem delibera ser escolhido por sorteio ou por voto por todas as distintas classes; e se os cidadãos saídos do povo excedem em muito a classe política em número, mesmo assim é vantajoso não dar pagamento a todos, e sim apenas a um número igual ao dos notáveis, ou então eliminar o número em excesso por um sorteio. Nas oligarquias é bom que as massas escolham alguns cidadãos entre si ou estabeleçam uma função como a que existe em certos governos constitucionais chamada "pré-conselheiros" ou "guardiões da lei"; e os cidadãos devem submeter à deliberação somente as matérias relatadas previamente por aqueles magistrados, e desse modo o povo participará de alguma forma das deliberações sem que possa atentar nem um pouco contra a constituição. Ou então o povo aprovará, por seu voto, as leis que lhe forem propostas, sem poder introduzir na legislação alguma medida que lhe seja contrária. Pode-se conceder voz a essas massas nos debates, todavia apenas os altos magistrados podem decidir. É exatamente o oposto que ocorre nas Cidades com o governo constitucional, visto que o povo deve ter o poder de vetar uma medida, porém não o poder de votar a sua aprovação, a qual compete aos magistrados. O procedimento nos governos constitucionais é o oposto; a minoria é competente para vetar uma resolução, mas não para votar a sua aprovação, pois esta é sempre da competência da maioria. Estas são nossas conclusões com respeito à parte deliberativa, que é o poder soberano nas Cidades.

Capítulo XV

A seguir, examinaremos a questão da distribuição das magistraturas. Tal questão trata também de muitos assuntos distintos, tantos quantos são as magistraturas: qual deve ser o seu número? Qual deve ser a sua duração? Alguns pretendem que sejam exercidas por seis meses, outros, por um tempo menor, outros, por um ano, e outros por um período ainda maior. Devem ser vitalícias ou exercidas por um longo período? Se devem ser exercidas por um curto espaço apenas, devem as mesmas pessoas voltar a exercer a mesma magistratura várias vezes, ou não devem exercê-la mais de uma vez? E, quanto à designação dos funcionários, quem deve ser escolhido, por quem e como? Devemos, em relação a esses pontos, poder dizer quais sãos as suas possíveis variedades e então passar à determinação das diferentes formas de governo. Mas o que deve ser incluído sob o termo "magistratura"? Essa é uma questão que não é tão fácil responder, porque a comunidade política requer muitos funcionários e, por isso, não é qualquer um que pode ser escolhido por voto ou ser considerado como governante. Em primeiro lugar podemos citar o exemplo dos sacerdotes, os quais tem de ser distinguidos dos cargos públicos. A seguir vêm os mestres de coros e arautos, e também os que são escolhidos por voto para embaixadores. Algumas funções de superintendência são políticas, estendendo-se a todos os cidadãos relativamente a uma determinada esfera de ação, como as funções de um general que superintende os cidadãos quando estes estão servindo como soldados, ou os inspetores de mulheres e crianças. Outras funções dizem respeito à administração doméstica, como os funcionários que são eleitos para pesar os grãos, e outras ainda se referem aos serviços que os ricos entregam para serem executados pelos escravos. Falando em geral, o termo magistratura se aplica aos cargos cujos ocupantes têm a função de deliberar sobre certas matérias e agir como juízes e sobretudo comandar, pois o comando é a principal característica de um magistrado. A questão não tem importância prática, embora tenha um interesse especulativo.

Quais e quantas são as magistraturas necessárias à existência da Cidade? E quais aquelas que, apesar de não necessárias, contribuem para que a Cidade tenha uma boa organização? Esses são pontos importantes, que afetam todas as constituições, especialmente as pequenas Cidades. Nas grandes Cidades é possível e mesmo necessário que todo cargo tenha uma função específica, pois ali os cidadãos são numerosos, o que multiplica o número das funções e, assim, pode ocorrer um período maior no exercício de certas funções pelas mesmas pessoas, e outras serão exercidas apenas uma vez; além disso, cada função é mais bem exercida se a atenção visa somente a um objetivo, em vez de muitos; já nas Cidades pequenas é necessário que muitas funções fiquem em poucas mãos, visto que, em razão da escassez de habitantes, é difícil dispor de muitos cidadãos para o exercício das funções públicas, pois quem sucederá aos que deixam as funções? Algumas Cidades pequenas, às vezes, têm necessidade das mesmas magistraturas e leis das Cidades grandes, porém apresentam uma diferença: nestas últimas isso ocorre apenas depois de longos períodos. Dessa forma, é possível atribuir diversas funções simultaneamente a um único cidadão, contanto que elas não interfiram entre si. Quando a população é pequena, é preciso fazer que as funções se assemelhem às lanças que também servem de archotes. Devemos primeiro estabelecer quantos magistrados são necessários em cada Cidade, e também quantas, embora não sejam necessárias, são vantajosas que a Cidade possua, e então não haverá dificuldade em perceber quais os tipos de magistratura naturalmente adequados à centralização em uma função única. Também devemos saber quais são, de acordo com os locais, as acumulações de funções que devem ser centralizadas; por exemplo, deve o cidadão que é inspetor da ágora manter a ordem aí, mas em outros lugares outra autoridade deve ser responsável pela manutenção da ordem? E as funções devem ser divididas de acordo com as atribuições ou com as pessoas envolvidas? Por exemplo, deve existir uma única autoridade para manter a ordem, ou deve haver uma autoridade diferente para as mulheres e as crianças? E, sob diferentes constituições, devem as magistraturas ser as mesmas ou diferentes? Por exemplo, na democracia, oligarquia, aristocracia, monarquia, as magistraturas são as mesmas quanto ao poder, embora não sejam preenchidas por cidadãos da mesma classe nem classes similares, ou então são diferentes em constituições diferentes (nas aristocracias, os magistrados são escolhidos entre os cidadãos instruídos; nas oligarquias, entre os ricos; nas democracias entre os homens livres)? Existem certas diferenças nas funções, de modo que elas são semelhantes em alguns casos e diferentes em outros? Em algumas Cidades é mais conveniente que as atribuições sejam amplas, e em outras convém mais que sejam em uma esfera menor. Certos cargos são peculiares a certas formas de governo, como, por exemplo, o cargo de pré-conselheiro, o qual não é demo-crático, embora o Conselho o seja, pois tem de haver comissões com a incumbência de preparar medidas para serem submetidas à assembleia, a fim de que esta possa aplicar-se a seus assuntos; se esses funcionários são em número pequeno, a Cidade inclina-se à oligarquia; e como o número de pré-conselheiros deve sempre ser pequeno, este é, portanto, um elemento oligárquico. Mas quando ambas as instituições existem em uma Cidade, os pré-conselheiros têm autoridade sobre o Conselho, pois o Conselho é um elemento democrático, enquanto a pré-comissão é um elemento oligárquico. O poder do Conselho desaparece quando a democracia assume a forma extremada, na qual o próprio povo se reúne para deliberar todas as matérias. É esse o caso quando os membros da assembleia recebem farto pagamento, pois, podendo desfrutar do ócio, eles se reúnem frequentemente e decidem tudo por si próprios. Um magistrado que cuida dos meninos e das mulheres, ou um cargo semelhante, constituem uma aristocracia e não uma democracia, pois como seria possível que os magistrados impedissem as mulheres e os pobres de saírem de casa? Tampouco é uma função oligárquica, pois as mulheres das oligarquias são refinadas demais para serem controladas. E é o suficiente sobre essa matéria. Vamos agora investigar a instituição das magistraturas. As variedades aqui dependem de três fatores fundamentais, cujas combinações devem dar todos os modos possíveis de organização. Primeiro: quem elege os magistrados? Segundo: de onde saem esses escolhidos? Terceiro: como se faz essa nomeação? Isso pode apresentar-se de três modos distintos: a) todos os cidadãos decidem; b) os funcionários escolhidos segundo determinada qualificação (por nascimento, mérito ou alguma razão especial, como em Megara, onde a escolha é feita entre aqueles que retornaram do exílio e lutaram juntos contra a democracia) entre os cidadãos decidem; c) o modo de designação é por voto ou sorteio. Além disso, estes modos podem ser combinados dois a dois, isto é, alguns cidadãos podem fazer indicações para certas funções, mas para outras todos os cidadãos devem indicar; e todos os cidadãos podem ser indicados para certas funções, contudo para outras funções apenas uma determinada classe, e para algumas funções a designação pode ser pelo voto, todavia, por sorteio para outras. Ademais, para cada variação desses fatores haverá quatro modos: 1) todos os cidadãos podem designar magistrados escolhidos entre todos pelo voto; 2) idem, idem, por sorteio, e entre todos por seção (por exemplo, por tribos, povoados e fratrias até que todos os cidadãos tenham passado pelo procedimento; 3) sempre entre todos; 4) em parte de um modo, em parte de outro. E, se alguns são cidadãos que escolhem, eles devem designar os funcionários escolhendo-os entre os demais pelo voto, ou por sorteio, ou entre alguns pelo voto, ou por sorteio, ou em parte de um modo e em parte de outro. Assim, são doze modos, não contando as duas combinações. Dentre esses modos de designação, dois são democráticos: quando todos têm a faculdade de escolher os magistrados entre todos os cidadãos, seja por sorteio, seja por voto, seja por esses dois meios ao mesmo tempo, quando alguns magistrados são designados por sorteio e outros por eleição. Ao contrário, quando não são todos os cidadãos que concorrem para a designação dos magistrados, e estes são escolhidos apenas em parte, por eleição, sorteio ou pelos dois meios ao mesmo tempo, ou quando todos podem ser elegíveis para certas magistraturas, e para outras somente uns poucos cidadãos, pelos dois meios ao mesmo tempo, isto é, sorteio para alguns e eleição para outros, então o modo de designação é característico do governo constitucional. E quando alguns designam entre todos, para algumas magistraturas pelo voto e outras por sorteio ou pelos dois (isto é, algumas magistraturas por sorteio e outras pelo voto), então o modo de designação é oligárquico; é ainda mais oligárquico designar magistrados pelos dois modos. Porém, designar alguns magistrados entre todos e outros magistrados entre os integrantes de determinada classe é constitucional com certa inclinação aristocrática, do mesmo modo que designar alguns pelo voto e outros por sorteio. O procedimento é oligárquico quando certa classe designa magistrados em certa classe pelo voto, do mesmo modo que, quando determinada classe designa em certa classe por sorteio, embora sem recorrer ao mesmo modo, e quando determinada classe designa em certa classe pelos dois modos. Já o procedimento é aristocrático quando determinada classe faz uma pré-seleção entre todos os cidadãos e, então, todos designam entre determinados cidadãos, previamente selecionados. Esses são os diferentes modos de constituir magistrados, segundo diferentes espécies de constituição. Qual modo é conveniente para as diversas Cidades e como devem ser estabelecidos são pontos que ficarão evidentes quando determinarmos a natureza de seus poderes. Por poderes quero dizer que certa magistratura tem poder soberano sobre as rendas da Cidade, e outras magistraturas têm poder soberano sobre a defesa da Cidade, uma vez que a espécie de poder da função de um general, por exemplo, é distinta do poder da função que detém o poder soberano sobre contratos feitos no mercado.

Capítulo XVI

Das três partes do governo, resta falar da parte judiciária, o que faremos agora, seguindo o mesmo método que nos guiou até aqui. A variedade entre os tribunais se deve a três fatores: os cidadãos dos quais são compostos, as matérias que lhes são atribuídas e o seu modo de formação. Quanto ao primeiro dos fatores, os juízes são escolhidos entre todos os cidadãos ou apenas entre uma certa classe? Segundo, quantas espécies de tribunais existem? Terceiro, os juízes são escolhidos por voto ou por sorteio?

Em primeiro lugar, determinemos quantas espécies de tribunais existem. São em número de oito: 1) tribunal de contas, 2) que julga os danos causados à Cidade, 3) que julga as ofensas à constituição, 4) para decidir disputas entre os magistrados e os cidadãos comuns quanto a penas, 5) para decidir quanto a questões relativas a contratos entre particulares, 6) os que julgam os homicídios, que podem ser de vários tipos: a) premeditado, b) involuntário, c) casos nos quais se confessa a culpa, mas é passível de justificação, d) o acusado foge da Cidade e vai a julgamento no regresso (esse tipo é julgado em Atenas no tribunal localizado em Freato. Esses casos ocorrerão poucas vezes, no curso do tempo, mesmo nas grandes Cidades), 7) tribunais para estrangeiros, nos casos entre eles e entre os cidadãos. 8) tribunais para pequenas causas, envolvendo valores de uma dracma a cinco dracma ou um pouco mais, as quais devem ser julgadas, embora não haja necessidade aí de um grande número de jurados.

Não há mais nada a dizer dos tribunais de pequenas causas, dos encarregados das causas de homicídio e dos estrangeiros. Falemos agora dos tribunais de causas políticas, os quais, quando não recebem a atenção necessária, criam divisões e distúrbios nas Cidades.

Todos os cidadãos-juízes, em todas as diferentes causas que distinguimos acima, deverão ser designados por voto ou sorteio, ou parte por sorteio e parte por voto; em alguns casos, alguns juízes serão escolhidos por sorteio e alguns por voto para as mesmas causas.

São então quatro modos de designação se os juízes são escolhidos entre todo o povo, e há igualmente mais quatro modos se os juízes são escolhidos em certa classe; eles podem ser designados por voto e para julgar todas as causas; designados por voto e para julgar todas as causas; ou eleitos em alguns casos por voto e em outros casos por sorteio; ou certos tribunais incumbidos de uma mesma espécie de pleitos serão compostos por alguns juízes eleitos e alguns juízes por sorteio. Como dissemos, esses são os modos correspondentes às causas anteriormente citadas.

Esses modos de designação podem também ser combinados de dois em dois, isto é, alguns juízes para certas causas podem sair da massa dos cidadãos, e para certas causas os juízes podem sair de certas classes, ou então podem sair de ambos os modos, compondo-se os membros de um mesmo tribunal de modo que alguns saiam das massas, outros das classes privilegiadas, seja por sorteio, seja por eleição, ou por ambos os modos simultaneamente.

Essas são, pois, as modalidades com as quais podem ser compostos os tribunais. As quatro primeiras, quando os juízes são escolhidos entre os cidadãos, com jurisdição sobre todas as causas, são democráticas. As quatro últimas, quando os juízes são escolhidos em uma determinada classe, com jurisdição sobre todas as causas, são oligárquicas e, por último, as combinações de modos de designar em que os juízes são escolhidos em parte entre os cidadãos e em parte em uma determinada classe, é apropriada a uma aristocracia e a um governo constitucional.

Livro V

Capítulo I

Os assuntos que nos propusemos a discutir já foram quase todos discutidos. Resta-nos investigar as seguintes questões: quais as causas das revoluções nas Cidades, quantas são e qual a sua natureza; quais modos de destruição se aplicam aos governos particulares, quais as formas que os governos deixam e quais as formas que adotam quando sofrem alterações; e também quais podem ser os modos de preservação a que podem recorrer as Cidades de um modo geral e cada Cidade em particular.

Em primeiro lugar devemos adotar como princípio que muitas das formas de governo foram instituídas por homens que concordavam de modo unânime que justiça é a igualdade proporcional; todavia todos falharam ao tentar estabelecer a igualdade proporcional, como dissemos antes. A democracia, por exemplo, origina-se da noção de que os cidadãos, sendo iguais sob muitos aspectos, seriam iguais em todos os aspectos, e, porque os homens são igualmente livres, eles reclamam a igualdade absoluta. A oligarquia é baseada na noção de que, visto que nasceram desiguais em certos aspectos, seriam desiguais em todos os aspectos; sendo desiguais quando à propriedade, eles supuseram ser desiguais de modo absoluto. Os partidários da democracia, por se suporem iguais, pretendem participar de tudo igualmente, ao passo que os oligarcas, por serem desiguais, querem uma participação maior, visto que essa maior participação estaria em conformidade com sua desigualdade. Todas as formas de governo têm um critério de justiça, porém, vistas de modo absoluto, elas são falhas; e, consequentemente, quando ambas as classes de cidadãos não obtêm na constituição uma participação em conformidade com suas ideias preconcebidas, têm início as revoluções. Aqueles que excedem em virtude deveriam com mais razão se rebelar, pois somente eles têm bons motivos para se considerar absolutamente desiguais, embora sejam os menos inclinados a agir nesse sentido. Há, contudo, cidadãos que, por serem bem-nascidos, pretendem ter direitos desiguais por causa dessa desigualdade, visto que se julgam nobres em decorrência de sua riqueza e virtudes hereditárias. Essas são, então, podemos dizê-lo, as origens e as fontes das revoluções. Elas surgem de dois modos: às vezes visam à constituição, quando seu objetivo é mudar a constituição existente para uma outra forma, como, por exemplo, da democracia para a oligarquia, e da oligarquia para a democracia, ou destas para o governo constitucional ou aristocracia, ou o inverso; e às vezes não visam à constituição existente, e os responsáveis por elas aspiram apenas a ter o poder em suas mãos, mantendo-a como está (por exemplo, uma oligarquia ou uma monarquia). A seguir, pode ser uma questão de grau; uma oligarquia, por exemplo, pode tornar-se pela mudança mais ou menos oligárquica, e uma democracia, mais ou menos democrática; e do mesmo modo com as outras formas de governo, quando o objetivo é torná-la mais branda ou endurecê-la. Ou então a revolução pode ser dirigida contra uma parte somente da constituição, por exemplo o estabelecimento ou a abolição de um determinado cargo, como, segundo dizem, teria ocorrido na Lacedemônia, quando Lisandro tentou abolir a monarquia, e o rei Pausânias, o eforato. Em Epidamus, também, a mudança foi parcial, pois em vez dos chefes das tribos foi fundado um Conselho. Mas hoje mesmo os magistrados são os únicos da classe governante que são compelidos a ir a Helieia quando são votadas as designações para alguma magistratura. O arconte único também era uma instituição oligárquica na constituição de Epidamus. Em toda parte, a desigualdade é a causa das revoluções, mas uma desigualdade na qual não há proporção, por exemplo, uma monarquia vitalícia entre iguais; e sempre é o desejo da igualdade que leva às rebeliões.

Há duas espécies de igualdade, a numérica e a proporcional. Pela primeira quero significar aquela igualdade em número e tamanho; pela segunda, à igualdade proporcional como, por exemplo, três é mais que dois, assim como dois é mais que um, porém proporcionalmente quatro excede dois e dois excede um em proporção igual, visto que dois e um são partes iguais de quatro e de dois (ambos são a metade). Conforme dissemos antes, concorda-se que justiça em abstrato é proporção, mas há desacordo quando se diz que, se eles são iguais sob determinado aspecto, consideram-se iguais em absoluto, enquanto outros pensam que, se são desiguais sob determinado aspecto, consideram-se desiguais em tudo. Daqui surgem as duas principais formas de governo, democracia e oligarquia, pois o bom nascimento e a virtude são raros, mas a riqueza é mais comum. Em que cidade encontraríamos cem pessoas bem-nascidas e virtuosas? Por outro lado, ricos são encontrados em qualquer lugar. Organizar uma cidade absoluta e inteiramente de acordo com os dois tipos de igualdade é perigoso; a prova desse fato é que nenhuma das constituições assim estabelecidas é duradoura. Elas são originariamente baseadas em um erro, e, se uma coisa começa mal, acabará igualmente mal. Desse modo, as duas espécies de igualdade devem ser empregadas: numérica em alguns casos e proporcional em outros.

Todavia, a democracia parece ser mais segura e mais livre de revoluções que a oligarquia, pois nesta ocorre um duplo perigo de desavenças: um entre os membros da oligarquia e outro entre os oligarcas e o povo; mas nas democracias há discórdia apenas entre o povo e os oligarcas, e a que existe entre as demais classes não merece menção. E o governo composto de elementos da classe média também fica mais próximo do povo que o governo oligárquico, e é a forma de governo mais segura entre as espécies de constituição.

Capítulo II

Uma vez que estamos examinando como surgem as dissensões e as revoluções políticas, devemos primeiramente determinar as origens e as causas destas que afetam as constituições em geral. Pode-se dizer que elas são em número de três, e agora definiremos as características de cada uma. Queremos saber 1) qual a disposição de espírito dos que se rebelam; 2) quais os motivos que levaram à revolução; 3) qual o início dos distúrbios políticos e querelas. Já mencionamos a causa principal que leva a essa tendência à revolução, a saber, o desejo de igualdade, quando os homens pensam que são iguais a outros que têm mais que eles; ou o desejo de desigualdade, quando pensam que são superiores e possuem o mesmo que os outros que lhes são inferiores. Pretensões as quais podem ser ou não justas, isso porque os que estão em situação de inferioridade se revoltam a fim de serem iguais, e os que já são iguais se revoltam para serem superiores. Tal é o estado de espírito que dá origem às revoluções. O objetivo que move os homens a se rebelarem são as honrarias e o desejo de alcançar fortuna; ou então, ao contrário, o medo de perder as honrarias e a fortuna, pois há o caso de revoluções nas quais o objetivo é livrar o cidadão e seus amigos da desonra e de perdas. As causas e razões das revoluções, que afetam os homens do modo que descrevemos e os levam a buscar as coisas que mencionamos, podem, de certo modo, ser consideradas em número de sete, mas de outro ponto de vista podem ser em número maior. Já falamos de duas causas, mas estas atuam de modo diferente, pois alguns homens são impelidos uns contra os outros pelo amor às honrarias e ganhos, mas não para obtê-los para si mesmos e sim por verem certos homens (às vezes justamente, outras vezes injustamente) possuindo mais que eles. Outras causas são a insolência, o medo, o domínio, o desprezo, o crescimento desproporcional em alguma parte da Cidade; e causas de outro tipo são as intrigas eleitorais, negligência, parvoíces, diferença de tratamento.

Capítulo III

Percebe-se facilmente a força que a insolência e a ganância têm em criar revoluções, e o modo como atuam. Quando os magistrados são insolentes e gananciosos, os cidadãos se rebelam contra eles e contra a constituição que propicia tal estado de coisas, que dá a eles privilégios à custa dos recursos públicos e dos outros particulares. Também é evidente a influência que as honrarias têm e como podem originar revoluções quando os homens as perdem ou veem outros recebendo-as. A distribuição ou privação de honrarias quando não merecidas são injustas; e é justa quando é concedida de acordo com os méritos. Igualmente a superioridade pode ser causa de revoluções, quando uma ou várias pessoas têm um poder muito grande em relação à Cidade ou o poder do governo; esta é uma circunstância que no geral leva à instituição de uma monarquia ou de uma dinastia oligárquica. Por isso, em alguns lugares, como Atenas e Argos, recorre-se ao ostracismo. Mas é muito melhor adotar medidas desde o início, a fim de evitar que surjam cidadãos com excessiva proeminência, em lugar de propiciar o seu surgimento e depois aplicar um remédio.

Uma outra causa de revoluções é o medo, quando os culpados se rebelam por temor à punição ou, prevendo um atentado, rebelam-se antecipando-se ao inimigo. Foi assim que em Rodes os notáveis conspiraram contra o povo, temendo as ações judiciais que iam ser movidas contra eles. O desprezo é também uma causa de insurreição e revolução; por exemplo, nas oligarquias, quando aqueles que não participam do governo são a maioria, pois eles pensam que são a parte mais forte; ou então nas democracias, quando os ricos demonstram desprezo à desordem e anarquia da Cidade; em Tebas, por exemplo, a má administração levou a democracia à ruína depois da Batalha de Oinofita.[1] Em Megara a queda da democracia foi causada pela desordem e pela anarquia;

[1] Batalha contra Atenas, ocorrida em 456 a.C. (N. do T.)

e o mesmo ocorreu em Siracusa antes da tirania de Gêlon, e em Rodes, depois da insurreição contra Atenas e dos nobres contra o povo.

As revoluções políticas também surgem por causa do crescimento desproporcional de alguma das partes da Cidade. Um corpo é composto de várias partes e cada parte deve crescer proporcionalmente, pois a simetria deve ser preservada; mas, se isso não ocorre, o corpo fica deformado, como o tamanho do pé do animal chega a quatro côvados e a altura do corpo tem apenas dois palmos, e às vezes pode até degenerar no corpo de outro animal, se se alterar não só o seu tamanho mas também a qualidade: assim também é a Cidade, que é composta de muitas partes, e às vezes uma delas cresce imperceptivelmente; por exemplo, o número de pobres na democracia e no governo constitucional. Algumas vezes essa desproporção ocorre por acidente, como em Tarento, quando muitos notáveis foram derrotados e mortos por iapígios depois da guerra com os persas, e o governo constitucional, em consequência, mudou para uma democracia; ou o caso de Argos, onde, após o massacre dos argivos, no sétimo dia do mês, pelo lacedemônio Clômenes, os cidadãos foram constrangidos a aceitar em seu número os periecos, e em Atenas, quando, depois da derrota de sua infantaria no tempo da Guerra do Peloponeso, os notáveis ficaram reduzidos em número, porque os soldados eram recrutados de suas fileiras. O mesmo sucede nas democracias; quando os ricos se tornam mais numerosos ou seus recursos aumentam, os governos mudam para oligarquias ou governo dinástico. As formas de governo também mudam, algumas vezes até sem revolução, como no caso de manobras eleitorais, por exemplo em Heraia,[2] onde atualmente os magistrados são escolhidos por sorteio pelos cidadãos, porque antes o povo costumava eleger os candidatos que cabalavam votos; ou por negligência, quando se permite que pessoas que não são amigas da constituição exerçam as principais magistraturas,

---

[2] Na Arcádia. (N. do T.)

como em Oreus, quando Heracleodoros, depois de ascender à magistratura, mudou a oligarquia para um governo constitucional ou democrático.

As mudanças imperceptíveis também são uma causa de revoluções, quando o povo se mostra negligente relativamente a uma pequena mudança, como na Ambrácia, onde a qualificação por posses foi sendo abrandada gradativamente e, no fim, os cidadãos passaram a ocupar magistraturas sem ter propriedades, pois pareceu aos cidadãos de Ambrácia que uma qualificação pequena era o mesmo que nenhuma.

Outra causa de revolução é a diversidade de raças, enquanto não se consuma a mescla, pois uma Cidade não é formada de uma multidão, tampouco de um dia para outro. Muitas vezes essas mudanças políticas foram consequência de direitos políticos terem sido dados a estrangeiros domiciliados tanto desde muito tempo quanto recém-chegados. Por exemplo, os aqueus juntaram-se aos trezênios na fundação de Síbaris, mas, depois, quando se tornaram muito numerosos, expulsaram tais trezênios, um crime pelo qual caiu uma maldição sobre os sibaritas. Em Túrioi, os sibaritas entraram em conflito com seus companheiros de colonização; julgavam que a terra pertencia a eles, mas acabaram sendo expulsos de lá. Em Bizâncio, os colonos recém-chegados conspiraram para oprimir os cidadãos, mas também foram expulsos. O povo de Antissa, que recebeu exilados de Quios, entrou em combate com eles e os expulsou da sua própria Cidade; os cidadãos de Apolônia, no Ponto Euxino, depois de admitir novos colonos, tiveram de enfrentar uma revolução; os siracusianos, depois da expusão de seus tiranos, admitiram, como cidadãos, estrangeiros e mercenários, e em decorrência disso foram envolvidos em uma revolução; o povo de Anfípolis foi quase todo expulso de Cálcis pelos novos colonos que havia recebido.

Nas oligarquias as massas fazem revoluções por considerar que são injustamente tratados, porque, conforme dissemos antes, eles são iguais mas não têm uma participação igual.

As vezes a posição geográfica da Cidade é a causa de revolução, quando o território não é naturalmente adaptado para a unidade de uma Cidade, como, por exemplo, em Clazomênai, onde o povo de Quítron está sempre em conflito com o povo da ilha; e o mesmo se dá entre os colofônios e os nôtios. Em Atenas, também, os habitantes do Pireu são mais democráticos do que os que vivem na Cidade. Pois, do mesmo modo que na guerra a separação por um riacho, mesmo que seja pequeno, pode romper a falange, assim também, nas Cidades qualquer diferença pode romper a união. A maior incompatibilidade é aquela que existe entre a virtude e o vício; depois aquela entre a riqueza e a pobreza; e por fim os outros elementos antagônicos, em maior ou menor grau, um dos quais é esta que mencionamos, de ordem geográfica.

Capítulo IV

As revoluções, por conseguinte, não são feitas com objetivos insignificantes, embora, às vezes, tenham um início insignificante. Há sempre grandes interesses em jogo nas revoluções, e os interesses menores assumem grande peso quando envolvem governantes, como ocorreu antigamente em Siracusa. Ocorreu ali uma revolução contra o governo em razão de um desentendimento de fundo amoroso entre dois jovens que tinham cargo no governo. Segundo a história, durante a ausência de um da Cidade, o outro conquistou seu amado. Como vingança, o primeiro seduziu a mulher do segundo, convencendo-a a viver com ele. Os outros magistrados se dividiram, um apoiava o primeiro, outro apoiava o segundo, e em breve a Cidade inteira ficou dividida entre os dois lados. Aprendemos com essa história que é bom abafar logo no início as brigas dos altos magistrados e dos poderosos. O mal está na origem — conforme diz o provérbio, um bom começo já é a metade do todo. Assim, mesmo um pequeno erro no início tem uma influência proporcionalmente maior em tudo que se segue. Em geral, quando os notáveis entram em conflito, a Cidade inteira é envolvida, como ocorreu em Hestíaia depois da guerra com a Pérsia: dois irmãos se desentenderam quando à divisão da herança; o mais pobre alegou que o outro não havia declarado a fortuna real do pai, e assim conseguiu fazer que o povo passasse para o seu lado; o outro irmão, que era muito rico, conseguiu o apoio dos mais ricos. Também em Delfos houve uma querela que envolvia um casamento: o noivo, quando foi buscar a noiva, viu em uma ocorrência fortuita um mau presságio, e foi embora sem levar a noiva; os parentes dela, julgando-se insultados, jogaram no fogo alguns objetos sagrados de propriedade do templo; enquanto isso, o noivo realizava um sacrifício no templo; pensando que este havia cometido sacrilégio, os que estavam no templo o mataram. Em Mitilene, também houve uma revolução por causa de uma disputa que envolvia herança, que foi o início de muitos infortúnios, e até da guerra contra os atenienses, na qual Paques tomou a Cidade. Um dos mais ricos cidadãos da Cidade, chamado Timôfanes, deixou duas filhas herdeiras, e outro cidadão, Doxandro, repelido em sua intenção de que os filhos as desposassem, iniciou uma revolução e incitava os atenienses a interferir em seu favor, alegando, para isso, ser próxeno [comandante das tropas de Atenas]. Uma querela similar ocorreu entre os foceus, envolvendo Mnáseas, pai de Mnáson, e Eutícrates, pai de Onômarcos; foi o início da Guerra Sagrada. Uma querela relacionada a casamento foi a causa de mudança no governo em Epidamus: um certo homem deu sua filha em casamento a um outro homem cujo pai aplicou uma penalidade ao pai da noiva, após assumir um cargo no governo; o pai da noiva considerou infame aquele tratamento e passou a conspirar para derrubar o governo com os habitantes que não tinham direitos.

Igualmente podem ocorrer mudanças no governo para a oligarquia e para a democracia quando são concedidas honras e atribuições exageradas a alguma magistratura ou classe da Cidade. Isso ocorreu em Atenas, quando o Conselho do Areópago, que adquirira grande reputação durante a guerra com os persas, pareceu dar força demasiada ao governo. Por outro lado, as forças navais, que eram compostas por gente do povo, consideram-se as responsáveis pela vitória de Salamina, com isso conquistando o predomínio marítimo de Atenas sobre as demais Cidades gregas, e fortaleceram a democracia. Em

Argos, os notáveis, que conquistaram grande reputação com o triunfo na Batalha de Mantínea, contra os lacedemônios, puseram abaixo a democracia. Em Siracusa, o povo, tendo sido a causa do triunfo na guerra contra os atenienses, mudou o governo constitucional para uma democracia. Em Cálcis, o povo, unindo-se aos notáveis, destituiu o tirano Foxos, e assumiu o governo. Na Ambrácia, o povo, de modo semelhante, uniu-se aos conspiradores e expulsou do poder o tirano Periandro, transferindo o poder para si. E, em geral, não se deve esquecer que todos os que tiverem adquirido algum poder na Cidade, cidadãos particulares, magistrados, tribos ou outros segmentos da Cidade, podem causar revoluções, pois ou aqueles que os invejam pela glória se rebelam contra eles, ou eles mesmos, orgulhosos de sua superioridade, não querem continuar no mesmo nível dos demais.

Revoluções também ocorrem quando as partes opostas, por exemplo os ricos e o povo, tornam-se iguais em poder e não existe uma classe média ou esta é muito pequena. Se alguma das duas classes torna-se manifestamente superior, a outra não se atreve a arriscar um confronto com a classe oposta. Por essa razão, aqueles que são eminentes em virtude usualmente não causam revoluções, pois reconhecem que são a minoria. Tais são as origens e as causas de disturbios e revoluções aos quais estão sujeitas todas as formas de governo.

As revoluções são efetuadas de dois modos, pela força e pela fraude. A força pode ser usada no estágio inicial ou depois. A fraude, também, pode ser aplicada de dois modos, visto que os cidadãos podem, no princípio, ser levados de modo enganoso a aquiescer com uma mudança no governo, e depois são forçados a aceitá-la. Por exemplo, os Quatrocentos iludiram o povo, dizendo que o rei dar-lhe-ia recursos para a guerra contra os lacedemônios, e depois de mentir procuraram manter-se no poder; contudo, às vezes, o povo é iludido no princípio e depois é mais uma vez persuadido a consentir que os revoltosos permaneçam no poder. Em geral, pois, as mudanças nas formas de governo são produzidas pelas causas que dissemos acima.

Capítulo V

E agora devemos considerar em separado as revoluções particulares a cada constituição. As revoluções nas democracias são geralmente causadas pela intemperança dos demagogos, os quais, com suas constantes denúncias, obrigam os ricos a unir-se para conspirar, porque o perigo comum aproxima até os piores inimigos, ou quando procuram levar o povo a se rebelar. A verdade desse fato é provada por uma variedade de exemplos. Em Cós, a democracia foi abolida por causa dos excessos dos demagogos, fazendo necessário os notáveis se coligarem contra a democracia. Em Rodes os demagogos não somente tiravam dinheiro dos fundos públicos como também criavam obstáculos ao pagamento de dinheiro devido aos trierarcas, e estes, em consequência das ações movidas contra eles nos júris, foram levados a se coligarem para abolir a democracia. A democracia de Heracleia foi abolida depois da fundação da colônia, por injustiça dos demagogos contra os notáveis, os quais saíram da Cidade, uniram-se, voltaram e aboliram a democracia. O mesmo ocorreu com a democracia de Megara; os demagogos, para aumentar os confiscos, condenaram ao desterro muitos dos notáveis, até que os exilados se tornaram tão numerosos, que voltaram, derrotaram o povo em combate e estabeleceram uma oligarquia. O mesmo se deu em Cime, na época da democracia abolida por Trasímaco, e se observássemos as outras Cidades veríamos que quase sempre as revoluções se passam desse modo. Às vezes os demagogos, para adular o povo, cometem injustiças contra os notáveis, provocando a divisão de suas propriedades ou diminuindo suas rendas por meio de encargos públicos, e às vezes os caluniam a fim de obter o confisco de suas fortunas, o que leva os notáveis a se unir.

Antigamente, quando o demagogo era também um general, o governo mudava para uma tirania. Os tiranos antigos, foram originariamente demagogos. Isso ocorria com mais frequência naqueles tempos que hoje, porque naquela época as armas eram o único modo de se obter o poder e ainda não se dominava a arte da retórica. Atualmente, graças ao progresso da retórica, não são os generais, mas sim os oradores os que comandam o povo, contudo, como eles são ignorantes em matéria militar, raramente se tornam usurpadores. Também os tiranos eram mais comuns antigamente que agora; a razão é que eram dadas magistraturas de elevada importância a certos cidadãos, como, por exemplo, em Mileto o cargo do prítane converteu-se em uma tirania; os prítanes tinham autoridade suprema em muitas matérias importantes. Além disso, como naquele tempo as Cidades não eram grandes, o povo vivia no campo, ocupado com suas tarefas, e os líderes populares, quando possuíam alguma experiência militar, tomavam posse do governo, aproveitando-se da confiança das massas, por causa do ódio que demonstravam contra os ricos. Assim, em Atenas, Pisístrato tornou-se tirano, constituindo uma facção contra os homens da planície, e Teágenes fez a mesma coisa em Megara, dando cabo dos rebanhos dos proprietários, quando passavam pela beira do rio. Também Dioniso obteve a tirania de Siracusa, acusando Dafnaios e os ricos de traição, o que lhe trouxe a confiança do povo. Também ocorrem mudanças de uma forma mais nova de democracia substituindo uma mais antiga. Quando as magistraturas são eletivas (e não baseadas em qualificação por posses), é o povo que elege, e então os que aspiram ao poder se tornam demagogos e levam a situação a tal ponto que a soberania do povo fica acima das leis. Um meio de curar esse mal ou torná-lo mais fraco é fazer que as tribos juntas (e não o povo) escolham os altos magistrados.

Essas são as principais causas de revolução nas democracias.

Capítulo VI

Há duas causas manifestas de revolução nas oligarquias: 1) quando o oligarca oprime o povo, pois nessa situação qualquer um é capaz de tornar-se um paladino do povo, especialmente quando ele próprio é um membro da oligarquia, como Lígdamis, em Naxos, que mais tarde se tornou tirano;

2) mas há também as revoluções que surgem fora da classe governante, as quais podem ter causas diferentes. Às vezes, quando o governo está concentrado nas mãos de muito poucos, a revolução é promovida pelos próprios ricos que estão excluídos, como ocorreu em Massália, Istros, Heracleia e outras Cidades. Aqueles que não participavam do governo começaram a criar distúrbios até conseguir que, em uma primeira fase, os irmãos mais velhos em cada família tivessem acesso às funções de governo, e, depois, que os mais jovens participassem também; em algumas Cidades, um pai e um filho não podiam exercer magistraturas ao mesmo tempo; em outras, isso era proibido ao irmão mais velho e ao mais moço. Em Massália a oligarquia passou a ser mais um governo constitucional, ao passo que em Istros a oligarquia transformou-se em uma democracia, e em Heracleia os participantes foram aumentados para seiscentos. Em Cnidos também houve consideráveis mudanças na oligarquia, sendo os próprios notáveis os responsáveis por tais mudanças: divergiam entre si porque poucos participavam do governo, uma vez que as leis já citadas estabeleciam que um pai e um filho não podiam participar ao mesmo tempo do governo, e que, quando houvesse diversos irmãos, só o mais velho poderia exercer uma magistratura; o povo, então, aproveitou-se da divergência e, escolhendo um paladino entre os notáveis para ser seu líder, atacou e conquistou os oligarcas, os quais estavam divididos, e divisão é uma fonte de fraqueza. A Cidade de Eritrai, igualmente, nos tempos antigos, quando era governada pelos basílidas, os magistrados, embora governassem bem, não eram queridos pelo povo, que, indignado por estar sob o jugo de uns poucos, mudou a forma de governo.

Das causas internas de revoluções nas oligarquias uma é a rivalidade pessoal entre os oligarcas, que, em razão disso, comportam-se como demagogos. Essa espécie de demagogia pode ser de duas espécies: 1) uma espécie pode ocorrer entre os próprios oligarcas; eles podem ter um demagogo entre eles, mesmo que sejam um pequeno número, como, por exemplo, na época dos Trinta, em Atenas, quando a facção de Caricles obteve o poder por meio da adulação, e ocorreu o mesmo na época dos Quatrocentos com a facção dos Frínicos; 2) A outra espécie surge quando os integrantes da oligarquia adulam o povo. Este foi o caso em Larissa, quando os guardiões dos cidadãos adulavam as massas para que os elegessem, e é igualmente o destino de todas as oligarquias nas quais o magistrado é eleito, como em Ábidos e nas Cidades nas quais os componentes dos júris não tomam parte do governo, não pela classe a qual pertencem, mas pelos hoplitas ou pelo povo, enquanto é indicado pelos membros das classes mais ricas ou de confrarias políticas; ou nas Cidades nas quais o poder judiciário não toma parte no governo; nessas Cidades, os membros da oligarquia, bajulando o povo, visando à obtenção de decisões a seu favor, provocam mudanças na constituição, como aconteceu em Heracleia, no Ponto. E igualmente pode haver mudanças quando alguns cidadãos querem reduzir a oligarquia a um número de integrantes ainda menor, visto que aqueles que visam a uma participação igual são constrangidos a pedir ajuda ao povo. Há também revoluções nas oligarquias quando seus membros dissipam os bens, levando uma vida extravagante, pois então o recurso são as inovações, para com isso tornarem-se ou fazerem alguém como tirano, como Hiparco fez com Dioniso em Siracusa, ou como, em Anfípolis, Cleôtimos, introduzindo os colonos de Cálcis, trouxe conflito entre estes e os ricos. Do mesmo modo, em Aegina a pessoa que cuidou da negociação, em decorrência da qual Cares se apoderou da Cidade, tentou mudar a forma de governo. Às vezes, eles tentam diretamente criar uma mudança política; às vezes roubam o tesouro público e então entram em conflito por causa disso, como ocorreu em Apolônia, no Ponto, contra aqueles que resistiam contra seus atos. Mas uma oligarquia na qual existe unidade esta não é facilmente destruída por seus integrantes. Disso temos por exemplo o governo constitucional em Fársalos, pois lá, embora os governantes sejam poucos em número, eles governam uma grande Cidade, porque se entendem bem entre si.

As oligarquias são também destruídas quando é criada uma oligarquia dentro da oligarquia original, isto é, quando o corpo do governo é pequeno e nem todos têm acesso às magistraturas mais importantes; foi o que ocorreu em Élis: o corpo do governo era pequeno e o Conselho dos Anciãos era composto por um número menor ainda de cidadãos, porque estes, que eram noventa apenas, eram eleitos vitaliciamente e ao modo dinástico, de maneira similar aos Anciãos no governo dos lacedemônios. As revoluções nas oligarquias ocorrem tanto em tempos de paz como em tempo de guerra. Em guerra porque, não sendo capazes de confiar no povo, os oligarcas são obrigados a chamar mercenários, e o general em comando frequentemente acaba se tornando um tirano, como é o caso de Tomófanes, em Corinto; ou se o comando é entregue a vários homens, eles se unem em uma oligarquia da espécie dinástica, ou então os oligarcas, temendo esse perigo, dão participação ao povo, para se servirem dele. E nos tempos de paz, por mútua desconfiança, confiam a guarda da Cidade a seus soldados, sob o comando de um general neutro às duas facções, o qual, às vezes, acaba se tornando senhor de ambas. Foi isso o que ocorreu em Larissa, quando do governo dos Aleuadas, chefiado por Simos, e em Ábidos, no tempo de Ifíades e das confrarias políticas. Também surgem revoluções quando uma parte dos componentes da oligarquia passa a se opor à outra, como resultado do confronto de facções por causa de questões judiciais e casamentos, conforme alguns exemplos citados anteriormente; e também em Eretria quando Diágoras aboliu a oligarquia de cavaleiros, porque se sentiu ofendido por causa de um casamento. Uma revolução ocorreu em Heracleia e outra em Tebas por causa de julgamentos em tribunais, relativos a adultérios; em ambos os casos as punições eram justas, mas foram facciosas as sentenças em Heracleia, contra Euetion, e em Tebas, contra Arquias. Seus inimigos incitaram sentimentos facciosos relativamente aos dois, a tal ponto que eles foram presos em vigas na ágora, com coleiras de ferro. Muitas oligarquias foram destruídas por alguns de seus membros por causa de seu excessivo despotismo; por exemplo, a oligarquia de Cnidos e a de Quios.

Também sucedem mudanças acidentais nas constituições, tanto no governo constitucional como nas oligarquias em que a participação no Conselho e nos júris e o exercício de outras funções estão baseados na qualificação por posses. A qualificação pode ter sido fixada de acordo com circunstâncias daquele tempo, de modo a incluir poucas pessoas nos governos oligárquicos e a classe média nos governos constitucionais, mas depois de um tempo de prosperidade, porém, quer por haver paz, quer por outra circunstância feliz, a mesma propriedade passa a ser muito valiosa e todos os cidadãos passam a ter todos os direitos; tais mudanças às vezes ocorrem gradual e insensivelmente, e às vezes rapidamente. Essas são as causas de mudança e revolução nas oligarquias.

Devemos assinalar que, em geral, as democracias e as oligarquias mudam para uma variação da mesma classe com mais frequência que para um gênero oposto, por exemplo, as democracias e oligarquias por leis se fazem arbitrárias e vice-versa.

Capítulo VII

Nas aristocracias as revoluções em alguns casos podem surgir porque apenas um grupo muito reduzido participa das magistraturas; uma causa que vimos que afetava também as oligarquias, pois uma aristocracia é um tipo de oligarquia: é um governo da minoria, embora não pela mesma razão; por isso, as duas são frequentemente confundidas. As revoluções aqui podem ocorrer sobretudo quando a massa do povo é constituída por pessoas de espírito altivo, que se consideram tão bons quanto seus governantes, por exemplo, na Lacedemônia os *partenianos,*[3] que eram filhos dos Iguais, conspiraram contra a Cidade, mas foram descobertos e enviados como colonos para Tarento. Também ocorrem revoluções quando

---

[3] Trata-se dos lacedemônios nascidos no tempo da Guerra de Messênia, fruto da união de jovens soldados lacedemônios que deixavam por algum tempo a frente da batalha, e de moças da Cidade, a fim de impedir que faltassem cidadãos à Cidade. (N. do T.)

grandes homens, aos quais ninguém equivale em mérito, são desonrados por algum ocupante de alto cargo, como o foi Lisandro pelos reis; ou quando um bravo homem é excluído das honrarias da Cidade, como Cinádon, que conspirou contra os lacedemônios no reinado de Agesilaos; ou então quando alguns cidadãos são muito pobres e outros muito ricos (muitas vezes como resultado de guerra), como ocorreu na Lacedemônia no tempo da Guerra da Messênia, conforme é provado pelo poema de Tirtaios intitulado *Eunomía* ["boa ordem"]: ele fala de certos cidadãos que, arruinados pela guerra, passam a reclamar uma redistribuição das terras; ou também surgem revoluções se um grande homem, que pode tornar-se maior ainda, quer governar sozinho, como parece ter feito na Lacedemônia Pausânias, que era general na guerra com os persas, e Hannon, em Cartago.

O que mais, porém, contribui para a ruína dos governos constitucionais e das aristocracias é o desvio da própria constituição e da justiça; a causa da queda é que, no governo constitucional, ele não resulta de uma boa combinação de democracia e oligarquia, e no caso da aristocracia, a ausência da combinação desses dois elementos com a virtude. Essa desunião se mostra principalmente entre a democracia e a oligarquia, que pretendem reunir os governos constitucionais e a maior parte das aristocracias. A fusão absoluta desses três elementos é precisamente o que faz as aristocracias diferentes dos chamados governos constitucionais, e que lhes dá mais ou menos estabilidade, porque se incluem entre as aristocracias todos os governos que se inclinam à oligarquia, e entre os governos constitucionais todos os que se inclinam à democracia. As formas democráticas são as mais sólidas de todas, porque nelas é a maioria que domina, e essa igualdade de que se desfruta mantém a fidelidade à constituição que a produziu, ao passo que os possuidores de grandes riquezas costumam, se a constituição lhes dá uma alta posição, tornar-se insolentes e gananciosos. Em geral, seja qual for o lado para o qual se inclina a forma do governo, as consequências serão as seguintes: dependendo da parte que vier a se tornar mais forte, um governo constitucional inclinar-se-á para a democracia, e uma aristocracia inclinar-se-á para a oligarquia, ou ao contrário, indo a aristocracia para a democracia, pois a classe mais pobre, sentindo-se tratada de modo injusto, força a constituição a ir em sentido contrário, e da mesma maneira o governo constitucional para a oligarquia, porque a única constituição estável é aquela que concede a igualdade proporcional em relação ao mérito e assegura os direitos de todos os cidadãos.

A mudança que acabamos de mencionar efetivamente ocorreu em Turioi. Visto que a qualificação por posse para preencher as magistraturas era muito alta, a constituição foi mudada para haver uma qualificação mais baixa, aumentando o número de magistraturas. Os notáveis, porém, tinham antes adquirido todas as terras, de forma ilegal, visto que o caráter por demais oligárquico do governo os deixava enriquecer do modo que quisessem, e o povo, que havia sido treinado na guerra, em breve se tornou mais forte que a guarda que protegia a Cidade, conseguindo que aqueles que possuíam terras em demasia as abandonassem além de um certo limite.

Além disso, uma vez que todo governo aristocrático se inclina à oligarquia, nela os notáveis tem mais facilidade de fazer imensas fortunas; por exemplo, na Lacedemônia as propriedades estão concentradas nas mãos de poucos, os notáveis podem fazer o que quiserem e formar aliança matrimonial conforme lhes convier. A Cidade de Lócria foi arruinada por uma conexão matrimonial estabelecida por Dioniso; tal coisa jamais teria ocorrido em uma democracia ou em uma aristocracia bem equilibrada.

Conforme dissemos quando falamos de um modo geral acerca de todas as formas de constituição, mesmo ninharias podem causar revoluções, e as aristocracias estão mais sujeitas a mudanças de natureza imperceptível e gradual. Os cidadãos começam por ceder em alguma parte da constituição, em seguida são levados a fazer uma mudança um pouco mais importante, e no fim mudam todo o sistema da Cidade. Em Túrioi sucedeu algo assim: havia uma lei que limitava a cinco anos o cargo de general, e alguns jovens que eram populares entre os soldados da guarda, por causa de seu valor militar, olhavam com desprezo os magistrados, acreditando que os podiam suplantar em seu objetivo, queriam abolir a lei e permitir que seus generais tivessem um comando vitalício, pois sabiam que o povo ficaria satisfeito em votar a favor disso. Os magistrados encarregados dessas matérias, chamados conselheiros, inicialmente se opuseram, mas em seguida se deixaram convencer, supondo que depois esses cidadãos não quereriam mais mudar a constituição. Mas outras mudanças em breve surgiram, e foi em vão que os conselheiros tentaram opor-se; a Cidade passou para as mãos dos revolucionários, os quais estabeleceram uma oligarquia dinástica.

Todas as constituições caem em razão de causas internas ou externas, quando existe uma forma oposta de constituição em Cidades vizinhas, ou distantes, porém poderosas. Disso constituem exemplo os atenienses e os lacedemônios dos tempos antigos: os atenienses aboliam oligarquias em toda parte, e os lacedemônios, as democracias.

Essas são as principais causas de revoluções e dissensões nas Cidades.

Capítulo VIII

Vamos agora considerar, em geral e para cada caso em particular, quais são os meios de preservação das constituições. Em primeiro lugar é evidente que, se conhecermos quais as causas que destroem as constituições, também saberemos quais são as causas que as preservam, pois os contrários produzem contrários e destruição é o oposto da preservação.

Em todos os governos bem constituídos o espírito de obediência à lei deve ser mantido, sobretudo nas pequenas matérias; as pequenas transgressões levam imperceptivelmente à ruína da Cidade, exatamente como a constante ocorrência de pequenos gastos devora uma fortuna. Os gastos passam sem ser percebidos porque não ocorrem no mesmo momento, e enganam o pensamento como no sofisma que diz "se cada parte é pequena, então o todo é pequeno". Isso pode ser verdade em alguns casos, mas em outros não é, pois o todo pode não ser pequeno, embora constituído de partes pequenas.

Primeiramente, pois, os homens devem cuidar-se contra o começo de mudanças; em segundo lugar não devemos confiar nos sofismas inventados com o objetivo de iludir o povo, visto que são refutados pela experiência. Além disso devemos observar que as oligarquias tanto quanto as aristocracias podem terminar, não em virtude de alguma estabilidade inerente a tais formas de governo, mas porque os governantes têm boa conduta tanto com os excluídos das magistraturas quanto com os ocupantes desses cargos, não maltratando os excluídos do governo, protegendo os demais, não sendo injustos relativamente aos ambiciosos em questões que podem trazer humilhação ou ao povo em questão de dinheiro. E também se conduzem bem em relação a si próprios e aos demais, dentro do espírito de igualdade. A igualdade que os homens de espírito democrático procuram para a maioria não é apenas justa mas também útil entre os iguais; assim, se a classe governante é composta de muitas pessoas, é útil que a maioria das instituições que a compõem seja democrática; por exemplo, a restrição da participação nos cargos a seis meses, para que todos aqueles que são iguais entre si possam desempenhá-los por seu turno; e, com efeito, os iguais formam uma espécie de povo; por isso, como já dissemos, os demagogos surgem frequentemente entre eles. Essa breve duração das funções é um meio de prevenir que as oligarquias e as aristocracias mudem para oligarquias de caráter dinástico. É mais difícil para uma pessoa cometer injustiça quando exerce um cargo de curta duração do que quando exerce um cargo de longa duração. É a duração demasiado prolongada no poder que provoca a mudança de oligarquias e democracia em tiranias, pois os aspirantes à tirania são os principais homens no governo, seja os demagogos nas democracias, seja os membros das famílias dominantes nas oligarquias, seja os altos magistrados quando exercem essas funções por muito tempo.

As constituições são preservadas não apenas porque as causas de destruição estão distantes como também quando estão perto, pois o medo faz que os ocupantes das magistraturas se atenham à constituição. Dessa forma, o governante que se preocupa com a preservação da constituição deve inventar meios de inspirar terror e fazer parecer próximo o perigo distante, a fim de que os cidadãos mantenham a constituição em vigilância, como o sentinela à noite. Ele precisa sempre prevenir também as brigas e querelas entre os notáveis com a ajuda de meios legais, e manter afastados os que ainda são estranhos a essas querelas, antes que tomem parte delas pessoalmente. Discernir o início do mal não é próprio de espíritos vulgares, mas do verdadeiro estadista.

Quanto às mudanças produzidas nas oligarquias e nos governos constitucionais pela alteração da qualificação por posses, quando isso surge, não por variação nos níveis de qualificação, mas somente pela abundância do numerário, é bom comparar o valor atual das riquezas com o valor dos anos anteriores, anualmente nas Cidades em que o censo é feito por ano, e nas Cidades maiores a cada três ou cinco anos. Se o valor total for muitas vezes superior ou inferior ao inicial, na época da fixação dos níveis de qualificação instituídos na constituição, deve ser estabelecido por lei que eles sejam reajustados para baixo (se o novo valor diminuiu em relação ao anterior) ou para cima (na mesma proporção que o novo é mais elevado que o anterior). Se não se toma essa precaução nos governos constitucionais logo se estabelece uma oligarquia, e governos oligárquicos logo se transformam em governo de poucas famílias; no caso contrário, o governo constitucional transforma-se em democracia, e a oligarquia em governo constitucional ou democracia. É um princípio comum à democracia, à oligarquia e a todas as formas de governo não permitir uma prosperidade desproporcional a nenhum cidadão, e dar funções menos importantes por longo tempo e mais importantes por um tempo curto, pois os homens facilmente se corrompem e nem todos agem direito em meio à prosperidade; porém, se essa regra não é observada, deve-se pelo menos não tirar de uma vez só tudo o que foi dado, e sim gradualmente. Mas é sobretudo por meio das leis que convém evitar a formação dessa superioridade, seja da que provém dos amigos, seja da que provém do dinheiro; se isso não for possível, deve-se fazer que esses cidadãos demasiadamente proeminentes vão provar sua influência fora da

Cidade. E como são introduzidas inovações nas constituições também em decorrência da vida privada dos indivíduos, deverá ser criada uma magistratura que tenha como incumbência observar os cidadãos cuja vida não esteja em harmonia com o governo, seja ele oligárquico, democrático ou qualquer outro. Pela mesma razão, deve ser cuidadosamente vigiado o crescimento muito grande da prosperidade de alguma parte da Cidade. O remédio apropriado para esse mal é dar sempre a administração dos negócios da Cidade a elementos opostos, por exemplo, o oposto do virtuoso é a maioria, e do rico, o pobre. Um outro meio é combinar ricos e pobres em um só corpo ou aumentar a classe média: essas medidas põem fim nas revoluções que surgem da desigualdade.

Acima de tudo deve-se fazer, por meio das leis, que os magistrados não possam lucrar aproveitando-se de suas funções. Nesse sentido, deve-se tomar especial cuidado nas oligarquias, pois o povo não fica irritado em ser excluído do poder (uma vez que tal exclusão possibilita poder cuidar de seus assuntos) e sim de pensar que os governantes estão apropriando-se do dinheiro público; então, nesse caso, eles reclamarão de duas coisas: da exclusão do exercício das magistraturas e do lucro que poderiam obter, mas não podem. A única forma de tornar possível uma combinação de aristocracia e democracia seria impedir que o exercício das magistraturas permitisse ganhos, pois isso faria que tanto os notáveis quanto o povo pudessem ter seus desejos atendidos.

Com efeito, o princípio democrático é que todos tenham o direito de ocupar as magistraturas, enquanto o princípio aristocrático é que essas magistraturas sejam ocupadas pelos notáveis, o que só ocorrerá quando não for possível ganhar dinheiro aproveitando-se dos cargos, pois os pobres não irão querer ocupar cargos que não lhes propiciem ganhos, e irão preferir tratar de seus negócios, ao passo que os ricos irão dispor-se a ocupar tais cargos porque não precisam aumentar sua fortuna à custa do tesouro público; decorre daí que os pobres prosperarão, uma vez que estão dedicando seu tempo a seus próprios negócios, e que os notáveis não serão governados pela classe inferior. A fim de evitar que o tesouro público seja dilapidado, a transferência de fundos deve ser feita na presença de todos os cidadãos, e cópias das listas desses fundos devem ser depositadas em cada confraria, companhia e tribo. E para que os magistrados sejam íntegros, honrarias deveriam ser dadas por lei aos magistrados com reputação de ser incorruptíveis. Os ricos devem ser poupados nas democracias a fim de evitar não apenas a divisão das propriedades, mas também a das rendas; em algumas Cidades isso é feito de modo imperceptível, o que deve ser evitado. É uma boa coisa evitar que os cidadãos ricos, ainda que eles o peçam, subvencionem aqueles gastos públicos que são muito dispendiosos, mas inúteis, tais como preparar coros para os festivais, organizar corridas com tochas e outros semelhantes. Na oligarquia, por outro lado, o governo precisa cuidar muito bem dos pobres, aos quais é preciso conceder cargos lucrativos; se algum cidadão rico insultar um pobre, o ofensor deve ser punido ainda mais severamente do que se tivesse insultado um da sua própria classe. Providências devem ser tomadas para que a herança não seja transmitida por doação e sim por parentesco, e a mesma pessoa não deve receber mais que uma herança; dessa forma as fortunas tendem a nivelar-se, e os mais pobres a ter o que é necessário para a vida. É também vantajoso na democracia e na oligarquia conceder igualdade ou até precedência em tudo aos que têm uma participação menor no governo (na democracia aos ricos, e nas oligarquias aos pobres), com exceção das magistraturas mais elevadas, as quais devem ser entregues aos membros da classe governante.

Capítulo IX

São três as qualificações requeridas dos cidadãos que vão exercer as magistraturas mais importantes: primeiro de tudo, lealdade à constituição estabelecida; em segundo lugar, a maior capacidade administrativa; e, em terceiro, virtude e justiça apropriada a cada forma de governo, pois se o que é justo não é o mesmo em todos os governos, a qualidade de justiça também deve diferir. Mas aqui, contudo, surge uma outra questão: quando todas essas qualidades não se encontram em uma mesma pessoa, como a escolha deve ser feita? Por exemplo, um bom general é um homem mau e não amigo da constituição, e outro homem é justo e leal, mas não é bom general, como fazer a escolha? Aí dois pontos devem ser considerados: a qualidade mais comum e a mais rara. Na escolha do general, devemos considerar sua habilidade mais que sua virtude, pois poucos têm habilidade militar, mas muitos têm virtudes. Em um cargo de confiança, de guarda do tesouro público, pelo contrário, é a regra oposta que deve ser observada; pois essas funções requerem mais virtudes que as que a maioria dos homens possui, ao passo que o conhecimento necessário todos os homens possuem.

Pode-se perguntar, porém, para que virtude se se tem habilidade política e lealdade, uma vez que essas duas qualidades deveriam bastar para o cumprimento do interesse público. Mas um homem não poderia possuir essas duas qualidades e ser deficiente em autocontrole? Se conhecendo e tendo apreço por seus interesses, eles nem sempre agem em conformidade com eles, não poderiam ser igualmente negligentes no interesse público?

Falando de um modo geral, os dispositivos legais que referimos como adequados aos governos servem todos para conservá-los. Mas o grande princípio de preservação é o que dissemos repetidamente: fazer que a parte dos cidadãos leais à constituição seja mais forte que a desleal. Não se deve esquecer algo que atualmente é esquecido nas formas degeneradas de constituição: o justo meio. Meios considerados populares causam a ruína das democracias; e muitos que são considerados oligárquicos causam a ruína das oligarquias. Aqueles que pensam haver encontrado o princípio único e verdadeiro levam a matéria ao extremo, e não consideram que a desproporção destrói uma Cidade. Um nariz que se afasta da linha reta, tendendo para o aquiliano ou o arrebitado, pode ainda ser agradável aos olhos, mas se ficar demasiadamente longo ou curto toda simetria ficará perdida; e o nariz deixaria de ser nariz se caísse no excesso ou na falta. A mesma lei de proporção ocorre com outras partes do corpo, bem como com os regimes. A oligarquia ou a democracia, embora se distanciando da forma perfeita, podem ser satisfatórias, mas, se houver extremo exagero em seus princípios, a constituição ficará pior e no fim se chegará a tal ponto que não haverá sequer uma constituição. Por conseguinte, o legislador e o estadista não podem deixar de saber quais são as medidas democráticas que preservam e quais são as que causam a ruína de uma democracia, e quais medidas salvam e quais arruínam uma oligarquia. Nenhuma forma de governo pode existir ou continuar a existir sem que pobres e ricos estejam nela incluídos. Se as fortunas se tornarem iguais, a Cidade mudará necessariamente de forma; e, destruindo os ricos ou o povo por meio de leis levadas ao exagero, destrói-se a Cidade.

Comete-se um erro tanto nas oligarquias como nas democracias — os demagogos nas segundas —, quando o povo fica acima das leis, pois eles sempre dividem a cidade em duas em razão de suas querelas contra os ricos, mas deveriam, pelo contrário, fingir que estão falando em nome dos ricos; ao passo que nas oligarquias os oligarcas deveriam fingir que estão falando em nome do povo, e deveriam fazer um juramento oposto aos que fazem hoje (em algumas Cidades eles juram: "e serei inimigo do povo e sempre desejarei todo o mal contra ele"); e deveriam demonstrar sentimentos contrários, declarando em seu juramento: "não serei injusto para com o povo".

Mas, de todas as coisas que dissemos, o que mais contribui para a permanência das constituições é a adaptação da educação às formas de governo, embora esse princípio seja sempre neligenciado. As melhores leis, sancionadas pelo cidadãos, serão completamente inúteis se os cidadãos não forem educados no espírito da constituição, democraticamente se as leis forem democráticas, oligarquicamente se as leis forem oligárquicas, pois, se houver discrepância de um só cidadão, a Cidade será discrepante. Ora, ter sido educado no espírito da constituição não é agir de maneira a adular os oligarcas ou democratas, mas sim agir de forma a permitir que os oligarcas governem de modo oligárquico e os democratas, de modo democrático. Hoje os filhos dos governantes vivem uma vida de fausto nas oligarquias, ao passo que os filhos dos pobres se exercitam e se tornam rijos no trabalho e por isso os últimos estão mais inclinados e capacitados a fazer uma revolução. E nas democracias extremadas ocorre o oposto, pois nelas surge uma falsa ideia de liberdade que é contraditória com os verdadeiros interesses da Cidade, pois dois princípios são característicos da democracia, o governo da maioria e a liberdade, visto que os homens supõem que o justo seja a igualdade, e a igualdade seja a expressão da vontade popular, e liberdade signifique fazer o que se deseja; nessas democracias cada um vive como quer ou, como diz Eurípides, "de acordo com suas fantasias". Mas isso é errado, uma vez que viver de acordo com as regras constitucionais não é escravidão, mas a sua salvação.

Assim, enumeramos em geral as causas de revolução e destruição das Cidades, e os meios de sua preservação e continuidade.

Capítulo X

Temos ainda de falar sobre a monarquia e as causas de sua destruição e de sua preservação. O que já dissemos acerca das formas do governo constitucional aplica-se quase igualmente ao governo monárquico e ao tirânico, pois o governo monárquico assemelha-se à aristocracia, e o governo tirânico é uma composição de oligarquia e democracia em sua mais extrema forma; por isso, esta última forma é a mais nociva aos súditos, visto que é a combinação de duas formas más de governo e reúne os desvios e erros de ambas. Essas duas formas de monarquia são opostas desde o seu ponto de partida. A monarquia é estabelecida pelas classes altas defendendo-se da massa do povo. O rei sai dessas altas classes, eleito em razão da excelência de suas virtudes, por suas ações virtuosas ou por pertencer a alguma família que mostrou muitas virtudes; ao passo que o tirano é escolhido entre o povo para ser o protetor deles contra os notáveis, a fim de evitar que sejam injustiçados. A história mostra que quase todos os tiranos foram demagogos, os quais conseguiram o favor do povo em razão de sua acusação contra os notáveis. Algumas tiranias se formaram desse modo, quando as Cidades já se haviam tornado poderosas. Outras mais antigas tiveram sua origem na ambição de reis que se distanciaram dos costumes antigos, querendo obter um poder mais despótico. Outras tiranias foram estabelecidas por homens escolhidos para exercer as magistraturas mais altas do governo, pois nos tempos antigos era o povo que elegia os funcionários, dava-lhes longos mandatos, tanto aos funcionários civis quanto os religiosos. E ainda outras surgiram nas oligarquias nas quais se elegia um cidadão para exercer sozinho a magistratura suprema. Em todos esses casos, um homem ambicioso não teria dificuldade, se o desejasse, em criar uma tirania, visto que tinha já o poder nas mãos, como reis ou como supremo magistrado. Foi assim que Feidon, em Argos, e outros eram reis originalmente e terminaram por se tornar tiranos; e os tiranos da Jônia e de Fálaris tornaram-se tiranos quando exerciam altas funções. Panaitios em Leontinoi, Cipselos em Corinto, Pisístrato em Atenas, Dioniso em Siracusa, e vários outros que se tornaram tiranos, foram no início demagogos.

Assim, como já dissemos, a monarquia classifica-se ao lado da aristocracia, pois é baseada no mérito, seja individual, seja da família, seja de serviços prestados, ou todas essas circunstâncias unidas à capacidade. Pois todos os que prestaram grandes serviços à Cidade ou à nação alcançaram essa honra; alguns, como Codros, evitando a escravização da Cidade pela guerra; outros, como Ciros, libertando-a, fundando-a ou tornando maior seu território, como, por exemplo, os reis dos lacedemônios, dos macedônios e dos molóssios. O rei tem a missão de zelar para que os ricos não sofram injustiças e proteger o povo contra insulto e opressão, enquanto um tirano, conforme foi dito repetidamente, não respeita o interesse comum, exceto quanto conduz a seus interesses particulares; sua aspiração é ao prazer; a do rei, à honra. Portanto, também em seus desejos eles diferem; o tirano deseja riquezas, o rei, trazer honras. A guarda do rei é composta por cidadãos, a do tirano, por mercenários.

É evidente que a tirania tem todos os erros da democracia e da oligarquia. Tanto na oligarquia como na tirania o fim é a riqueza, pois apenas com esta o tirano pode manter sua guarda e o luxo. A tirania também desconfia do povo e portanto priva-o de usar armas Injuriar o povo, dispersá-lo pela Cidade são procedimentos comuns à oligarquia e à tirania. Da democracia, os procedimentos são os ataques aos notáveis e sua destruição, secreta ou abertamente, mandando-os ao exílio sob pretexto de conspirarem contra a constituição e se oporem à autoridade do tirano. Será de fato das fileiras dos notáveis que sairão os conspiradores, uns para se fazerem donos do poder, outros para escaparem à sujeição. Por isso Períandro aconselhou Trasíbulo a cortar as espigas mais altas, querendo dizer que os cidadãos que se destacam muito devem ser eliminados. Assim, como já dissemos, as causas de revoluções nos governos constitucionais e nas monarquias são praticamente as mesmas. Com efeito, a injustiça, o temor e o desprezo têm sido quase sempre a causa de conspiração contra os reis e os tiranos. A forma mais comum da injustiça é o insulto e outra é o confisco de propriedade.

Os fins a que se propõem os conspiradores, seja de tiranias, seja de monarquias, são os mesmos que os dos conspiradores contra os governos constitucionais, uma vez que os tiranos e os reis têm grandes fortunas e desfrutam de altas honrarias, as quais são objetos de desejo de toda a humanidade. Os ataques são feitos algumas vezes contra a vida daquele que ocupa o poder e algumas vezes contra as suas funções; o sentimento produzido por um insulto leva principalmente ao primeiro caso; embora existam muitos tipos de insulto, todos despertam o mesmo rancor, e quando os homens tornam-se rancorosos atacam sobretudo por vingança, e não por ambição. Por exemplo, o ataque aos pisistrátidas ocorreu porque eles injuriaram a irmã de Harmódio e o insultaram. Harmódio os atacou por causa de sua irmã, e Aristogíton o fez por causa de Harmódio. Também houve uma conspiração contra Períandro, tirano na Ambrácia, porque, quando ele bebia com seu favorito, brincou perguntando-lhe se estava grávido dele. Pausânias matou Filipe porque este permitiu que Atalos e seus amigos insultassem a ele, Pausânias, e Derdas conspirou contra Amintas, o Pequeno, porque este se vangloriava de haver gozado da flor da juventude de Derdas. Euágoras de Chipre foi assassinado pelo eunuco por vingança, pois o filho de Euágoras tomou sua mulher. Muitas conspirações foram originadas por abusos humilhantes cometidos por alguns reis e tiranos contra seus súditos. Por exemplo, o ataque de Crateus contra Arquelau; ele via com horror as relações amorosas que tivera com Arquelau e aproveitou-se do primeiro pretexto para atacá-lo; ou talvez seja porque Arquelau não lhe deu nenhuma de suas filhas em casamento depois de o haver prometido; deu a filha mais velha ao rei de Elimeia, sob a pressão de uma guerra contra Sirras e Arrabaios, e a mais jovem deu ao próprio filho Amintas, imaginando que, assim, seria menos provável que Amintas se desentendesse com o filho dele e de Cleópatra; mas o motivo real do ataque foi o desgosto que Crateus sentia pelas relações que tivera com o rei Arquelau no passado. Helanocrates de Larissa também conspirou contra Arquelau pelo mesmo motivo; este, depois de ter abusado de Helanocrates na juventude deste, prometeu enviá-lo de volta à sua pátria; Helanocrates viu nisso um ultraje e não um impulso amoroso. Píton, também, e Heracleides, de Ainos, assassinaram Cotis para vingar seu pai, e Adamas traiu Cotis como vingança por este o haver mutilado quando ele, Adamas, era criança.

Muitos outros, também, indignaram-se por causa da humilhação de castigos corporais, e vingaram-se do insulto matando ou tentando matar o autor da injúria, mesmo que ele fosse um governante ou membro da família real. Assim, em Mitilene, Mégacles e seus amigos atacaram e mataram os pentilidas, porque estes saíram pelas ruas batendo no povo com seus cajados. Depois, Smérdis matou Pentilos, que o havia tirado de casa e o espancara diante de sua mulher. Na conspiração contra Arquelau, Decamnicos também foi um dos mentores, um dos primeiros a incitar a fúria dos assassinos ao ataque; ele tinha raiva de Arquelau porque este o havia entregado ao poeta Eurípides para que o açoitasse, o qual havia se irritado pela alusão de Decamnicos ao seu mau hálito.

Muitos outros exemplos de assassinatos e conspirações que surgiram de causas similares podem ser citados.

O medo é outro motivo que, como dissemos, tem causado conspirações tanto em monarquias como em formas populares de governo. Assim, Artábano matou Xerxes, em razão de uma ordem que este, em estado de embriaguez, deu a ele em um banquete (que matasse Dario). Artábano não cumpriu a ordem, imaginando que Xerxes se esqueceria de tudo, mas este se lembrou e enfureceu-se, e Artábano, com medo, o matou.

Outra causa de revoluções é o desprezo, como é o caso daquela conspiração que, segundo os mitólogos, teria matado Sardanapalo, quando este estava fiando no meio de um grupo de mulheres; não se sabe se essa história é verídica ou não, mas bem poderia ter acontecido com outra pessoa. Dion atacou o jovem Dioniso porque o desprezava, uma vez que este vivia embriagado e era desprezado também pelos próprios súditos. Mesmo os amigos dos tiranos podem atacá-lo por desprezo; a confiança que o rei deposita neles os leva a desprezá-los e a achar que não serão descobertos. Quando alguém se julga capaz de conquistar o poder, isso também é um tipo de desprezo, e pensando ter o poder em suas mãos, passam a desprezar o perigo, como os generais que atacam os reis e tiranos aos quais servem; por exemplo, Ciro atacou Astiago por desprezar seu modo desprezível de viver e seu débil poder. Igualmente, Seutes da Trácia conspirou contra Amádoco quando era general de suas tropas.

E às vezes os homens são levados a agir por mais de um motivo, como Miltríades, que conspirou contra Aribarzane, em parte por desprezo, em parte por cobiça.

As naturezas corajosas reunidas a uma alta posição militar convertem-se em ousadas, pois a coragem é incentivada pelo poder, e a união dos dois faz pensar que a vitória será muito fácil.

Os que conspiram movidos pelo desejo de glória são de um tipo inteiramente diferente dos que citamos antes. Conspiram contra os tiranos e os reis, não por causa das riquezas e honrarias, mas pela notoriedade, para fazer um grande nome que seja lembrado na posteridade; não são essas as razões que levam o homem ambicioso a enfrentar os perigos da conspiração. Mas homens com tal motivação são raros. Por exemplo, quando Dion marchou contra Dioniso, tinha consigo apenas uns poucos soldados, declarando que fosse o que fosse que conseguisse já era o suficiente: mesmo se ele morresse no primeiro instante da luta, sua morte já seria gloriosa.

A tirania, bem como outros governos, pode ser destruída pelo exterior, caso haja nas vizinhanças alguma Cidade mais poderosa e com governo oposto. Pois o desejo de destruí-la será sentido por um tal vizinho, por causa do contraste de princípios, e, quando uma nação deseja alguma coisa, ela o faz, caso o possa. As formas de governo contrárias à tirania são a democracia, que se opõe a ela como "um oleiro contra um oleiro", como disse Hesíodo, visto que o estágio final da democracia é a tirania; e a monarquia e a aristocracia são opostas à tirania em razão da natureza contrária de sua constituição; é por isso que os lacedemônios suprimiram muitas tiranias, e é também por isso que agiram os siracusianos no tempo em que foram bem governados.

Às vezes as tiranias são destruídas por si mesmas, quando sucede uma divisão entre os adeptos, como a de Gêlon, e mais recentemente a de Dioniso. No caso de Gêlon foi destruída porque Trasíbulo, o irmão de Hieron, bajulou o filho de Gêlon, para levá-lo a excessos a fim de justificar a própria ascensão ao poder. A família de Gêlon e um grupo de adeptos tentaram reunir forças para salvar a tirania, mas os homens do povo, encontrando uma oportunidade, espulsaram todos. No caso de Dioniso, Dion, seu próprio parente, o depôs, conseguindo fazer o povo ficar a seu favor; mas depois Dion foi morto.

São dois os principais motivos que induzem os homens a atacar as tiranias: o ódio e o desprezo. O ódio aos tiranos é inevitável, mas o desprezo é a causa mais frequente de sua destruição. Prova disso é que a maioria dos que estabeleceram tiranias manteve-se no poder até o fim da vida, mas seus herdeiros, na maior parte, foram em breve destituídos. Esses herdeiros, apenas gozando uma vida de luxo, passaram a ser desprezados, oferecendo inúmeras oportunidades aos conspiradores. A cólera, também, ligada ao ódio, produz aproximadamente os mesmos efeitos, porém é mais impetuosa no ataque que este, pois os que estão tomados por ela não seguem o princípio racional. Os homens deixam-se levar pela cólera sobretudo quando são insultados; foi essa a causa da queda da tirania dos pisistrátidas e de muitas outras. O ódio é mais razoável, pois a cólera é acompanhada por sofrimento, o qual é um impedimento à razão, ao passo que o ódio é isento de dor.

Em uma palavra, todas as causas que citamos como destruidoras da oligarquia em sua forma mais pura e extremada, e da democracia em seu último estágio, devem ser consideradas como também destruidoras da tirania, visto que a oligarquia e a democracia extremada são apenas tiranias exercidas por várias pessoas.

A monarquia é menos afetada por causas externas, e por conseguinte é mais duradoura; em geral sua destruição vem de si mesma. Ela é destruída de duas maneiras: quando há discórdia entre os membros da família real, e quando os reis tentam administrar a Cidade de modo tirânico e estender sua autoridade para além das leis. Hoje em dia há poucas Cidades governadas por reis, e se por acaso ainda surgem, são da forma tirânica, pois o governo de reis se faz sobre súditos voluntários, e ele é supremo em todas as matérias importantes; mas em nossos dias os homens em sua maior parte se equivalem; nenhum deles se destaca a ponto de estar à altura da grandeza e dignidade da função real; por isso, os súditos não se submetem de boa vontade, e, se algum homem obtém o poder por força ou por violência, aí seu governo é considerado uma tirania. No caso de monarquia hereditária, devemos igualmente apresentar como causa de sua destruição, além das já citadas, o fato de os reis sucessores tornarem-se com frequência desprezíveis, pois, embora não tenham o poder tirânico e sim a dignidade real, passam a agir de modo desprezível. Em tais casos, a deposição de reis é fácil, visto que, se os súditos não quiserem, não existirão reis, enquanto pode haver um tirano, ainda que seja contra a vontade dos súditos.

A destruição das monarquias ocorre por essas causas e outras semelhantes.

Capítulo XI

As monarquias evidentemente são preservadas, falando em geral, pelas causas opostas às que são destruídas; considerando separadamente, a monarquia é conservada pela limitação de seus poderes. Quanto mais restritas forem as funções dos reis, mais longa será a duração de seu reinado, em sua integridade, pois eles serão mais moderados e não despóticos e, assim, mais parecidos com os súditos, serão menos invejados por estes. Essa é a razão pela qual durou tanto tempo a monarquia dos molóssios, e por uma razão similar ela continuou entre os lacedemônios: as funções foram divididas em duas, e Teopompo introduziu limitações relativas a vários pontos, particularmente pelo estabelecimento do eforato. Diminuindo o poder dos reis ele lhe deu mais duração e, por conseguinte, em certo sentido, ele não a reduziu, mas aumentou. Dizem que ele respondeu à sua mulher, quando esta lhe perguntou se ele não se envergonhava de transmitir aos filhos um poder real menor do que o que havia recebido do pai: "De forma alguma, pois o transmito mais duradouro".

Relativamente às tiranias, elas são preservadas de duas maneiras opostas. Uma delas é o tradicional método com o qual a maior parte dos tiranos administra seu governo. É atribuído a Períandro de Corinto a instituição dos meios tradicionais de proteção da tirania, e muitos meios similares podem ser copiados dos persas na administração de seu governo. São meios que já citamos antes, para a preservação tanto quanto possível da tirania; por exemplo, a ceifa dos homens de espírito, a proibição dos repastos coletivos, das confrarias, reuniões para instrução, etc; deve-se manter sob vigilância tudo o que inspirar ânimo e confiança entre os súditos; deve-se proibir a formação de associações culturais ou destinadas a discussões; e deve-se evitar que as pessoas tenham muito contato umas com as outras, pois o convívio aumenta a confiança mútua. As pessoas da Cidade devem estar sempre à vista, vivendo, por assim dizer, à porta de casa, pois assim haverá mais conhecimento acerca de suas ações, e, sempre sob controle, aprenderão a ser humildes. Em resumo, todos os métodos usados pelos persas e outros bárbaros são convenientes às tiranias, todos têm a mesma finalidade. Um tirano deve também saber tudo o que o povo diz e o que faz; ele deve ter espiões, como as mulheres denominadas delatoras, em Siracusa, e como os "ouvidos apurados" que Hieron tinha por costume enviar onde fossem ocorrer reuniões, pois o medo a esses informantes evita que as pessoas falem com mais franqueza, e, caso o façam, isso propicia que sejam descobertas mais facilmente. Outra coisa que o tirano deve fazer é semear a desavença entre os súditos, provocar a discórdia entre amigos, entre o povo e os notáveis, e entre os ricos. Deve também empobrecer os súditos, pois assim eles não poderão manter uma guarda, e o povo, sobrecarregado com o trabalho, não terá tempo para conspirações. As pirâmides do Egito oferecem um exemplo disso, bem como as oferendas votivas dos cipsélidas, o Olimpieion construído pelos pisistrátidas, e a construção dos monumentos de Samos, por Polícrates: todos esses trabalhos têm a finalidade de ocupar o povo e mantê-lo pobre. Outro expediente dos tiranos é multiplicar impostos, conforme fez Dioniso em Siracusa; em cinco anos ele conseguiu, por meio de imposto, ficar com todas as propriedades dos súditos. O tirano é também um fomentador de guerras, com o objetivo de manter os súditos ocupados e sempre com a necessidade de ter um líder. E, enquanto o poder de um rei é preservado por seus amigos, a característica de um tirano é desconfiar de seus amigos, porque ele sabe que todos os homens querem a sua queda, mas sobretudo os amigos estão em posição de o conseguir.

Os vícios apresentados pela democracia extremada são todos encontrados na tirania: o poder dado às mulheres no lar, a fim de que elas possam prestar informações contra os maridos, a licenciosidade entre os escravos para que denunciem seus senhores, isso porque escravos e mulheres não conspiram contra os tiranos, e, se eles estão bem sob a tirania ou a democracia, apoiam-nas, uma vez que o povo também deseja ser rei. É por isso que o bajulador é igualmente estimado tanto na democracia como na tirania: ao lado do povo está o demagogo, e ao lado do tirano estão os cortesãos que nada mais fazem que bajular o tirano.

Eis por que a tirania gosta dos homens maus: porque os tiranos gostam de ser bajulados, e não existe nenhum coração livre que se preste a isso; os homens bons gostam de seu governante, mas não o adulam. Os homens maus são úteis para as más ações: "um prego empurra o outro", conforme diz o provérbio. É uma característica de um tirano desgostar dos homens que têm altivez ou independência: ele quer ser o único a ter essas qualidades. Ele quer estar sozinho em sua glória, e julga que aquele que demonstra a mesma altivez ou independência viola sua prerrogativa, e odeia homens assim como inimigos de seu poder. Outra marca do tirano é que ele prefere admitir à sua mesa estrangeiros em vez de cidadãos, porque estes últimos são considerados por ele inimigos, enquanto os primeiros não rivalizam com ele.

Essas são as particularidades do tirano e as manobras que lhe preservam o poder. Nada é baixo demais para ele. Essas manobras podem ser classificadas em três espécies, as quais correspondem aos três objetivos da tirania: 1) humilhar os súditos, pois um homem de espírito humilde não conspira contra ninguém; 2) criar a desconfiança entre os súditos, pois a tirania não será posta abaixo enquanto os homens não confiarem uns nos outros. Esta é a razão pela qual os tiranos vivem em guerra com os homens bons, considerando que estes são prejudiciais ao governo, porque eles se recusam a submeter-se ao seu despotismo e também porque são leais uns com os outros e com os demais cidadãos, e igualmente não são delatores; 3) incapacitar os súbitos para a ação, porque ninguém tenta o impossível e, por conseguinte, ninguém tenta depor o tirano se não tiver força. Esses são, pois, os três objetivos perseguidos pelos tiranos; todas as manobras adotadas por eles podem ser classificadas nessas categorias: umas se destinam a impedir a confiança entre os súditos; outras, a torná-los débeis, e outras, a torná-los humildes.

Esse foi o primeiro dos dois métodos para preservar a tirania; o outro método usa processos quase contrários aos usados pelo primeiro. A natureza deste último método pode ser inferida por meio da comparação das causas que destroem os governos monárquicos. A forma de destruir um governo monárquico é torná-lo mais tirânico, e a salvação da tirania é torná-la mais parecida com a monarquia, cuidando, porém, de preservar um atributo, o seu poder, para que o tirano possa governar não apenas com a aprovação dos súditos mas até sem ela. Se o tirano renunciar a esse poder, renunciará à própria tirania. Esse poder deve continuar como um fundamento, e em relação a tudo o mais o tirano deve agir ou dar a impressão de agir como um verdadeiro rei. Em primeiro lugar ele deve fingir que cuida bem dos fundos públicos, não gastando dinheiro em presentes, como aqueles que irritam o povo quando vê o seu dinheiro duramente conseguido ser absorvido por meio de imposto e gasto com amantes, estrangeiros e artistas. O tirano deve prestar contas do que recebeu e do que gastou (uma prática que tem sido adotada por alguns tiranos), pois isso fará que pareça mais um administrador do que um tirano, e assim não precisará temer que lhe faltem recursos enquanto for o senhor da Cidade. Tal política é mais vantajosa para o tirano quando ele está ausente de casa, em expedições militares: mais vale ter já empregado desse modo o dinheiro, que deixar tesouros acumulados atrás de si, pois então aqueles guardiões aos quais foi confiado o tesouro sentir-se-ão tentados a dar um golpe de governo. O tirano em expedição militar devem temer mais os guardiões do tesouro que os cidadãos, porque estes o acompanham, enquanto os guardiões ficam na Cidade. Em segundo lugar, ele deve fazer o povo ver que o tirano recolhe os impostos para fins tão somente administrativos e para formar um fundo no caso de guerra; ele deve agir como um guardião e tesoureiro, não de fundos próprios, mas dos fundos públicos. Ele deve parecer, não severo, mais grave, a fim de inspirar respeito e não temor.

Isso não será uma tarefa fácil se ele não inspirar respeito e, por isso, mesmo que ele negligencie outras virtudes, deve procurar pelo menos ter tato político e dar a impressão de que é hábil na ciência política. Deve também não apenas mostrar que é incapaz de ofender seus súditos, mesmo que seja um menino ou uma menina, como também deve impor a mesma atitude a seus ajudantes; sua mulher deve da mesma forma demonstrar respeito para com as outras, pois a insolência das mulheres já provocou a ruína de muitas tiranias. Com respeito à indulgência ao prazeres, o tirano deve fazer o oposto do que fazem certos tiranos hoje em dia, os quais não somente passam todos os seus dias na depravação como também querem que os outros homens os vejam praticando esses atos, a fim de que o povo os admire como felizes e muito abençoados. Nessas coisas um tirano deve ser moderado, se possível, mas, se não for possível, ele deve evitar de todo modo fazer alarde desses atos, pois é o bêbado e não o sóbrio o que se expõe às críticas e ao desprezo; é o dorminhoco e não o madrugador o que é desprezado. Sua conduta deve ser o contrário do que dissemos antes sobre tiranos, pois ele deve adornar e melhorar a Cidade não como seu tirano, mas como seu guardião. Também, deve particularmente zelar pela observância dos deveres religiosos, pois o povo tem menos medo de sofrer injustiça nas mãos de um homem assim, pensando que seu governante é religioso e reverencia os deuses, e conspiram menos contra ele, pois acreditam que ele tem a proteção dos deuses; mas o tirano deve guardar-se de parecer um tolo supersticioso. E deve conceder honraria aos homens de mérito, de forma que eles pensem que não seriam distinguidos pelos cidadãos se estivessem em um governo livre. Ele deve distribuir pessoalmente essas honrarias, mas as punições devem ser infligidas por autoridades ou pelo tribunal. Esta é uma precaução que deve ser tomada por todos os monarcas: não permitir que um só homem sobressaia, mas, se for possível, exaltar vários ao mesmo tempo, pois eles ficarão atentos uns aos outro. Se, contudo, não for possível evitar, que esse homem que recebe proeminência não seja ousado, pois os ousados são mais inclinados a ter iniciativa. E se alguém deve ser privado de suas prerrogativas, o tirano deve fazê-lo gradualmente, e não de uma vez só. O tirano deve abster-se de todas as formas de ultraje, castigo corporal violento e conduta lasciva em relação aos jovens. Essa precaução deve ser tomada sobretudo com os homens que prezam a honra, pois os que só prezam o dinheiro são ofendidos quando sua propriedade é tocada, enquanto os que prezam a honra e os virtuosos se ofendem quando sua honra é afetada. Portanto, um tirano não deve agir dessa forma com essas pessoas, ou então deve dar um caráter paternal a essas punições, sem que aparentem desprezo, e no seu trato com os jovens deve aparentar afeição e não a insolência do poder, e em geral deve compensar a impressão de desonra com grandes honrarias.

Entre os que atentam contra a vida do tirano, os mais perigosos e que requerem as maiores precauções são os homens dispostos a renunciar à própria vida para poder cumprir seu objetivo. Por conseguinte, o tirano deve ter especial cuidado com as pessoas que julgam que a sua pessoa ou a de seus parentes foram insultadas, visto que quem ataca tomado pela cólera não se preocupa com a própria vida. Como Heracleitos disse, "é difícil lutar contra a cólera, pois um homem comprará a vingança ao preço de sua própria alma".

E como as Cidades consistem de duas classes, a dos pobres e a dos ricos, o tirano deve fazê-las imaginar que devem sua segurança ao seu governante, o qual impede injustiças de uma classe contra a outra, e deve fazer que a classe mais forte, seja ela qual for, fique do seu lado, uma vez que, se estiver assegurado o apoio da classe mais forte às pretensões do tirano, este não terá necessidade de promover uma emancipação de escravos ou desarmar os cidadãos, pois uma das duas classes somada ao seu poder será o bastante para fazê-lo mais forte que aqueles que o atacam.

Todavia, basta desses detalhes; o objetivo do tirano é óbvio: ele não deve surgir aos olhos de seus súditos como um tirano, mas como um administrador e um rei. Não deve apropriar-se de seus bens, mas exercer a função de guardião; deve ser moderado, e não extravagante em seu modo de vida; deve conquistar os notáveis pelo poder de sua amizade, e o povo por meio da adulação. Assim, o seu governo será necessariamente mais nobre e trará mais felicidade, porque governará sobre homens melhores, e não homens oprimidos, homens que não o tomarão como objeto de seu ódio, e que, portanto, ele não precisará temer. Seu poder será também mais duradouro. Seu caráter será virtuoso, ou pelo menos inclinado à virtude, e não será mau, mas apenas meio mau.

Capítulo XII

Assim, as formas menos duradouras de governo são a oligarquia e a tirania. A tirania mais duradoura até o momento foi a de Ortágoras, continuada por seus filhos em Sicíon; sua duração foi de cem anos. A causa dessa duração prolongada foi o tratamento moderado conferido aos seus súditos, e, em grande parte, pela observância das leis; e de muitas maneiras eles ganharam o apoio do povo em consequência dos cuidados que a ele dedicaram. Clístenes, em especial, foi respeitado pelas suas habilidades militares. Se pudermos acreditar nas informações que nos chegam, ele deu uma coroa ao juiz que o condenou em uma causa referente aos jogos; e, como alguns ainda dizem, a estátua de um homem sentado que existe na ágora de Sicíon é uma homenagem a esse mesmo juiz (existe uma história semelhante a respeito de Pisístrato, que, certa feita, teria aceitado uma convocação para ser julgado diante do Areópago).

A segundo tirania mais duradoura foi a dos cipsélidas, em Corinto, que se prolongou por setenta e três anos e seis meses: Cipselos reinou por trinta anos, Periandro ficou no poder por quarenta anos e meio, e Psamético, o filho de Górdias, reinou por mais três anos. As causas de sua longa duração foram semelhantes: Cipselos era um homem muito popular que, durante todo o período de seu reinado, jamais teve uma guarda pessoal; e Periandro, embora fosse um tirano, era também um grande soldado. A terceira em duração foi a tirania dos pisistrátidas, em Atenas, mas essa sofreu interrupções; por duas vezes foi Pisístrato exilado, de modo que ao longo de um período de trinta e três anos ele reinou apenas dezessete; e seus filhos reinaram dezoito – tudo somado foram trinta e cinco anos de governo. Entre as demais tiranias, a de Hieron e Gêlon em Siracusa foi a de maior duração; mesmo essa, todavia, foi breve, não tendo durado mais do que dezoito anos ao todo; pois Gêlon permaneceu tirano por sete anos, e morreu no oitavo ano; Hieron reinou por dez anos, e Trasíbulo foi exilado no décimo primeiro mês. De fato, as tiranias têm sido de curta duração.

Já descrevi quase todas as causas pelas quais os governos constitucionais ou monárquicos são destruídos ou preservados. Na *República* de Platão, Sócrates fala sobre as revoluções, mas não o faz muito bem, pois deixa de mencionar as causas da mudança que costumam afetar a primeira ou mais perfeita forma de governo. Ele apenas afirma que a causa é a impermanência de todas as coisas, o fato de tudo passar por transformações cíclicas; e que a origem dessa mudança consiste naqueles números "dos quais quatro e três, combinados com o cinco, fornecem duas harmonias" (ele quer dizer que o número dessa figura se torna sólido); acredita que em certas épocas a natureza produz homens maus, que não são influenciados pela educação; nesse último caso é possível que não esteja errado, pois é provável que alguns homens não possam ser virtuosos. Mas por que uma tal causa de mudança é peculiar ao tipo de governo considerado ideal por Sócrates, e não seria comum a todos os tipos de governo, e a tudo o mais que venha a ser criado? E será realmente que, apenas pela ação do tempo, apontada por ele como responsável por todas as mudanças, mesmo aquilo que não começa a existir simultaneamente passará por transformações simultâneas? Por exemplo, será que algo criado um dia antes do fechamento de um determinado ciclo passará pela mesma transformação que tudo o que já havia sido criado há mais tempo? Além disso, por que, segundo ele, a forma perfeita de governo transformar-se-ia no governo da Lacedemônia? Pois, frequentemente, os governos se transformam em modelos opostos, e não em modelos semelhantes aos que já possuem. A mesma observação é válida para outros tipos de mudanças;

Sócrates diz que a constituição da Lacedemônia torna-se uma oligarquia, esta, por sua vez, passa a uma democracia, e novamente torna-se uma tirania. Entretanto, mudanças contrárias ocorrem também com muita frequência, pois é mais provável que uma democracia se torne uma oligarquia do que uma monarquia. E mais, ele nunca explica se a tirania é vulnerável ou não às revoluções, e nem, no caso de ela o ser, por que causas e com que consequências. E a razão para omitir-se a esse respeito é que ele de fato não poderia fazê-lo, já que não existem regras que regulem essas mudanças; segundo ele, a tirania deveria ser revertida para a primeira e melhor forma de governo, e, assim, um ciclo estaria completo. Mas na prática uma tirania comumente transforma-se em outra, tal como se deu em Sicíon, onde a tirania de Míron transformou-se na de Clístenes; ou passa para uma oligarquia, como ocorreu com a de Antilêon, em Cálcis; ou ainda torna-se uma democracia, tal como a da família de Gêlon em Siracusa; e, finalmente, há ainda a passagem de tirania para aristocracia, como a de Cartago e a de Carílaos na Lacedemônia.

Muitas vezes uma oligarquia torna-se uma tirania, como a maioria das antigas oligarquias da Sicília; por exemplo, a oligarquia de Leontínoi tornou-se a tirania de Panáitios; a de Gela resultou na tirania de Clêandros, a de Région passou à tirania de Anaxílaos, e o mesmo ocorreu em muitas outras cidades. É um absurdo supor que os governos assumem a forma de oligarquias apenas porque a classe dominante procura ganhar muito dinheiro, e não porque os muito ricos acreditam que uma partilha igualitária de poder com os mais pobres seja injusta. Ademais, em muitas oligarquias existem leis que impedem os governantes de ganhar dinheiro em atividades comerciais. Mas em Cartago, que é uma democracia, tal proibição não existe; todavia, até o presente, não houve revolução por lá. É também um absurdo dizer que em uma oligarquia haja duas cidades, uma em que vivem os ricos e outra em que vivem os pobres. Não teria de ser esse o caso que se dá com a constituição da Lacedemônia ou em qualquer outra cidade em que nem todos sejam igualmente pobres, ou em que os cidadãos não sejam todos homens de bem? Ninguém precisa ser mais pobre do que já era para que uma oligarquia se torne uma democracia, pois basta que os pobres sejam maioria; e a democracia pode tornar-se uma oligarquia, se a classe mais rica, que é mais poderosa que o povo, interessar-se pela política enquanto a maioria não demonstrar interesse por ela. Embora as causas para a mudança sejam muito numerosas, Sócrates menciona apenas uma: o fato de os cidadãos tornarem-se pobres pela dissipação e por terem de pagar altos juros por empréstimos contraídos, já que ele acreditava que todos (ou pelo menos a maioria) eram originalmente ricos. Isso não é verdade; se quando alguns líderes perdem seus bens eles passam a incitar revoluções, ao contrário, quando os cidadãos comuns se arruínam nada de grave acontece; mesmo quando ocorre uma revolução nas oligarquias, as probabilidades de que a Cidade torne-se democrática não é maior do que em qualquer outra forma de governo. Assim, quando os cidadãos são privados das honrarias e são enganados e insultados, promovem revoluções e mudam a forma de governo, embora não tenham consumido todos os seus bens, porque tinham liberdade para fazer o que quisessem (Sócrates acreditava que a causa dessa extravagância era o excesso de liberdade).

Finalmente, ainda que haja muitas formas de oligarquia e democracia, Sócrates fala como se apenas um tipo de revolução existisse para cada uma delas.

Livro VI

Capítulo I

Já consideramos os diversos tipos de órgãos deliberativos e de poder supremo nas cidades, e dos vários tipos de organização dos tribunais e dos cargos públicos, e quais deles são adequados às diferentes formas de governo. Falamos também a respeito da destruição e preservação das constituições, das formas e das causas de seu surgimento.

Há várias espécies de democracia e isso também é uma verdade acerca das outras formas de governo; ora, é importante atribuir a esses tipos de governo os modelos de organização apropriados e vantajosos a cada um, acrescentando ainda quaisquer aspectos que não tenhamos abordado anteriormente. Ademais, devemos examinar as várias combinações possíveis entre eles; pois tais combinações fazem que os sistemas se sobreponham uns aos outros, de tal modo que certas aristocracias possuem um caráter oligárquico, e certos governos constitucionais tendem a ser democráticos.

Quando falo das combinações que ainda precisam ser examinadas, refiro-me às que ainda não foram estudadas por nós; por exemplo: o órgão deliberativo do governo e os altos funcionários podem ser constituídos oligarquicamente, enquanto os tribunais são estruturados aristocraticamente; ou quando os órgãos deliberativos da cidade são oligárquicos, e a escolha dos altos funcionários ocorre de modo aristocrático, ou ainda quando, de qualquer outra maneira, existe um desejo de harmonia na composição de uma cidade.

Já dissemos que formas de democracia são adequadas a determinadas cidades, e que tipos de oligarquia são convenientes a determinados povos, e a que povos cada uma das formas de governo é adequada. Indo além, não devemos nos ater a dizer qual desses governos é o mais conveniente para cada cidade, mas precisamos examinar ainda, brevemente, o modo como essas e outras formas de governo devem ser estabelecidas.

Primeiramente, falemos sobre a democracia, o que automaticamente lançará luz sobre o seu oposto, comumente chamado de oligarquia. Para esse fim, precisamos nos lembrar de todos os elementos e características da democracia, uma vez que é da combinação dessa variedade de elementos que surgem os diferentes governos democráticos. Há muitos tipos diferentes de democracia, e existem duas causas principais para que tais diferenças se estabeleçam. A primeira já foi mencionada — diferenças de população, pois o contingente popular pode ser predominantemente de agricultores, ou de artífices, ou de trabalhadores assalariados, e se os primeiros forem adicionados aos segundos, e os terceiros aos dois anteriores, não apenas a democracia torna-se melhor ou pior, mas a sua própria natureza é alterada. Há ainda uma segunda causa que se deve mencionar: as várias propriedades e características da democracia, quando combinadas em suas variáveis, produzem resultados distintos. Isso porque uma democracia terá maior escassez, outra terá maior abundância, e outra será a soma de todas as características democráticas. Para alguém que pretende estabelecer uma nova forma de democracia ou apenas modificar uma existente, é uma importante vantagem conhecer todas elas. Os fundadores das cidades procuram reunir todos os elementos adequados ao sistema das diversas constituições; mas esse é um erro que cometem, como já observei anteriormente ao falar sobre a destruição e a preservação dos Estados. Examinemos agora os princípios, as características e os objetivos de tais Cidades.

Capítulo II

Um princípio fundamental de uma forma democrática de governo é a liberdade, que, de acordo com a opinião dominante, só pode ser desfrutada nessa forma de governo;

esse é, portanto, conforme se diz, o objetivo supremo de toda democracia. É um dos princípios da liberdade que todos possam revezar-se no governo e, de fato, a justiça democrática é a aplicação de uma igualdade numérica e não de uma igualdade proporcional; consequentemente, a maioria deve ser soberana, e o que quer que a maioria aprove deve ser o resultado justo e final. Afirma-se que todo cidadão deve ser tratado com igualdade, e, portanto, na democracia os pobres possuem mais poder que os ricos, pois há mais pobres que ricos, e a vontade da maioria é soberana. Essa é, portanto, uma característica de liberdade que todos os democratas estabelecem como o princípio de sua constituição. Outra característica é que cada homem deve viver como quer; diz-se que esse é o privilégio do homem livre, uma vez que, por outro lado, não viver como se quer é a marca da vida de um escravo. Essa é a segunda característica da democracia, a partir do que emergiu a pretensão de que os homens deixariam de ser governados por outros homens, se isso for possível, ou, se for impossível, que eles se revezem no governo uns dos outros; e esta é a contribuição do segundo princípio à liberdade baseada na igualdade.

Sendo essa a nossa fundamentação e esses os princípios de que partimos, as características da democracia são as seguintes: a eleição dos magistrados por todos dentre todos; e que todos deveriam governar cada um, e que cada um, a seu turno, deveria governar todos; que a escolha de todos os funcionários, ou de todos menos para os cargos que requerem especialização e experiência, deve ser feita por sorteio; que nenhum critério de qualificação para o exercício de cargos públicos seja baseado em posses, ou que estas sejam exigidas em um nível mínimo; que um homem não possa exercer a mesma função pública mais de uma vez ou com alguma frequência, com exceção de certos cargos militares; que a duração de todas as funções públicas, ou de tantas quantas seja possível, seja breve; que todos os homens devem exercer funções judiciais, ou que os juízes sejam escolhidos entre todos, para todos os assuntos, ou na maioria deles para os assuntos mais importantes — tais como a auditoria das contas, a constituição e contratos privados; que a assembleia deve ser suprema sobre todas as causas ou sobre as causas mais importantes, e que os magistrados não sejam soberanos sobre qualquer causa ou apenas sobre umas poucas. Entre todas as magistraturas, o mais democrático dos conselhos é aquele que funciona em uma Cidade onde não existem recursos suficientes para pagar todos os cidadãos, mas nas localidades em que os membros do Conselho são pagos esse poder é esvaziado; pois, então, o povo traz para si todos os casos, como dissemos na discussão anterior. A outra característica da democracia é o pagamento pelos serviços; membros da assembleia, dos tribunais, magistrados, todos devem ser remunerados quando alguns o forem, ou, quando o pagamento não for extensivo a todos, deve ser feito aos membros dos tribunais e das assembleias soberanas, do Conselho e aos magistrados, ou pelo menos a todos os que são obrigados a refeições coletivas pela natureza de sua função. E onde quer que a oligarquia seja caracterizada por nascimento, riqueza e educação, as qualidades da democracia parecem opor-se a essas: nascimento humilde, pobreza, atividades vulgares. Outra característica é que nenhuma magistratura é vitalícia, e se acaso alguma função vitalícia sobreviveu por obra de antigas mudanças constitucionais, ela deveria ser despida de seu poder, e o funcionário que ocupará tal cargo deve ser escolhido por sorteio e não mais pelo voto.

Isso é o que há em comum em todas as democracias; mas a democracia e o poder do povo em suas formas mais genuínas baseiam-se no princípio reconhecido de justiça democrática, segundo o qual todos têm a mesma importância numérica; esse princípio igualitário implica que os pobres não tenham uma participação maior no governo do que os ricos, e não deveriam ser governantes exclusivos, mas sim que todas as classes deveriam governar igualmente, de acordo com os seus números. É dessa maneira que os homens acreditam que podem assegurar a igualdade e a liberdade em sua Cidade.

Capítulo III

Mas, em vista do que foi exposto, surge a questão: como essa igualdade pode ser obtida? Podemos atribuir a mil homens pobres as mesmas qualificações de posse de quinhentos homens ricos? E podemos dar aos mil o mesmo poder que concederemos aos quinhentos? Ou, se este não é o melhor sistema, deveríamos, ainda retendo a mesma proporção, tomar o mesmo número de cada, dando a eles o controle das eleições e dos tribunais? Qual é a forma constitucional mais justa, de acordo com os fundamentos democráticos: este ou aquele que se baseia apenas na maioria numérica? Os defensores da democracia afirmam que a justiça é aquela com a qual a maioria concorda, mas os oligarcas pensam que a justiça é determinada pelas escolhas das classes mais abastadas; segundo eles, a decisão deveria caber aos que possuem maior quantidade de bens. Existe, em ambos os casos, algum tipo de desigualdade e de injustiça. Se a justiça resulta da vontade de uns poucos, qualquer pessoa que possua mais riquezas do que a soma das riquezas de todos os outros ricos da cidade deverá, segundo o princípio oligárquico, ser o detentor exclusivo de todo o poder — mas isso seria uma tirania. Ou se a justiça se basear apenas na vontade da maioria, do modo como descrevemos antes, essa maioria, com certeza confiscará, injustamente, as propriedades da minoria rica. Para encontrar um princípio de igualdade com o qual ambas as classes estejam de acordo, precisamos inquirir sobre os seus respectivos conceitos de justiça.

Alguns dizem que aquilo que for decidido pela maioria dos cidadãos deve ser aceito como lei. Aceitemos então esse princípio, mas não sem alguma restrição. Uma vez que a Cidade é formada por duas classes — a dos pobres e a dos ricos — uma decisão só será considerada soberana quando ambas as classes estiverem de acordo com ela; e, se não houver acordo entre as classes, que seja mantido o que resultar da escolha da maioria de cada uma, e por aqueles de maior qualificação de cada uma. Por exemplo, suponhamos que haja dez ricos e vinte pobres, e alguma medida seja aprovada por seis dos ricos e desaprovada por quinze dos pobres, e os outros quatro ricos se unam aos quinze pobres, enquanto os outros cinco pobres se alinhem àqueles seis ricos; nesse caso, a vontade daqueles cujas qualificações são maiores, visto que ambas as classes estarão unidas, deve prevalecer. Se o empate prosseguir, então estamos diante da maior das dificuldades, a que se dá quando as assembleias ou os tribunais encontram-se divididos, e é necessário recorrer a um sorteio ou a algum expediente similar. Contudo, embora possa ser teoricamente difícil alcançar consenso sobre o que é justo e igualitário em uma circunstância como essa, muito mais difícil ainda será induzir concretamente aqueles que têm poder a se absterem de fazer dele um uso abusivo, pois os mais fracos estão clamando pela igualdade e pela justiça, mas os mais fortes não se importam com nenhum desses valores.

Capítulo IV

Dos quatro tipos de democracia citados na discussão anterior, a melhor é aquela que apresentamos em primeiro lugar; é também a mais antiga de todas. Mas essa classificação a que nos referimos é estabelecida de acordo com a classificação do povo que a constitui. O melhor povo é o constituído de agricultores; não existem dificuldades para se formar uma democracia em regiões em que a população vive da agricultura ou da pecuária. Como são pobres, não podem reunir-se com frequência em assembleias, e porque têm de trabalhar sempre para atender às necessidades da vida, estão sempre ocupados, e também não acham tempo para cobiçar a propriedade alheia. Na verdade, julgam que seu trabalho lhes dá mais satisfação do que os cuidados com o governo ou o exercício de funções públicas, já que esses cargos não podem ser de grande proveito para eles, e a maioria é muito mais desejosa de ganhos financeiros do que de honrarias. Uma prova disso é que mesmo as antigas tiranias são pacientemente toleradas por eles, do mesmo modo que suportam ainda as oligarquias, desde que o governo permita que trabalhem e que não sejam destituídos de suas propriedades; pois assim alguns deles enriquecem rapidamente e os outros conseguem remediar a sua situação. Além disso, eles possuem o poder de eleger os magistrados e de fiscalizar suas contas; suas ambições, caso possuam alguma, são desse modo satisfeitas; e em algumas democracias, embora nem todos participem da escolha dos altos funcionários, esses são escolhidos por intermédio de representantes alternadamente eleitos pelo povo, como se dá em Mantinea; mas se se tem o poder de deliberar, ainda que indiretamente, a maioria sente-se satisfeita. Mesmo essa forma de governo pode ser considerada uma democracia, tal como ocorria em Mantinea. Por essa razão é conveniente que, nos tipos supracitados de democracia, todos participem da escolha dos altos magistrados e lhes exijam a apresentação de contas, sentem-se nos tribunais, mas que os principais cargos sejam preenchidos por eleição, e por homens devidamente qualificados; para os cargos mais elevados, cidadãos com maior qualificação material, ou, nos casos em que as funções públicas não requeiram qualificação de bens, aqueles que são mais qualificados deverão ocupá-los. Sob essa forma de governo os cidadãos estarão certos de que são bem governados (pois as funções serão sempre ocupadas pelos melhores homens; o povo se sentirá impelido o suficiente a elegê-los e não sentirá ciúmes dos que são bons). Os bons e os notáveis sentir-se-ão satisfeitos, pois não serão governados por homens que eles acreditam serem inferiores a eles, e os eleitos para as funções públicas governarão com justiça, pois um outro grupo de cidadãos cobrará deles os resultados pelas suas ações. Os cidadãos deveriam ser responsáveis uns pelos outros, e a ninguém deveria ser facultado fazer apenas aquilo que lhe aprouver, pois onde a liberdade absoluta é facultada nada há que imponha limites à maldade que é inerente ao ser humano. É o princípio da responsabilidade que garante a prática do bem maior nas Cidades; as pessoas mais capazes governam e são devidamente fiscalizadas pelo povo para que não cometam abusos e, assim, o povo recebe o que lhe é devido. Obviamente, esse é o melhor tipo de democracia, porque o povo pertence a uma mesma classe. Algumas das antigas leis da maioria das Cidades tinham como objetivo levar o povo a constituir uma comunidade agrícola. Elas estabeleciam que ninguém deveria possuir mais do que uma determinada extensão de terra, ou que as terras não poderiam ultrapassar uma certa distância da cidade ou da acrópole. Antigamente, havia em muitas cidades uma lei que proibia aos cidadãos a venda de seu lote original de terra. Existe uma lei semelhante, atribuída a Ôxilos, segundo a qual há uma parcela das terras de cada homem que não pode ser hipotecada. Uma correção adequada do mal a que me refiro viria com a lei dos anfiteus, que, embora sejam muito numerosos e possuam muitas terras, são todos agricultores. Suas propriedades são registradas pelo censo, não pela sua extensão total, mas divididas em porções tão pequenas que até mesmo os pobres possuem mais do que a extensão mínima requerida.

A segunda melhor democracia, depois do povo agrícola e em muitos aspectos semelhante a essa, é a que se organiza em meio aos pastores que vivem de seus rebanhos; são os mais bem treinados para a guerra, têm corpo robusto e são capazes de viver ao ar livre. As populações que constituem outros tipos de democracia são muito inferiores a estas, em decorrência da inferioridade de seu estilo de vida; não há espaço para a excelência moral em suas ocupações, sejam eles artífices, comerciantes ou trabalhadores assalariados. Além do mais, as pessoas dessas classes, por sua constante movimentação na cidade e nas adjacências da ágora, podem reunir-se facilmente na assembleia, enquanto os agricultores encontram-se espalhados pelo campo e têm maior dificuldade para se encontrar, e nem têm o mesmo desejo de se reunir. Nos locais em que as terras cultivadas se estendem a uma certa distância da cidade, não há dificuldade em se estabelecer excelente democracia ou governo constitucional, pois a população é compelida a se estabelecer no campo, e mesmo que haja uma parte urbana da população, a assembleia termina por não se reunir sempre que a maioria esparsa pelo tempo tem dificuldade para comparecer às reuniões. Explicamos, assim, de que maneira a primeira e melhor forma de democracia deveria ser constituída; é evidente que nas formas inferiores haverá uma degeneração em uma sequência regular, e a parte da população evoluída do governo será sempre a pior em cada estágio.

A última espécie de democracia, aquela em que todos os cidadãos participam igualmente do governo, não pode ser suportada por todas as Cidades, e não durará por muito tempo, a menos que seja bem regulada por leis e por costumes. As causas mais comuns que tendem a destruir este ou outros tipos de governo já foram examinadas abundantemente. A fim de constituir uma tal democracia e de tornar seu povo mais poderoso, os líderes procuram incluir tantos cidadãos quantos seja possível, sejam eles de origem legítima ou não, ainda que apenas um de seus pais (o pai ou a mãe) seja um cidadão, pois todos esses elementos se coadunam com uma democracia desse tipo. Esse é o procedimento dos demagogos. Todavia não é correto assimilar um número tão grande de cidadãos ilegítimos que a comunidade venha a ultrapassar em demasia a soma dos notáveis com a classe média — esse limite não deve ser ultrapassado. Quando esse número é excessivo, a Cidade se desorganiza, e os notáveis tornam--se irritados e impacientes com a democracia, tal como se deu na insurreição de Cirene: os pequenos males não são observados, mas quando eles aumentam saltam à vista. Medidas como aquelas que Clístenes fez passar quando desejava aumentar o poder da democracia em Atenas, ou como as que foram tomadas pelos fundadores do governo popular de Cirene, são úteis para uma forma extremada de democracia. Novas tribos e confrarias deveriam ser estabelecidas; os ritos particulares das famílias devem ser restritos e convertidos em ritos públicos; em resumo, todos os artifícios devem ser postos em prática a fim de misturar os cidadãos, libertando-os de antigos laços associativos. Outra vez cumpre lembrar que todas as medidas tomadas por tiranos parecem ser democráticas; como, por exemplo, as liberdades concedidas aos escravos (as quais podem ser até certo limite vantajosas) e também aquelas liberdades dadas às mulheres e às crianças, e a permissão para que todos vivam como quiserem. Um tal governo teria muitos apoiadores, pois a maioria das pessoas prefere a vida desregrada à vida moderada.

Capítulo V

O estabelecimento de uma democracia não é o único nem o principal trabalho de um legislador ou daqueles que desejam instituir um governo desse tipo, pois qualquer governo, por pior que tenha sido constituído, pode durar um, dois ou três dias; um desafio muito maior do que criar um determinado governo é preservá-lo. O legislador deveria, portanto, empenhar-se em construir um fundamento sólido, de acordo com os princípios que já foram apresentados no que se refere à preservação e a destruição dos governos; ele deveria aprender a defender-se dos elementos destrutivos e criar leis, sejam elas escritas ou não, que contenham todos os fatores de preservação dos governos. Ele não deve pensar que as verdadeiras medidas democráticas ou oligárquicas serão aquelas que mais promoverão a democracia ou a oligarquia, mas aquelas que farão que os governos sejam mais duradouros. Os demagogos de nossos dias, com o fim de agradar ao povo, recorrem frequentemente aos tribunais para o confisco de bens. Mas aqueles que desejam o bem da Cidade deveriam coibir esses abusos e lutar pela criação de leis segundo as quais as propriedades dos condenados de acordo com a lei não devem ser distribuídas publicamente, mas integradas ao tesouro da Cidade e consideradas sagradas. Assim, os infratores continuarão a se sentir ameaçados (pois serão igualmente punidos), e a população, não tendo nada a ganhar, não se sentirá tão ávida pela condenação do acusado. Deve-se cuidar também para que os julgamentos sejam em número mínimo, e penas severas devem recair sobre aqueles que levantarem acusações sem fundamento; pois é comum que os notáveis sejam indiciados, muito mais do que os membros do partido popular, ainda que todos os cidadãos estejam sujeitos à mesma constituição e jamais devessem considerar seus governantes como inimigos.

Na última e pior forma de democracia os cidadãos são tão numerosos que dificilmente podem ser reunidos em assembleia, a menos que sejam pagos para isso, e pagá-los, quando não há rendas disponíveis na Cidade, torna-se uma imensa pressão exercida sobre os notáveis (pois o dinheiro precisa ser obtido pela tributação de propriedades, confiscos e corrupção nos tribunais, coisas que já derrubaram muitas democracias). Os governos que possuem rendas reduzidas deveriam realizar poucas assembleias, e os tribunais deveriam ser constituídos por um grande número de cidadãos que só trabalhariam uns poucos dias cada um. Esse sistema tem duas vantagens: a primeira é que os ricos não temem as despesas do sistema judiciário, mesmo quando eles próprios, diferentemente dos pobres, deixam de ser remunerados. Além disso, os tribunais ganham em eficiência no julgamento das causas, pois contam com a presença de homens ricos que não gostam de se ausentar por longos períodos de seus afazeres, mas não se importam de passar alguns dias prestando serviços nos tribunais. Nas Cidades em que há rendas não se deve permitir aos demagogos que distribuam os recursos entre o povo. Os pobres estão sempre recebendo e sempre querendo ganhar mais e mais; conceder esse tipo de auxílio equivale a encher de água um balde furado. O verdadeiro amigo do povo deve garantir que ele não seja pobre em demasia, pois a pobreza extrema é a causa da fragilidade da democracia; assim, deve-se tomar medidas que promovam uma prosperidade duradoura; e como esse é um interesse comum a todas as classes, os resultados das rendas públicas deveriam ser acumulados e distribuídos entre os pobres, se possível, em quantias tais que possibilitem a eles a compra de pequenas glebas, ou pelo menos para permitir que comecem um empreendimento comercial ou agrícola. E se esse gesto magnânimo não puder ser estendido a todos, o dinheiro que sobrar deve ser pelo menos distribuído alternadamente para as diversas tribos ou segundo um outro tipo de divisão; enquanto os ricos devem pagar uma taxa pela presença dos pobres nas assembleias, sendo, em troca, dispensados dos serviços públicos de pouca utilidade. Administrando a Cidade dentro desse espírito, os cartagineses ganharam a estima do povo; uma de suas políticas consiste em enviar, de tempos em tempos, parte da população para as cidades que estão sob os seus domínios, propiciando seu enriquecimento. Também é um gesto digno dos cidadãos que são notavelmente generosos e sensíveis, fazer a concessão de empregos aos pobres, bem como das condições necessárias à execução do trabalho. O exemplo do povo de Tarento é igualmente digno de imitação, pois, ao compartilhar o uso de suas propriedades com os pobres, os notáveis conquistam a sua boa vontade. Além disso, os tarentinos dividem todas as funções públicas em duas classes, e os ocupantes de uma são escolhidos pelo voto e os de outra por sorteio; enquanto o sorteio permite a participação de todos, o voto garante à Cidade uma boa administração. Um resultado semelhante pode ser obtido pelo desdobramento de uma função em duas, tendo como consequência duas classes de magistrados, uma escolhida por sorteio e outra pelo voto.

Já falamos o suficiente sobre as maneiras pelas quais a democracia pode ser constituída.

Capítulo VI

À luz dessas considerações não haverá dificuldade para compreender a constituição das oligarquias. Basta raciocinar por oposição, comparando cada forma de oligarquia com a forma oposta correspondente de democracia.

O primeiro e melhor modelo de oligarquia é aquele que se aproxima de um governo constitucional. Aqui deveríamos encontrar dois padrões de qualificação; um padrão elevado e outro inferior — a qualificação inferior aplica-se às funções públicas mais humildes, contudo indispensáveis, enquanto a qualificação mais elevada refere-se às funções superiores. Aquele que adquire a qualificação prescrita deve receber os direitos à cidadania. O número das pessoas admitidas deve ser suficiente para que o grupo governante em sua totalidade seja mais forte do que o grupo daqueles que estão excluídos, e o cidadão novo deve provir invariavelmente das melhores camadas do povo. Este mesmo princípio, um pouco restringido, resulta em um outro tipo de oligarquia; com o tempo desenvolve-se a mais rara e tirânica das oligarquias, a que se opõe à democracia extrema, e que, sendo a pior, requer um esforço de vigilância proporcional à sua má natureza, pois assim como os corpos humanos saudáveis e os navios bem preparados, com bons marinheiros, podem sofrer muitos reveses sem serem destruídos (ao passo que corpos doentes e navios feitos com madeira de má qualidade e apodrecida são arruinados pelo menor dos contratempos), assim também as piores formas de governo requerem os maiores cuidados. As democracias são, geralmente, preservadas pela grande quantidade de cidadãos que as compõe (pois, nesse caso, a grandeza numérica substitui a justiça que se baseia na proporção); ao passo que a manutenção das oligarquias claramente depende de um princípio oposto, isto é, da ordem.

Capítulo VII

Assim como são quatro as divisões do povo segundo sua classe de trabalho (agricultores, artífices, pequenos negociantes, trabalhadores assalariados), quatro são também as classes militares (a cavalaria, a infantaria pesada, a infantaria leve e a marinha). Quando a região é favorável à criação de cavalos, o estabelecimento de uma oligarquia forte é mais provável, pois a segurança dos cidadãos depende de uma força desse tipo, e somente os ricos têm condições de criar cavalos. O segundo tipo de oligarquia prevalece quando a região é mais adequada à montagem de uma infantaria pesada, pois esse serviço se coaduna mais com os ricos do que com os pobres. Mas a infantaria leve e a marinha são elementos totalmente característicos da democracia; e, hoje em dia, nas regiões em que há um numeroso contingente dessas categorias, se houver um embate entre as duas facções, a oligarquia é quase sempre derrotada. Uma solução para esse estado de coisas pode ser encontrada na prática de generais que combinam um contingente adequado de infantaria leve com cavalaria e infantaria pesada. E essa é a forma de os pobres levarem vantagem no embate com os ricos em lutas civis; com uma infantaria leve, eles lutam com vantagem contra a cavalaria e a infantaria pesada. Uma oligarquia que faça surgir esse tipo de força no seio de suas camadas mais pobres cria um poder que se oporá a ela mesma. Portanto, uma vez que a idade dos cidadãos varia, alguns são mais velhos e outros mais jovens, os pais deveriam ensinar aos filhos, enquanto estes são ainda jovens, os movimentos ágeis da infantaria leve; assim, quando eles vencerem a etapa do treinamento juvenil para a guerra, estarão prontos para integrar as forças da infantaria leve. A oligarquia precisa também ser capaz de reservar uma parcela de participação no governo para o povo, como já dissemos anteriormente, para aqueles que possuem uma qualificação em termos de propriedades, ou, como no caso de Tebas, para aqueles que se abstenham por um determinado tempo de ocupações aviltantes, ou, como em Massalia, aos homens de mérito, selecionados por seu valor, sejam ou não cidadãos. As magistraturas mais elevadas, que deveriam estar sob a supervisão dos governantes, deveriam estar associadas a pesados encargos cívicos, de tal modo que o povo não desejará ocupá-las nem se ressentirá com os privilégios de seus governantes quando perceberem que eles pagam um preço alto por suas honrarias. É apropriado também que os magistrados, ao assumirem suas funções, ofereçam sacrifícios magníficos ou erijam algum edifício público, de modo que o povo, ao participar das festividades, veja a cidade decorada por oferendas votivas e não deseje a mudança do governo, enquanto os notáveis terão os memoriais de sua generosidade. Todavia esse não é o procedimento das modernas oligarquias, tão cobiçosas por vantagens financeiras quanto de honra; essas oligarquias chegam a ser classificadas como pequenas democracias.

Já dissemos o bastante a respeito da maneira em que as democracias e as oligarquias deveriam ser organizadas.

Capítulo VIII

Em seguida, trataremos da correta distribuição de funções do governo, de seu número, sua natureza, seus deveres, sobre o que já tivemos a oportunidade de falar. Nenhuma Cidade pode existir sem que determinadas funções sejam exercidas, e nenhum governo pode ser bem administrado sem o bom funcionamento das funções que preservam a harmonia e a ordem. Em pequenas Cidades, como já dissemos, não deve haver funções em excesso, mas em Cidades maiores o número de funções deve ser grande, e devemos considerar com cuidado quais as espécies de funções que seria desejável combinar, e quais aquelas que devem permanecer separadas.

A primeira entre as funções necessárias é a superintendência do mercado; um magistrado deve ser escolhido para fiscalizar os contratos e manter a ordem na esfera dos negócios, pois é inevitável que haja, em toda Cidade, vendedores e compradores que suprirão as necessidades uns dos outros; esse é o modo mais expedito de fazer que uma Cidade seja autossuficiente e preencha a razão pela qual os homens se reúnem em uma sociedade política. Uma segunda função de tipo semelhante responde pela supervisão dos edifícios públicos e privados, a manutenção e a restauração das moradias e das estradas, o tratamento preventivo das disputas de limites territoriais e outras preocupações dessa natureza. Essa função é comumente conhecida como inspetoria da Cidade, uma divisão que pode ter vários órgãos, os quais, nas Cidades mais populosas, são de responsabilidade de diferentes pessoas, uma delas, por exemplo, que se ocupa das muralhas, outra das fontes, uma terceira dos portos. Existe uma outra função igualmente necessária, e semelhante às já citadas, pois se ocupa dos mesmos assuntos, contudo sua jurisdição fica além das muralhas da Cidade, nos campos. Os magistrados responsáveis por essa função são chamados administradores da terra, e em alguns lugares são chamados inspetores das florestas. Além dessas três, há uma quarta função que é a dos coletores de impostos, que têm sob a sua supervisão as rendas que são distribuídas entre os diversos órgãos; esses são chamados de recebedores de impostos e tesoureiros. Outra função é aquela que registra todos os contratos particulares, as decisões dos tribunais, todos os pedidos de instauração de processos públicos e também as solicitações dos processos. Em algumas Cidades, essa função é desmembrada em várias, em outras há apenas uma pessoa encarregada pela supervisão geral das várias áreas. O cargo desses funcionários é o de arquivista, arquivista sagrado, supervisor ou outro nome do mesmo gênero.

Em seguida a essas funções que já apresentamos, vem aquela cujos deveres são os mais necessários e também os mais dolorosos, a saber, aquela dos que se comprometem em executar as sentenças punitivas, ou a cobrança das multas aplicáveis aos que aparecem no registro de devedores da Cidade; e também a responsabilidade pela custódia de prisioneiros. A dificuldade dessa função está associada, principalmente, à impopularidade que ela suscita na população, e ninguém deseja exercê-la, a menos que grandes lucros possam ser auferidos, e qualquer um que ocupe essa função reluta em pôr as leis em prática. Ainda assim, a função é necessária, pois as decisões judiciais são inúteis se não forem levadas a efeito; e se a sociedade não pode existir sem julgamentos, também não poderia existir sem a execução de condenação e multas. Por ser uma função tão impopular, não deveria ser confiada a uma única pessoa, mas dividida entre diversas pessoas que trabalham em diferentes tribunais. Do mesmo modo, um esforço especial deveria ser feito para distribuir entre várias pessoas a tarefa de citar publicamente os devedores da Cidade. Algumas sentenças deveriam ser executadas pelos próprios magistrados, em especial as penalidades dos crimes julgados por magistrados que estão saindo da função e cuja execução deveria passar à responsabilidade dos que estão entrando; e relativamente às ações encaminhadas pelos magistrados que já estão na função, quando um tribunal emite uma sentença, outro tribunal deveria ser encarregado da execução da penalidade; por exemplo, os inspetores da Cidade deveriam executar as penalidades impostas pelos supervisores da ágora, e inspetores de outras áreas deveriam executar as penalidades impostas por eles. O sucesso na execução de uma penalidade é inversamente proporcional ao grau de ódio associado ao evento; mas um sentimento redobrado de ódio é característico de situações em que os juízes que promulgaram uma sentença são encarregados de executar as penalidades previstas, e, se eles forem sempre os executores, certamente tornar-se-ão os inimigos de todos os habitantes.

Em muitos lugares, enquanto uma magistratura executa a sentença, uma outra é responsável pela custódia dos prisioneiros, como, por exemplo, os Onze de Atenas. É igualmente aconselhável manter separada a função de guardião dos presos, procurando, por algum meio, fazer essa função menos impopular, pois ela é quase tão necessária quanto aquela dos executores das penalidades. Os bons cidadãos fazem tudo quanto podem para evitar essa função de guardião dos presos, todavia não se pode confiar essa incumbência a homens maus, pois eles mesmos precisam ser vigiados por alguém, e não estão prontos para vigiar os outros. Não deve haver, pois, um funcionário único e permanente para exercer essa função, mas ela deveria ser confiada aos jovens, desde que estejam organizados coletivamente, com um grupo ou uma guarda, e diferentes magistrados mais experientes devem revezar-se na supervisão desse trabalho.

Essas são as funções indispensáveis, e elas devem ser consideradas prioridade. Na sequência há outras igualmente necessárias, contudo são funções mais elevadas e que requerem grande experiência e fidelidade. É o caso dos altos funcionários encarregados da guarda da Cidade e outras funções militares. Não apenas em tempos de guerra mas também em tempos de paz, o seu dever será o de defender as muralhas e os portões da Cidade, recrutando e treinando cidadãos para as suas fileiras. Em algumas Cidades existem diversas funções militares; em outras existem apenas umas poucas, enquanto para as Cidades pequenas uma única função é suficiente, a função de general ou de comandante. Outra vez, se uma Cidade possui cavalaria, infantaria leve, arqueiros ou marinheiros, é possível que em alguns casos cada uma dessas funções seja exercida por altos funcionários diferentes, conhecidos como comandante naval, general de cavalaria ou de infantaria leve. E há funcionários subordinados chamados de capitães navais, capitães de infantaria leve e de cavalaria; esses por sua vez possuem outros sob seu comando, e todos estão incluídos na mesma classe, a superintendência militar. Esse é um resumo do que ocorre no comando militar.

Considerando, porém, que muitas, para não dizer todas, dessas funções movimentam grandes somas de dinheiro, existe a necessidade de que um outro órgão cuide da prestação de contas e da auditoria, não tendo nenhuma outra função além dessa. Estes funcionários são conhecidos como examinadores, auditores, contadores, controladores. Além de todas essas funções, há uma outra, soberana sobre todas elas, à qual se confia a introdução e a ratificação das medidas, ou, no caso de uma democracia, a supervisão da própria assembleia. É indispensável que haja um grupo que canalize a suprema autoridade em um governo. Em alguns lugares eles são conhecidos como pré--conselheiros, porque lidam com as questões de governo antecipadamente, mas em uma democracia são usualmente chamados de conselheiros. São essas praticamente as funções de natureza política.

Um outro gênero de superintendência é a concernente ao culto dos deuses; sacerdotes e guardiões acompanham as atividades de preservação e a restauração dos templos dos deuses e outros assuntos religiosos. Uma única função desse tipo pode ser suficiente em Cidades pequenas, mas nas Cidades maiores existem diversos funcionários além dos sacerdotes; por exemplo, há os superintendentes dos sacrifícios, os guardiãos dos templos, e os tesoureiros dos fundos sagrados. Próximos a esses estão os funcionários designados para a realização dos sacrifícios públicos, com exceção daqueles que na lei são atribuídos exclusivamente aos sacerdotes; a importância especial desses sacrifícios deve-se ao fato de serem realizados com o fogo sagrado da Cidade. Em alguns lugares os oficiantes desses ritos especiais são chamados de arcontes, e em outros podem ser conhecidos como reis ou pritanes.

Essas são então as funções necessárias à Cidade. Em resumo, elas dizem respeito à religião, à guerra, às finanças, ao mercado, à conservação física da Cidade, aos portos, à zona rural. Também se referem aos tribunais, ao registro dos contratos, à execução das sentenças, à custódia dos prisioneiros, à auditoria e prestação de contas dos magistrados; e, finalmente, há aqueles que presidem as deliberações públicas da Cidade. Da mesma forma há magistraturas que caracterizam Cidades pacíficas e prósperas, e, ao mesmo tempo, que se referem à manutenção da ordem: elas são exercidas pelos guardiões das mulheres, guardiões das leis, guardiões das crianças, e superintendentes de educação física; há ainda os superintendentes das competições esportivas e das festas dionisíacas e outros espetáculos similares. Algumas dessas, obviamente, não são funções democráticas; por exemplo, a dos guardiões das mulheres e das crianças — pois, como os pobres não possuem escravos, precisam empregar tanto as suas mulheres quanto as suas crianças como serviçais.

Existem ainda três funções exercidas pelos mais altos magistrados. Em algumas Cidades esses funcionários são escolhidos por meio de eleição: os guardiões das leis, os pré-conselheiros e os conselheiros — entre esses, os guardiões das leis são uma instituição aristocrática, os pré-conselheiros pertencem ao modelo oligárquico, e os conselheiros são característicos nas democracias.

Já falamos o suficiente sobre os diferentes tipos de governo.

Livro VII

Capítulo I

Aquele que deseja realizar de maneira conveniente uma investigação da melhor forma de governo deve primeiramente ser capaz de determinar o modo preferível de vida para os habitantes da Cidade; enquanto isso continuar no âmbito da incerteza, a melhor forma de governo também será incerta, pois, na ordem natural das coisas, os que podem almejar viver da melhor maneira são governados tão bem quanto as melhores circunstâncias de sua vida admitem. Devemos, portanto, antes de mais nada, averiguar qual é em geral o modo mais desejável de vida para todos, e também precisamos avaliar se esse mesmo modo de vida é ou não é apropriado para a Cidade e para todos os indivíduos.

Presumindo, pois, que já discorremos o bastante sobre o melhor modo de vida em nossas obras exotéricas, basta-nos agora nos reportar a elas. Certamente, ninguém discordará que os bens da vida se dividem em três categorias, a saber: os bens materiais, os bens corporais e os bens da alma, e ninguém há de negar que a felicidade humana depende da obtenção de todas as três. Com efeito, ninguém afirmaria que um homem feliz pode ser aquele destituído de um mínimo de coragem, temperança, justiça ou prudência, que tem medo de tudo e de qualquer inseto que voa em sua volta, que cometerá algum tipo de crime, seja ele grande ou pequeno, para gratificar os seus apetites, ou que sacrificará seus amigos mais queridos por uma moeda, sendo dono de uma mente frágil e falsa, como uma criancinha ou um louco. Embora essas proposições sejam aceitas quase universalmente, os homens têm opiniões diferentes a respeito da quantificação e superioridade relativa dos bens. Alguns acreditam que uma quantidade bastante moderada de virtude é suficiente, mas não estabelecem limites aos seus desejos de riqueza, prosperidade, fama e poder. A estes respondemos com os fatos, os quais facilmente demonstram que a humanidade não adquire nem preserva a virtude graças aos bens materiais, mas amplia a sua capacidade de adquirir bens materiais graças às suas virtudes, e também é verdade que a felicidade, resulte ela de prazeres ou de virtudes, ou de ambos, é mais comumente encontrada naqueles cuja mente e cujo caráter são mais bem cultivados, e que possuem apenas uma parcela moderada de bens, do que entre aqueles que possuem uma quantidade exagerada de bens, mas são deficientes no que diz respeito às qualidades morais e intelectuais; e não se trata apenas de uma questão de experiência, mas, se refletirmos sobre o tema, chegaremos a que se trata de uma conclusão baseada também na razão. Com efeito, enquanto os bens materiais são limitados, como qualquer outro instrumento, e todas as coisas úteis possuem uma natureza tal que onde haja excesso delas tornam-se prejudiciais ou inúteis aos seus donos, os bens da alma quanto maiores forem mais úteis serão, e não apenas o epíteto "útil", mas também o epíteto "nobre" são apropriados para esse tipo elevado de bem. Nenhuma prova é necessária para sabermos que a melhor condição de cada coisa, comparada a outras, corresponde, dentro de uma escala de excelência, ao intervalo que existe entre a natureza das próprias coisas que estamos comparando: de tal modo que, se a alma é mais nobre que nossas posses e nosso corpo, tanto em uma perspectiva absoluta quanto relativamente a nós mesmos, devemos admitir que o melhor estado de cada uma dessas coisas deve valer em uma proporção similar. Além disso, os bens materiais e os bens corpóreos só se tornam desejáveis se servem à alma, e todos os homens sábios devem buscá-los pelo bem da própria alma; a alma, entretanto, não deve escolher os bens por causa deles.

Vamos reconhecer, então, que a felicidade de cada um depende da virtude e da sabedoria que possui, e das ações virtuosas e sábias que realiza. A própria divindade é para nós uma testemunha dessa verdade, pois é feliz e abençoada independentemente de qualquer bem externo a ela, mas apenas em consequência de sua própria natureza. É justamente nesse ponto que reside a diferença entre a boa sorte e a felicidade; pois os bens exteriores à alma vêm ao acaso, mas ninguém se torna justo ou equilibrado por força do acaso. Analogamente, e por uma mesma linha de argumentação, a Cidade feliz deve ser a melhor, a mais justa; e nenhuma pessoa ou Cidade pode ser justa se não realizar boas ações, ações que resultem da virtude e da sabedoria. Portanto, a coragem, a justiça e a sabedoria de uma Cidade têm a mesma forma e a mesma natureza das qualidades que dão ao indivíduo que as possui a reputação de justo, sábio ou equilibrado.

Mas o que dissemos até aqui à guisa de prefácio é o bastante: não poderíamos evitar falar dessas questões, nem poderíamos seguir até o fim de toda a argumentação concernente a elas (isso deve ficar a cargo de outros estudos). Vamos presumir, então, que a vida melhor, tanto para indivíduos como para as Cidades, é uma vida feita de virtude, e dotada de bens externos suficientes para a prática de ações virtuosas. Se houver objeções ao que apresentamos, não lidaremos com elas nesta oportunidade, deixando-as para nossas discussões posteriores.

Capítulo II

Resta-nos discutir ainda se a felicidade de um indivíduo é ou não a mesma de uma Cidade. A resposta é óbvia: ninguém negará que é a mesma. Com efeito, aqueles que sustentam que o bem-estar do indivíduo consiste na sua riqueza pensam também que as riquezas perfazem a felicidade da Cidade como um todo, e aqueles que valorizam a vida de um tirano julgam que a Cidade mais feliz é aquela em que o poder central incide sobre o maior número possível de cidadãos; enquanto os que consideram um indivíduo feliz por sua virtude dizem que a Cidade mais virtuosa é também a mais feliz. Duas questões estão postas para a nossa consideração: a primeira é qual é o modo de vida mais desejado, o de um cidadão que é membro de uma Cidade, ou o de um estrangeiro que não está preso por obrigações políticas? E a segunda questão é: qual é a melhor forma de constituição ou a melhor condição de uma Cidade, a que se baseia na suposição de que os privilégios políticos deveriam estender-se a todos, ou apenas a uma maioria? Uma vez que o bem da Cidade, e não o bem do indivíduo, é a matéria que interessa à especulação política, e neste caso estamos envolvidos em uma discussão política, enquanto o indivíduo tem para nós apenas um interesse secundário, a Cidade será a matéria de nossa inquirição.

É evidente que a melhor forma de governo é aquela na qual todo homem, seja ele quem for, pode agir da melhor maneira e viver feliz. Mas até mesmo os que pensam que o melhor modo de vida se baseia na virtude são forçados a lidar com uma questão, a de se a vida em meio aos negócios e assuntos políticos é ou não é mais adequada do que uma vida inteiramente independente de bens externos à alma, ou seja, do que uma vida contemplativa, a qual é defendida por alguns como o único modo digno de existência para um filósofo. Esses dois tipos de existência — a de um filósofo e a de um político — parecem ter sido preferidas por aqueles que se dedicaram com maior afinco à busca da virtude, tanto em nossos dias quanto em outros momentos históricos. Qual delas é a mais apropriada não é uma questão de pouca importância, pois os homens sábios, como as Cidades sábias, necessariamente regularão a sua vida de acordo com os objetivos que julgam mais importantes. Há quem acredite que, embora o despotismo seja a pior das injustiças, o simples exercício de um governo constitucional sobre os cidadãos, ainda que justo, é um grande impedimento para o bem-estar do indivíduo. Outros têm uma visão oposta: acreditam que a verdadeira vida do homem é a vida prática e política, e que todas as virtudes podem ser praticadas tão bem pelos políticos e governantes quanto pelos indivíduos. Há também aqueles que são da opinião de que um governo arbitrário e tirânico é a única forma de se alcançar a felicidade; de fato, em algumas Cidades o objetivo de todas as leis e da constituição é dar a alguns homens o poder despótico sobre os seus vizinhos.

E, portanto, embora seja possível dizer que na maioria das Cidades as leis estão estabelecidas de forma caótica, ainda assim, se existe ali algum objetivo, esse objetivo é a manutenção do poder; por exemplo, na Lacedemônia e em Creta o sistema educacional e a maior parte das leis são estruturados com vista à guerra. E em todas as nações que são capazes de gratificar as suas próprias ambições militares, o poder militar é muito estimado, por exemplo, entre os citas, os persas, os trácios e os celtas. Em algumas nações, existem leis que tendem a estimular as virtudes guerreiras, como em Cartago, onde se diz que os homens são condecorados com braceletes referentes a cada batalha de que tomaram parte. Houve uma lei na Macedônia segundo a qual os homens que nunca houvessem exterminado um inimigo tinham de usar uma corda na cintura e, entre os citas, ninguém que não houvesse eliminado um inimigo podia beber em um determinado copo que circulava em uma certa festividade. Entre os iberos, uma nação belicosa, o número de inimigos que um homem já matou é indicado pelo número de obeliscos colocados em torno de seu túmulo; e há numerosas práticas desse tipo em outras nações, algumas delas estabelecidas por lei e outras pelo costume. Contudo, se quisermos examinar atentamente o assunto, deve ser muito estranho o fato de um estadista estar sempre pensando em estratégias de domínio e de tirania sobre os outros, independentemente se conseguirão fazê-lo ou não. Como pode a atividade de um estadista ou legislador resumir-se em uma prática que prescinde de legalidade? É certo que governar sem levar a justiça em consideração é um ato de ilegalidade, pois se apela ao poder esquecendo-se do direito. Nas outras artes e ciências o mesmo não ocorre; não se vê um médico tentando coagir um paciente, ou um piloto de um navio querendo forçar a vontade de seus passageiros. Contudo a maioria dos homens parece aceitar a arte do governo despótico como uma prática oficial da Cidade, e aquilo que os homens afirmam ser injusto e incorreto em relação a si mesmos, eles não se envergonham de praticar em relação aos demais; exigem um governo justo só para si mesmos, mas quando se trata do governo sobre outros homens, parecem não se preocupar com a justiça. Esse comportamento é irracional, a menos que uma das partes tenha nascido para servir e a outra não, pois, nesse caso, os homens têm o direito de comandar, mas isso não se estende a todos os seus semelhantes, e sim apenas aos escravos; do mesmo modo, não devemos caçar outros homens para fazer deles alimento ou sacrifícios, mas sim caçar, para esses fins, aqueles animais que sejam comestíveis. Certamente pode haver uma Cidade feliz em isolamento, e podemos presumir que seja bem governada (é bem possível que uma Cidade isolada seja bem administrada e tenha boas leis); contudo, uma Cidade assim não seria estruturada para a guerra nem se dedicaria à conquista de inimigos — todo esse tipo de procedimento seria excluído dela. Consequentemente, vemos que as atividades belicosas, embora sejam em geral consideradas honrosas, não são fins supremos, mas apenas meios. E o bom legislador deveria tentar encontrar as respostas sobre como as Cidades, uma raça de homens e as comunidades podem levar uma vida melhor e toda a felicidade que pode ser alcançada. Seus dispositivos legais não serão sempre os mesmos; e nas regiões em que haja Cidades vizinhas, o legislador deverá estudar os cuidados que deverão ser adotados ou determinar as medidas apropriadas em relação a cada uma delas. O objetivo que deve ser perseguido pela melhor forma de governo poderá ser avaliado de modo mais adequado em futuras considerações.

Capítulo III

Vamos agora nos voltar aos que, embora concordem que a vida construída sobre as virtudes seja a mais desejável, têm opiniões divergentes a respeito de como as virtudes deveriam ser praticadas. Com efeito, alguns renunciam o poder político e acreditam que a vida do homem livre é distinta da vida do estadista, sendo a melhor de todas; mas outros pensam que a vida dos governantes é a mais proveitosa. O argumento destes últimos é que aquele que nada faz não pode ser bem-sucedido, e que as atividades virtuosas são idênticas à felicidade. A ambos dizemos que estão parcialmente certos e parcialmente errados. Os primeiros estão certos quando dizem que a vida do homem livre é melhor do que a vida do déspota; pois não há nada grandioso ou nobre na utilização de um escravo enquanto for apenas um escravo, ou na emissão de ordens a respeito de deveres triviais. Mas é um engano supor que todo tipo de governo é despótico, tal como se dá na relação entre um senhor e os seus escravos, pois existe uma grande diferença entre o ato de governar homens livres e o de governar escravos, tal como há uma grande distinção entre os que são escravos por natureza e os que são livres por natureza, assunto sobre o qual já discorremos abundantemente no início deste tratado. E é igualmente um erro situar a inatividade acima da atividade, pois a felicidade é atividade, e as ações dos que são justos e sábios são a realização de boa parte daquilo que é nobre.

É possível que alguém, a partir das premissas apresentadas, continue acreditando que o poder supremo seja a melhor coisa do mundo, porque os seus detentores são capazes de realizar o maior número de boas ações. Se assim fosse, o homem capaz de governar, em vez de abrir mão de qualquer coisa pelo bem de seu semelhante, deveria tomar-lhe o poder; e o pai não deveria mais se importar com o destino de seu filho, nem o amigo deveria preocupar-se com o bem-estar de seu amigo; nenhum pensamento sequer deveria ser desperdiçado, e, antes, todos deveriam estar concentrados nesse objetivo maior, pois o melhor é o mais apropriado e ser bem-sucedido é o que há de melhor. Pode haver alguma verdade nesse ponto de vista de presumirmos que os ladrões e os defraudadores são os detentores do bem supremo. Mas isso nunca será verdade. Essa hipótese é falsa. Em verdade as ações de um governante não podem ser honrosas, a menos que ele seja superior aos outros homens tanto quanto um marido é superior à sua esposa, ou um pai, a seus filhos, ou ainda um senhor, aos seus escravos. Portanto, aquele que viola a lei não consegue jamais recuperar, independentemente da grandeza de suas ações posteriores, aquilo que perdeu ao distanciar-se da virtude. Para homens iguais, o honroso e o justo consistem em que recebam aquilo que lhes pertence, pois isso é a justiça e a igualdade. Mas a concessão desigual aos iguais, e de diferenças aos semelhantes, é contrária à natureza, e nada que seja contrário à natureza pode ser bom. Portanto, se existe alguém superior em suas virtudes morais e com o poder de realizar as melhores ações, devemos segui-lo e obedecê-lo, mas ele precisa ter a capacidade tanto para a ação quanto para a prática da virtude.

Se estivermos certos quando dizemos que a felicidade é resultante de ações moralmente superiores, a vida ativa será a melhor, tanto para a Cidade como um todo quanto para os indivíduos. Não que uma vida de realizações dependa obrigatoriamente do relacionamento com outras pessoas, como alguns acreditam, nem as ideias tidas como práticas sejam apenas aquelas cujos objetivos são baseados em resultados práticos, pois antes disso uma vida ativa é feita de especulação e contemplação desde que sejam independentes e completos em si mesmos. A virtude é, por si mesma, um objetivo que engendra um certo tipo de ação, portanto, a mente dos dirigentes realiza aquilo que podemos denominar de ação verdadeira.

Também não se deve dizer que as Cidades que se acham isoladas das demais e escolham viver assim sejam inativas; pois a atividade, como tantas outras coisas, pode localizar-se nas partes; há muitos modos pelos quais as partes de uma Cidade agem umas sobre as outras. O mesmo se aplica a cada indivíduo. Se isso fosse diferente, Deus e o universo, que não possuem ação externa, além de suas próprias energias, estariam muito longe da perfeição. Portanto, é evidente que a mesma vida deve ser melhor tanto para cada indivíduo quanto para as Cidades e a humanidade em geral.

Capítulo IV

Até aqui introduzimos o assunto. Foi possível discutir várias outras formas de governo; resta considerar as condições necessárias para a formação de uma Cidade de acordo com nossos desejos. Uma Cidade perfeita não pode existir sem que haja um suprimento razoável dos meios de vida. Portanto, devemos com antecedência imaginar as muitas condições necessárias, desde que não sejam impossíveis. Por exemplo, é necessário haver um determinado número de cidadãos e um território em que eles possam viver.

Assim como o tecelão e o construtor de navios ou qualquer outro tipo de artífice precisam possuir o material apropriado para realizar o seu trabalho (e, quanto mais bem preparado esse material for, mais nobre será o resultado de sua arte), assim também o governante ou o legislador precisa ter em mãos os materiais adequados para a realização de sua obra.

Primeiramente, o estadista deve considerar a multidão de homens: ele deve refletir sobre o número ideal de cidadãos e as características do território. Muitas pessoas acreditam que para que uma Cidade seja próspera, é necessário que tenha um território extenso; mas mesmo que isso seja correto, os que o dizem ignoram o que seja uma Cidade grande e uma Cidade pequena. Com efeito, julgam as dimensões de uma Cidade pelo número de seus habitantes, quando, na verdade, deveriam considerar o poder de seus habitantes, antes que seu número. Uma Cidade, como outras coisas, tem uma função a cumprir; e a Cidade que está mais bem qualificada para cumprir sua função deve ser considerada a maior, no mesmo sentido em que se deve dizer que Hipócrates foi grande, não pela sua altura física, mas pela sua habilidade como médico. E, se fosse lícito julgar a grandeza por números, não poderíamos incluir na contagem todas as pessoas que nela vivem, pois sempre há nas Cidades uma multidão de escravos, de peregrinos e de estrangeiros; deveríamos incluir apenas aqueles que são membros da Cidade, e que são uma parte essencial dela. O número desses últimos pode ser considerado uma prova da grandeza de uma Cidade; contudo, uma Cidade que produz muitos artífices e um número comparativamente menor de soldados não pode ser grande, pois uma grande Cidade não deve ser confundida com uma Cidade populosa. Além disso, a experiência demonstra que uma Cidade populosa em demasia raramente pode ser bem governada, e vemos que todas as

Cidades que têm uma reputação de bom governo possuem uma população limitada. Podemos argumentar também no terreno da razão, e o mesmo resultado será obtido. Com efeito, a lei é a ordem, e a boa lei deve ser necessariamente aquela que resulta em boa ordem; mas uma multidão grande demais não pode ser ordenada adequadamente: introduzir a ordem em um número ilimitado de pessoas é uma tarefa que só pode ser realizada pelo poder divino, como o que preserva a unidade do universo. Aliás, a beleza é constituída de números e de grandeza, e a Cidade capaz de combinar a grandeza com a boa ordem será, necessariamente, a mais bela. Há um limite para o tamanho das Cidades, como há limites para outras coisas, plantas, animais, instrumentos; com efeito, nada disso retém o seu poder natural quando é grande demais ou pequeno demais, estando sujeito a perder a sua própria natureza ou a se degradar. Por exemplo, um navio que tem um palmo de comprimento não será um navio de forma alguma, e o mesmo ocorrerá com um navio com dois estádios de comprimento; ainda assim pode haver uma nau de certa dimensão, grande ou pequena demais, que não deixe de ser um navio, mas imprópria para a navegação. Analogamente, uma Cidade composta por um número muito pequeno de cidadãos não será — como deveria — autossuficiente. E se for composta por cidadãos em demasia, embora seja autossuficiente em suas necessidades básicas, tal como uma nação pode ser, não poderá ser considerada uma Cidade (e sim um amontoado de gente), pois não será fácil dotá-la de um governo constitucional. Pois quem poderá ser o dirigente de uma multidão tão vasta, e quem será o seu arauto, a não ser que seja um Estentor?[1] Portanto, uma Cidade somente começa a existir quando sua população tem um número que possa lhe assegurar a autossuficiência tendo em vista uma vida melhor, de acordo com as regras da comunidade política. Uma Cidade pode exceder esse número e ser maior,

---

[1] Personagem da *Ilíada*. Trata-se do arauto dotado da voz mais poderosa entre as tropas da Grécia na Guerra de Troia. (N. do T.)

todavia, como dissemos, essa possibilidade de incremento não é sem limite, e os fatos mostrarão facilmente o limite de expansão de uma dada Cidade. As atividades de uma Cidade são as de seus governantes e seus governados, e a função de um governante é ordenar e julgar, mas, se os cidadãos devem julgar e distribuir cargos de acordo com um critério de méritos, então é necessário que conheçam o caráter uns dos outros. Onde isso não ocorre, a escolha dos funcionários será equivocada e as decisões judiciais serão mal sucedidas. Quando a Cidade é superpovoada, a população se estabelece territorialmente ao acaso, o que, obviamente, é inapropriado. Além disso, em uma Cidade superpovoada os estrangeiros conseguem aproveitar-se dos direitos de cidadania, pois é fácil procedimentos desse tipo passarem despercebidos. Então, o melhor limite populacional para uma Cidade é o encontro do número necessário para a sua autossuficiência com o número máximo cabível para os propósitos de uma vida melhor, de modo que esteja contida em um único olhar. Com isso, concluímos o que tínhamos a dizer a respeito das dimensões de uma Cidade.

Capítulo V

Boa parte desse mesmo princípio pode ser aplicada à questão do território da Cidade: todos hão de preferir que a extensão do território seja aquela que o possa tornar autossuficiente; e isso significa dizer que o território deverá produzir o suficiente para atender a todas as demandas, pois a autossuficiência é justamente baseada nessa possibilidade. Em termos de tamanho e extensão, o território deveria ser tal que possibilitasse aos seus habitantes viver com equilíbrio e liberdade, desfrutando de tempo de ócio. Se estamos certos ou errados no estabelecimento desse limite saberemos com mais precisão um pouco adiante, quando tivermos a oportunidade de discutir qual é o uso mais adequado da propriedade e da riqueza — uma questão muito polêmica, pois os homens se inclinam a escolher um de dois extremos, uns defendendo a escassez, outros, o exagero.

Não é difícil determinar a característica geral do território mais adequado (existem, todavia, alguns pontos a respeito dos quais os peritos em questões militares deveriam ser ouvidos); ele deve ser de difícil acesso para o inimigo, e fácil para o ingresso dos habitantes. Ademais, é importante que se possa enxergar o território inteiro de uma única vez, tal como já dissemos acerca de seus habitantes, pois um território facilmente abrangido com o olhar é também facilmente protegido. Quanto à posição da Cidade, se pudéssemos escolhê-la livremente, deveria estar bem situada tanto em relação ao mar quanto à terra. Um dos fatores decisivos é que a Cidade esteja bem centralizada para poder comunicar-se com todo o seu território, protegendo-o. Outro fator é que seja facilmente acessível para a entrada da colheita, da madeira e de quaisquer outros produtos que precisem ser transportados para o abastecimento da Cidade.

Capítulo VI

Uma questão que tem gerado controvérsia é o tipo de comunicação que deveria haver entre uma Cidade bem organizada e o mar. Argumenta-se que a introdução de estrangeiros criados sob a influência de outras leis seria adversa para a boa ordem; essa entrada de estrangeiros que atentaria contra os bons governos ocorreria pela circulação de uma multidão de comerciantes indo e vindo por via marítima. À exceção dessas considerações, seria indubitavelmente melhor, tanto para as necessidades de segurança quanto as de suprimento, que a Cidade e seu território estivessem conectados ao mar; em caso de guerra, a resistência dos exércitos defensores pode ser garantida por reforços vindos por terra e por mar; e ainda que não possam atacar ao mesmo tempo pelas duas frentes, encontrarão menor dificuldade para despistar os seus agressores em uma delas, se tiverem acesso a ambas. Além disso, a Cidade precisa importar tudo aquilo que não encontra em seu próprio território, e deve exportar aquilo que possui em excesso; afinal, a Cidade deve ser um mercado, não para as outras cidades, mas para ela mesma.

Aquelas Cidades que servem de centro comercial para o mundo, fazem-no apenas para obter lucros, e se uma Cidade não deseja obter lucros dessa forma, é aconselhável que não tenha um empório nos limites de seus domínios. Hoje em dia, vemos com muita frequência, em diversas Cidades, docas e portos instalados em locais muito convenientes fora dos portões da cidade, mas não distantes em demasia; e são bem guardados por muralhas e fortificações semelhantes. Cidades com esse tipo de localização colhem grandes benefícios da comunicação que mantêm com seus portos; e qualquer risco causado por essa disposição geográfica pode facilmente ser controlado com a promulgação de leis que determinem com quem se deve e com quem não se deve manter relações comerciais.

Não há dúvida de que a posse de uma força naval moderada é vantajosa para uma Cidade. A Cidade deveria ser uma fortaleza não apenas para os seus cidadãos, mas também ser temível e prestar socorro aos habitantes de Cidades vizinhas, e, se necessário, estar pronta para ajudá-los por mar e por terra. A dimensão dessa força naval deve estar adequada às características da Cidade; pois se a Cidade está destinada a ter um papel político ativo, sua força naval deveria ser proporcional às suas pretensões. O desenvolvimento da marinha não deve acarretar um crescimento populacional significativo, afinal não há necessidade que os marinheiros sejam cidadãos: os oficiais que controlam e comandam as forças navais devem ser homens livres, que pertençam também à infantaria; e nas regiões em que haja uma densa população de agricultores, sempre haverá marinheiros, acima da demanda. Vemos exemplos como esses na atualidade. A Cidade de Heracleia, por exemplo, embora pequena em comparação com muitas outras, consegue recrutar homens em número suficiente para uma frota considerável. Essas são as nossas conclusões a respeito do território das Cidades, suas cidades, suas conexões com o mar e suas forças marítimas.

Capítulo VII

Tendo já discorrido sobre número de cidadãos, comentaremos agora as qualidades que eles deveriam possuir. Esse é um assunto que pode ser facilmente compreendido por qualquer pessoa que lance um olhar sobre as Cidades mais famosas da Hélade e, de um modo geral, sobre a distribuição das raças no mundo habitado. Aqueles que vivem em um clima frio e na Europa são cheios de bravura, mas deficientes em termos de inteligência e habilidades; portanto são bastante livres, mas carecem de organização política, e são incapazes de governar outros povos. Por outro lado, os nativos da Ásia são inteligentes e inventivos, mas carecem de bravura, e, portanto, estão sempre escravizados ou dominados. Mas a raça helênica, que está situada entre ambas, possui também um caráter intermediário, sendo muito corajosa e também inteligente. Assim, é um povo que continua livre e é o mais bem governado entre todas as nações, e, se estivesse unido em um único Estado, seria capaz de governar o mundo. Existem também diferenças equivalentes entre as tribos da Hélade; pois algumas delas têm uma natureza unilateral, possuindo ou maior inteligência ou maior coragem, enquanto em outras existe uma combinação harmoniosa de ambas as qualidades. As tribos mais facilmente conduzidas à virtude por seus legisladores são, obviamente, aquelas que combinam coragem e inteligência. Há quem ensine que os guardiões deveriam ser benevolentes para com aqueles que conhecem, e ferozes em relação aos desconhecidos. Ora, a paixão é a qualidade da alma que gera a amizade e nos permite amar; porém, notavelmente, nosso espírito é movido mais para se lançar contra aqueles nossos amigos e conhecidos que nos desprezam do que contra quem desconhecemos; por isso, Arquíloco, ao queixar-se de seus amigos, assim interpela, com muita naturalidade, a própria alma: "Com certeza teus amigos são o teu flagelo".

O poder de comando e o amor pela liberdade surgem, em todos os homens, a partir dessas qualidades, pois a paixão é imperiosa e invencível. Nem é certo dizer que os guardiões deveriam hostilizar aqueles que desconhecem, pois não devemos ser hostis em relação a ninguém; a natureza de um espírito elevado não é a hostilidade. E isso, como dissemos anteriormente, é um sentimento que os homens demonstram com mais força em relação aos seus amigos quando julgam que foram enganados por eles: e de fato é uma reação previsível; pois, além da própria injúria, eles parecem estar privados de um benefício daquele de quem se espera algum auxílio. Por isso o ditado: "Cruel é o golpe de um irmão", e também: "Aqueles que muito amam, muito odeiam".

Assim, definimos praticamente o número e a característica dos cidadãos de nossa Cidade ideal e também as dimensões e a natureza de seu território. Não devemos esperar de discussões teóricas a mesma exatidão resultante dos fatos percebidos pelos sentidos.

Capítulo VIII

Tal como se dá com outros compostos da natureza, as condições do todo não resultam da soma direta das condições de cada parte, de tal modo que em uma Cidade nem tudo pode ser considerado necessariamente como uma parte dela. Os membros de uma associação têm necessariamente algo em comum com todos os demais, e esse elemento comum é compartilhado de modo igual ou desigual; por exemplo, alimentos e terras ou qualquer outro bem. Mas onde existem duas coisas das quais uma é um meio e a outra é um fim, elas nada possuem em comum, exceto pelo fato de que um age e o outro sofre a ação. Essa é, por exemplo, a relação que existe entre os homens e as suas ferramentas para a realização de seu trabalho; a casa e o construtor nada têm em comum, mas a habilidade do construtor serve à construção da casa. Assim, as Cidades precisam de propriedades, mas as propriedades, ainda que seres vivos as habitem, não são uma parte constitutiva das Cidades; pois uma Cidade não é apenas uma comunidade de seres vivos, mas uma comunidade de iguais, procurando viver a melhor vida possível. Ora, se a felicidade é o bem mais precioso, resultante da prática perfeita da virtude, da qual alguns participam em abundância, outros participam menos e outros nem sequer participam, esta é evidentemente a causa da existência de diferentes espécies e variedade de Cidades; uma vez que todos procuram a felicidade, e cada um ao seu modo e por meios diversos, isso leva os homens a modos de vida diversos e a diversas formas de governo. Precisamos examinar também quais são as coisas indispensáveis à existência da Cidade, pois entre essas encontraremos as que podem ser consideradas partes da Cidade, e que, portanto, são indispensáveis. Enumeremos as funções de uma Cidade, e descobriremos facilmente o que desejamos.

Primeiro, é preciso que haja comida; segundo, deve haver artífices capazes, pois a vida requer muitos instrumentos; terceiro, deve haver armas, pois os membros de uma comunidade precisam delas em suas mãos, a fim de exercer autoridade sobre os homens desobedientes e também na defesa de agressores externos; quarto, requer-se também uma certa quantia de dinheiro, tanto para as necessidades internas quanto para as despesas com a guerra; em quinto lugar, mas como se fosse em primeiro, vêm os serviços religiosos, comumente chamados de serviços sacerdotais; em sexto lugar na enumeração, todavia o mais necessário de todos, vêm os meios de decisão sobre as questões que envolvam interesses e direitos recíprocos dos cidadãos.

Esses são os serviços que todas as Cidades necessitam, pois uma Cidade não é apenas um simples agregado de pessoas, mas uma comunidade que visa à autossuficiência no que tange às necessidades da vida, conforme dissemos, e se faltar alguns deles não será possível assegurar a total autossuficiência da comunidade. Uma Cidade deveria, portanto, ser constituída com a perspectiva do preenchimento dessas funções. É preciso que haja agricultores para garantir a alimentação, artífices, uma classe guerreira, sacerdotes e juízes para decidir o que é necessário e conveniente.

Capítulo IX

Definidas essas questões, temos de considerar a seguir se todos deveriam participar de todas as atividades. Podem todos os homens ser ao mesmo tempo agricultores, artífices, conselheiros e juízes, ou devemos supor que as diferentes funções acima mencionadas deveriam ser atribuídas a pessoas diferentes? E, finalmente, deveriam algumas atividades ser reservadas para alguns indivíduos enquanto outras seriam comuns a todos? A mesma disposição, todavia, não se aplica a todas as constituições; como estávamos dizendo, é possível que toda a população participe de todas as atividades em alguns casos e em outros algumas atividades sejam exclusivas para alguns; e assim surgem as diferenças entre as constituições, pois é uma característica das democracias que todas as atividades sejam facultadas a todos, enquanto nas oligarquias ocorre o oposto. Mas como estamos analisando o melhor tipo de governo, aquele que fará que a Cidade seja mais feliz (e a felicidade, como já foi dito, não pode existir sem a virtude), é evidente que na Cidade mais bem governada e que possui homens absolutamente justos, e não apenas justos em relação ao princípio constitucional, os cidadãos não devem viver de trabalhos manuais ou de comércio, pois esse tipo de vida é ignóbil e contrário à virtude. Nem devem ser agricultores, já que o ócio é necessário, tanto ao desenvolvimento da virtude quanto à prática dos deveres políticos.

É importante realçar que há em uma Cidade uma classe militar e outra de conselheiros, que aconselham a respeito do que é oportuno e deliberam acerca de assuntos legais, e estas parecem ser partes especiais da Cidade. Contudo é preciso indagar se essas duas classes deveriam ser representadas por homens distintos ou pelos mesmos homens. Novamente, não é difícil perceber que estarão integradas em uma única função em alguns casos, e, em outros, permanecerão separados, e por isso serão atribuídas a homens distintos. Tais atividades, correspondendo às necessidades de pessoas que estão em diferentes faixas etárias (algumas requerem prudência enquanto outras requerem força), devem elas ser atribuídas a grupos distintos de pessoas. Mas, por outro lado, como é impossível que os homens que podem usar a força ou resistir a ela queiram permanecer sempre em estado de submissão, por esse ponto de vista as duas classes de pessoas nessas duas funções são, na verdade, a mesma; pois os senhores do poder das armas têm o poder de determinar o destino da constituição. Por conseguinte, segundo a constituição ideal, ambas as funções deveriam ser confiadas às mesmas pessoas, contudo não simultaneamente, mas na ordem prescrita pela natureza, que forneceu a força aos jovens e a prudência aos mais velhos. Uma tal distribuição de deveres será oportuna e também justa, e é conforme ao princípio do mérito. Além disso, a classe governante deveria ser formada por donos de propriedades, pois os cidadãos de uma Cidade devem ser ricos; ao passo que a classe dos artífices ou qualquer outra que não produza virtudes não participa da Cidade. Trata-se de uma consequência de nosso primeiro princípio, pois a felicidade não pode existir sem a virtude, e uma Cidade não pode ser considerada feliz apenas pela existência de um determinado número de cidadãos, mas levando-se em consideração todos eles. É evidente que as propriedades deveriam estar em poder dos cidadãos, visto que os agricultores serão necessariamente escravos ou servos bárbaros.

Das classes enumeradas, ainda não falamos dos sacerdotes, e a regulação de sua função na Cidade é óbvia. Nenhum agricultor ou artífice deve ser escolhido para o sacerdócio, pois os deuses devem ser cultuados apenas pelos cidadãos. Entretanto, como os cidadãos dividem-se em duas classes, a dos militares e a dos conselheiros, os membros mais idosos de ambas as classes devem ser encarregados do culto aos deuses, já que estão aposentados de suas atividades e estão capacitados para realizar os cultos com os cuidados devidos.

Já demonstramos as condições necessárias para o bom funcionamento da Cidade, bem como as partes essenciais que a compõem: agricultores, artífices e trabalhadores de todos os tipos são necessários para a existência das Cidades, mas as classes militar e deliberativa são partes da Cidade. Essas classes são bastante distintas entre si, podendo isso ocorrer em caráter permanente ou não.

Capítulo X

Não é uma novidade nem uma descoberta recente da filosofia política que a Cidade deveria ser dividida em classes, e que a classe dos militares deveria ser separada da classe dos agricultores. Esse sistema tem sido utilizado há muito tempo no Egito e em Creta até os nossos dias; de acordo com as tradições, foi estabelecido no Egito pela legislação de Sesóstris, e em Creta pela do rei Minos. As refeições coletivas também parecem existir desde a Antiguidade, sendo, em Creta, tão antigas quanto o reino de Minos, e na Itália ainda mais antigas. Segundo os historiadores, houve um certo Ítalo, rei de Oinotria, a partir de quem os habitantes da região, até então chamados de enótrios, passaram a ser conhecidos como ítalos; Ítalo teria denominado *Itália* o promontório europeu situado entre os golfos Cilêntico e Lamético, que distam um do outro apenas meio dia de jornada. Conta-se que esse Ítalo transformou os enótrios — que eram pastores — em agricultores, e deu-lhes uma série de leis, a exemplo das que regulam as refeições coletivas; tanto é assim que, até hoje, alguns de seus descendentes dão continuidade a essa tradição e a algumas outras leis daquele tempo. Os colonos na direção da Tirrênia eram ópicos, hoje chamados de ausônios; e no território fronteiriço com a Iapígia, no Golfo Jônico, no distrito chamado Sírtis, viviam os cones, que também descendem da raça dos enótrios. Foi nessa região do mundo que surgiu a instituição das refeições coletivas, ao passo que a separação do povo em castas é originária do Egito: o reino de Sesóstris é muito anterior ao de Minos. É verdade que esse e outros costumes foram descobertos e redescobertos diversas vezes no curso do tempo, ou porque não dizer um sem-número de vezes. Com efeito, são as necessidades dos homens que lhes ensinam a descobrir novos modos de vida. É natural que muito daquilo que hoje adorna e enriquece a vida tenha surgido paulatinamente, através dos tempos. Podemos inferir, então, que as instituições políticas se desenvolvem com base nessas mesmas regras. O Egito é testemunha de todas essas tradições, pois os egípcios, entre todos os outros povos, aparenta ser o mais antigo; e eles possuem legislações e uma constituição regular que data de tempos imemoriais. Deveríamos, portanto, fazer o melhor uso possível daquilo que já foi descoberto, procurando suprir as suas deficiências.

Já dissemos que a terra deveria pertencer àqueles que possuem armas, os que têm direito a uma participação ativa no governo, e que os agricultores devem ser uma categoria distinta; e já falamos a respeito da extensão e da natureza do território. Prosseguiremos agora discutindo a distribuição da terra e as características da classe dos agricultores; com efeito, não julgamos que a propriedade deveria ser comum a todos, como alguns julgaram, mas seu uso pode ser comum mediante consenso amigável; e desse modo ninguém deve ser privado de seu meio de subsistência.

Quanto às refeições coletivas, há uma concordância geral de que uma Cidade bem organizada deveria promovê-las; diremos a seguir as razões que nos levam a adotar essa opinião. Elas deveriam, contudo, ser abertas a todos os cidadãos. Contudo, não é fácil para os pobres fazer uma contribuição segundo a cota prefixada, valendo-se de seus próprios recursos, além de sustentar sua família. As despesas com as cerimônias religiosas deveriam também ser do governo. A terra deve, portanto, ser dividida em duas partes, uma será para uso público e a outra para uso particular, e cada parte deveria ser subdividida, de modo que uma parcela das terras públicas sirva à realização do culto aos deuses, e a outra parte deve cobrir, com a venda de seus produtos, o custo das refeições coletivas; e a terra particular deve subdividir-se em uma seção mais próxima da fronteira e a outra mais próxima da Cidade, de modo que, cada cidadão possuindo dois lotes, possa ter terras nos dois lugares; há justiça e harmonia nessa divisão, e ela tende a inspirar uma disposição unânime da população que reside junto às fronteiras para defender a Cidade nas guerras. Onde essa disposição não é obedecida, uma parte da população está sempre pronta a entrar em conflito com seus vizinhos, enquanto outros são tão cautelosos que perdem a sua honradez. Assim, existe uma lei em alguns lugares que proíbe aqueles que residem junto à fronteira de participarem das deliberações sobre as guerras contra Cidades vizinhas, com base na premissa de que seus interesses acabam pervertendo a sua capacidade de julgamento. Pelas razões já alegadas, então, a terra deveria ser dividida conforme a descrição que apresentamos.

Quanto aos agricultores, para que a Cidade corresponda ao que esperamos, os escravos deveriam ser originários de diferentes raças e não deveriam ser dotados de bravura, pois se forem dóceis adaptar-se-ão melhor ao trabalho e será menor o risco de se revoltarem. Se isso não for possível, a melhor alternativa é que sejam servos bárbaros, dotados de uma natureza inferior; alguns deles seriam propriedade privada dos donos de terras, enquanto os demais trabalhariam nas terras públicas, sendo propriedade pública. Falaremos ainda sobre o modo mais apropriado de se tratar os escravos, e explicaremos por que é oportuno acenar sempre a eles com a hipótese da liberdade como recompensa aos seus bons serviços.

Capítulo XI

Já dissemos que a Cidade deveria estar aberta para a terra e para o mar, e que deveria ter conexão com todas as partes de seu próprio território, tanto quanto possível. Com respeito à localização do território, devemos desejar que seja favorável em quatro aspectos. O primeiro aspecto é a salubridade — Cidades dispostas de frente para o leste recebem os ventos que sopram de lá e são as mais salubres; neste sentido, a segunda melhor opção são as Cidades bem abrigadas dos ventos do norte, pois o inverno nessas Cidades é mais suave. A localização da Cidade deveria também ser conveniente tanto para a administração política quanto para as ações militares. Neste último caso, deveria permitir acesso fácil à entrada dos cidadãos, e ao mesmo tempo ser de difícil acesso e não sitiável pelo inimigo. Deveria haver uma abundância natural de fontes na Cidade, ou, se houver escassez delas, grandes reservatórios devem ser estabelecidos para coletar águas pluviais, para que não haja desabastecimento caso o território seja isolado pelo cerco na guerra. Cuidados especiais devem ser tomados com a saúde dos habitantes, que dependerão, acima de tudo, da salubridade do local e do terreno ao qual estão expostos, e, além disso, do uso de água potável; esta última questão não é, de modo algum, uma preocupação secundária, pois os elementos que mais utilizamos, e com maior frequência, para a sustentação de nosso organismo são os que mais afetam a qualidade de nossa saúde, e entre esses elementos estão a água e o ar. Por isso, quando há escassez de água pura ou quando os suprimentos de água são em parte de qualidade suspeita, os governos sábios fazem uma reserva de água potável, isolada da água que é usada para outros propósitos.

Quanto às fortalezas, sua conveniência varia de acordo com as diferentes formas de governo; assim, uma acrópole é adequada a uma oligarquia ou a uma monarquia, mas um terreno plano serve melhor às fortalezas de uma democracia; nenhum desses sistemas deve ser adotado por uma aristocracia, que deveria preferir uma série de pequenas fortalezas. A disposição das residências particulares parece ser mais agradável e geralmente é mais conveniente se as ruas forem distribuídas regularmente, de maneira moderna, tal como a que foi introduzida por Hipódamo, mas para o enfrentamento de uma guerra a antiga disposição irregular dos edifícios é preferível, porque dificulta a saída dos estrangeiros e a entrada dos agressores. Portanto, uma Cidade deve combinar as estratégias dos dois sistemas de construção: é possível dispor as residências irregularmente, como os agricultores plantam suas vinhas, em aglomerações.

Não se deve dispor a Cidade inteira em linhas retas; essa disposição deve ficar restrita a alguns bairros e a algumas regiões; assim a segurança e a beleza estarão combinadas. Quanto às muralhas, os que afirmam que as Cidades militarmente valorosas não deveriam tê-las defendem uma noção ultrapassada, e podem verificar que os fatos contradizem a efetividade do orgulho tolo dessas Cidades. É verdade que se esconder atrás de muralhas não é um gesto enobrecedor quando um inimigo tem características semelhantes e numericamente não é muito superior; mas como pode ser que a superioridade numérica dos agressores seja uma vantagem muito grande em relação à coragem de tropas muito reduzidas, e se a Cidade pretende salvar-se e escapar à derrota e à humilhação, a muralha mais forte será também a mais poderosa proteção militar, especialmente agora que os projéteis e os engenhos militares apresentam-se tão aperfeiçoados. Abrir mão das muralhas seria uma tolice tão grande quanto a de escolher uma localização em um território exposto para estabelecer uma Cidade, nivelando as elevações do terreno; ou a de não murar os terrenos das residências apenas para provar que seus moradores não são covardes. Também não devemos nos esquecer de que aqueles que têm as suas Cidades cercadas por muralhas poderão tirar ou não vantagens delas, mas Cidades que não são muradas não possuem escolha.

Se nossas conclusões estão corretas, as Cidades não devem limitar-se à construção das muralhas protetoras, mas devem ainda ornamentá-las e fazê-las úteis para fins militares, e adaptadas para resistir às modernas invenções. Porque, assim como os agressores de uma Cidade tudo fazem para estar em vantagem, também os defensores deveriam usar quaisquer meios já inventados que estejam ao seu alcance, além de criar artifícios inéditos, pois, quando os homens encontram-se bem preparados, seus inimigos nem mesmo cogitam de atacá-los.

Capítulo XII

Uma vez que nas refeições coletivas os cidadãos devem ser distribuídos em grupos nas mesas, e as muralhas têm de ter postos de guarda e torres a intervalos convenientes, é claro que se deveria pôr algumas mesas nesses postos de guarda. Isso pode ser disposto como foi mencionado. As mesas dos principais magistrados ocuparão uma mesma região especial, e também devem ser erguidos ali os edifícios apropriados para as cerimônias religiosas, exceto nos casos daqueles rituais que a lei ou o oráculo pítico[2] restringem a locais específicos. A adequação do local dependerá de sua visibilidade e de sua posição de destaque em comparação com as torres da vizinhança. Abaixo desse local deve ser estabelecida uma ágora, como aquelas que são chamadas na Tessália de "ágora dos homens livres"; nelas, nenhuma atividade comercial deve ser permitida, e nenhum artífice, agricultor ou pessoa desse nível social deve ser admitido, a menos que seja convocado pelos magistrados. Uma forma ainda mais agradável de se utilizar esses edifícios é permitir ali a realização dos exercícios físicos dos idosos. Com efeito, para a nobre prática da ginástica é conveniente que os homens sejam separados por faixas etárias, e que os meninos sejam supervisionados por alguns magistrados, enquanto os outros magistrados permanecerão com os adultos, pois a presença dos magistrados é a melhor maneira de inspirar a verdadeira modéstia e o temor ingênuo. A ágora para os negócios deve ser estabelecida em uma área distinta e à parte da outra, em uma localização que seja conveniente para a recepção das mercadorias vindas por mar ou por terra.

Convém que as mesas dos sacerdotes sejam situadas nas proximidades dos templos. Os magistrados que lidam com os contratos, indiciamentos, convocações e operações semelhantes e aqueles que são responsáveis pela ágora e pela Cidade deveriam situar-se próximos a uma ágora ou a algum espaço público de reuniões; um exemplo de local adequado seriam os arredores da ágora de negócios; a ágora superior será reservada ao lazer, a outra às necessidades comerciais.

A mesma ordem deveria prevalecer no campo, pois ali também os magistrados, chamados de inspetores das florestas em algumas Cidades, e guardiões dos campos em outras, precisam possuir postos de guarda e mesas para refeições coletivas para uso enquanto estão em serviço; deveria haver templos esparsos pelos campos, alguns dedicados aos deuses, e outros aos heróis.

---

[2] Consagrado a Apolo Pítio. (N. do T.)

Mas seria perda de tempo continuar discutindo detalhes como estes. O difícil não é imaginá-los, mas pô-los em prática. Podemos falar a respeito deles o quanto quisermos, mas a sua realização dependerá de recursos. Assim, não falaremos mais por agora sobre essas questões.

Capítulo XIII

Examinemos agora a própria constituição, e procuremos definir quais são as espécies de elementos que devem compor uma Cidade feliz e bem governada. Há dois aspectos indispensáveis ao bem-estar de todos: um deles é a escolha de um fim correto para a ação, e o outro é a descoberta das atividades que funcionam como meio para alcançar esse fim, pois os meios e o fim podem estar ou não em harmonia. Às vezes, os fins são bem escolhidos pelos homens, que, contudo, não são competentes para buscá-los na prática; em outros casos, os homens são competentes na execução dos meios, propondo a si mesmos um mau fim; e algumas vezes eles falham nos dois aspectos. Vejamos, por exemplo, a arte da medicina; os médicos nem sempre compreendem a natureza da saúde, e, além disso, os meios que eles usam para tratar de seus pacientes podem não ser efetivos para a realização de seus objetivos médicos. Em todas as artes e ciências, tanto os meios quanto os fins deveriam estar igualmente sob o nosso controle.

Sabemos então que todos os homens desejam manifestamente a felicidade e o bem-estar, e que a alguns não é difícil obtê-los, mas a outros, em razão de algum acidente ou defeito da natureza, a obtenção dessas aspirações não é garantida; com efeito, uma boa vida requer alguns recursos, se bem que tais recursos sejam menos necessários aos homens de melhor disposição natural e mais necessários aos de disposição pior. Há outros que, embora possuam as condições ideais para conquistar a felicidade, não escolhem esse caminho. Mas, uma vez que nosso objetivo é descobrir a melhor forma de governo, aquele sob o qual uma Cidade seja bem governada, e uma vez que a Cidade mais bem governada é a que tem a melhor oportunidade de obter a felicidade, é evidente que precisamos definir claramente a natureza da felicidade.

Sustentamos, e já falamos sobre isso na *Ética* (se os argumentos apresentados ali forem de algum valor), que a felicidade consiste na realização e no perfeito exercício da virtude, e de uma virtude que não seja condicional, mas absoluta. Uso o termo "condicional" para expressar aquilo que é necessário, e o termo "absoluto" para falar daquilo que é bom em si mesmo. Vejamos os casos das ações justas; as punições e os castigos justos de fato emanam de um bom princípio, mas são bons apenas porque não podemos viver sem eles — seria melhor que nem os indivíduos nem as Cidades precisassem desse tipo de coisa — mas as ações que têm a honra como sua meta e a sua vantagem são absolutamente as melhores. A ação condicional é apenas a escolha de um mal menor, ao passo que as ações absolutas são aquelas que fundamentam e geram o bem. Um bom homem pode fazer o melhor até mesmo em meio à pobreza, à doença e outras vicissitudes da vida; mas só pode obter a felicidade sob as condições opostas (também definimos em nossos tratados éticos que o homem bom é aquele para quem, por ser ele virtuoso, as coisas são boas por serem absolutamente boas; é verdade também que o seu uso dos bens deve ser virtuoso e bom em um sentido absoluto). Isso faz que os homens imaginem que os bens externos são a causa da felicidade; se assim fosse poderíamos afirmar que a execução brilhante de uma lira deveria ser atribuída ao próprio instrumento e não às habilidades daquele que faz uso dele.

Em consequência do que já foi dito, é possível compreender que o legislador encontrará algumas coisas prontas na Cidade, enquanto outras ele terá de prover. Por isso, só podemos desejar que nossa Cidade seja constituída de uma tal forma que seja abençoada com as qualidades das quais a sorte é soberana (reconhecemos seu poder); entretanto, o desenvolvimento da virtude não é fruto do acaso em uma Cidade, mas o resultado da ciência e da premeditação. Uma Cidade só pode ser virtuosa quando os cidadãos que participam do seu governo são virtuosos, e em nossa Cidade todos os cidadãos participam do governo. Porém é necessário inquirir: de que modo um homem se torna virtuoso? Pois ainda que o grupo de cidadãos pareça possuir elevadas qualidades morais, sem que cada um de seus membros as tenha, seria melhor que a virtude estivesse primeiro no indivíduo, pois na virtude de cada um encontra-se a virtude de todos.

Três coisas fazem do homem bom e virtuoso: a natureza, o hábito e o princípio racional [*lógos*]. Primeiramente, a natureza produz o nascimento de um homem e não de um outro animal qualquer; em seguida, é preciso que o homem nasça com algumas características de corpo e alma. Mas certas qualidades de nascimento tornam-se inúteis, pois são alteradas pelos nossos hábitos, e há alguns dons que pela própria natureza podem ser transformados para melhor ou pior em decorrência de nossos hábitos. Os animais levam uma vida em geral de acordo com a natureza, embora em alguns aspectos possam ser influenciados pelo hábito também; o homem é dotado de um algo mais, algo que é só seu, um princípio racional. Assim, a natureza, o hábito e o princípio racional devem estar harmonizados no homem, o que nem sempre acontece; quando o princípio racional é predominante, o ser humano faz muitas coisas contrariando os hábitos e a sua própria natureza. Já definimos as qualidades naturais do homem que facilitam o trabalho do legislador na condução das massas. As qualidades que não são concedidas pela natureza precisam ser lapidadas pela educação; aprendemos algumas coisas pela força do hábito e outras pela influência dos educadores.

Capítulo XIV

Uma vez que a sociedade política é composta por governantes e governados, consideremos se esses dois grupos devem alternar sua posição ou devem permanecer onde estão durante toda a vida. Isso porque a educação dos cidadãos terá de ser adaptada para isso ou aquilo, dependendo da resposta a essa pergunta. Agora, se alguns homens superarem os demais no mesmo grau em que os deuses e os heróis supostamente superam a humanidade toda (a princípio por sua evidente vantagem física, mas também por suas vantagens intelectuais), de tal modo que a superioridade dos governantes fosse indiscutível e evidente para todos os governados, seria claramente melhor que um grupo de homens permanecesse no governo e o outro na condição de governados. Mas uma vez que isso não é possível, e que os reis não possuem nenhuma superioridade explícita sobre os seus súditos (tal como aquela que Cílax diz ter encontrado entre os reis e os súditos da Índia), é obviamente necessário que todos os cidadãos deveriam se revezar no poder nas diferentes áreas do governo. A igualdade consiste em dar o mesmo tratamento a pessoas semelhantes, e dificilmente algum governo pode sustentar-se sem que esteja fundamentado sobre essa base de justiça. Com efeito, se o governo for injusto, todos os habitantes do país unir-se-ão aos governados no desejo de promover uma revolução, e é impossível que os membros do governo sejam tão numerosos que venham a ser mais poderosos do que a soma de todos os seus inimigos. Contudo, é um fato inegável que os governantes deveriam superar em qualidades os seus governados. Cabe ao legislador refletir sobre a melhor maneira de levar isso a efeito, e de estabelecer as formas em que o poder poderá ser compartilhado. Já tratamos desse assunto anteriormente. A própria natureza já forneceu a distinção quando propiciou que haja no mesmo povo pessoas mais idosas e mais jovens, sendo mais conveniente a alguns que governem e a outros que sejam governados. Ninguém considera uma ofensa ser governado quando se é jovem, nem se julga, na juventude, melhor que seus governantes, especialmente se souber que terá os mesmos privilégios quando alcançar a idade necessária. Concluímos que, por um determinado ponto de vista, governar e ser governado é a mesma coisa, embora sejam diferentes se considerados por outro ângulo. E, desse modo, a educação de governados e governantes deve ser a mesma até certo ponto, mas em alguns aspectos deve ser diferente. Pois aquele que deve aprender a liderar bem deve antes aprender a obedecer. Como já dissemos na primeira parte deste tratado, existe um governo que serve aos interesses dos governantes e outro que serve aos interesses dos governados; o primeiro é um governo despótico, o último é dos homens livres. Algumas ordens diferem não por aqueles que lideram, mas pelo objetivo original que as impõe. Portanto, muitos cargos aparentemente servis podem ser ocupados honrosamente por jovens livres, pois as ações não devem ser classificadas como honrosas e desonrosas apenas pelo que são. Mas desde que dizemos que a virtude de um cidadão e de um governante é a mesma de um homem bom, e que o mesmo homem deve primeiramente ser governado antes de ser governante, o legislador deve garantir que todos se tornem homens bons, providenciando os meios adequados para isso, definindo bem o objetivo de uma vida perfeita.

A alma do homem está dividida em duas partes, uma das quais é regulada pelo próprio princípio racional, e a outra metade, não sendo regulada pelo princípio racional, é capaz de obedecer a esse princípio. E dizemos que um homem é bom quando a virtude predomina nessas duas partes de sua alma. Àqueles que aceitam essa nossa divisão, é fácil concluir em qual das duas partes está situado o objetivo da vida; pois tanto na dimensão da vida quanto na da arte, o que é inferior sempre existe para o benefício do que é melhor ou superior, e o melhor ou o superior é aquilo que é regulado pelo princípio racional. Este princípio, também, segundo a nossa forma usual de classificação, divide-se em dois tipos: a razão prática e a razão teórica, e, portanto, a metade racional da alma deveria ser compreendida segundo essas duas subdivisões. Além disso, deve existir uma divisão equivalente sobre os tipos de atividade; assim, as atividades daquela metade superior da alma devem ser preferidas por aqueles que se sentem capazes de aspirar aos diversos níveis de atividade da alma, pois é sempre preferível a cada indivíduo que aspire o mais alto do que tenha condições para atingir.

A vida como um todo também é dividida em duas partes: negócios e ócio, guerra e paz, e entre as nossas atividades há as que objetivam o necessário e o útil, enquanto outras visam a metas mais elevadas. E a preferência dada a uma ou a outra classe de atividades deve necessariamente ser como a preferência dada a uma ou a outra parte da alma; é preciso que haja guerra para se alcançar a paz, negócios para promover o ócio, ações úteis e necessárias a fim de se atingir aquilo que é honroso. O estadista deve ter todos esses pontos em vista quando estiver formulando as suas leis; ele deve levar em conta as partes da alma e suas funções, e acima de tudo o que é melhor para os cidadãos, e qual o objetivo a ser perseguido; ele também deveria lembrar-se da diversidade que há nas vidas humanas e suas atividades. Com efeito, os homens devem ser capazes de envolver-se com negócios e ir à guerra, mas o ócio e a paz são melhores; eles devem sem dúvida fazer o que é necessário e útil, mas fazer o que é honroso é melhor. Não somente as crianças, mas as pessoas de todas as idades que precisam de educação deveriam ser treinadas nesses princípios. Até mesmo os helênicos da atualidade, que têm a reputação de possuir o melhor governo, e os legisladores que deram a eles as suas constituições não parecem ter estruturado seus governos levando em consideração os mais elevados fins, nem parecem ter oferecido aos seus cidadãos um código de leis e uma educação que valorizem as qualidades morais; ao contrário, com uma mentalidade vulgar, pendem na direção daqueles governos que se inclinam no sentido das qualidades úteis e mais propícias ao lucro. Muitos escritores recentes adotaram uma visão semelhante das coisas; eles elogiam a constituição dos lacedemônios e louvam o legislador por promover guerras e conquistas em benefício próprio; essa é uma doutrina facilmente refutável por meio de argumentos e igualmente refutável pelos eventos recentes. A maioria dos homens deseja o poder político com a esperança de acumular riquezas; e foi com esse tipo de motivação que Tíbron e todos aqueles que escreveram sobre a constituição dos lacedemônios louvaram seu legislador, pois os lacedemônios, que foram treinados a enfrentar riscos, ganharam muito poder. Mas, certamente, agora que seu império está desmoronando vemos que eles não são um povo feliz e que tampouco o seu legislador é um homem bom. É ridículo que, embora eles continuem observando a sua lei e ninguém os impeça de fazê-lo, eles tenham perdido a melhor parte da vida! Esses escritores erram ainda mais quando defendem a ideia de que o legislador deve aprovar esse tipo de governo, pois governar homens livres é uma atividade mais nobre e que implica maiores virtudes do que exercer um governo tirânico. Não se deve considerar uma Cidade feliz nem é certo louvar o seu legislador porque ele treina os seus cidadãos para conquistar e a dominar os seus vizinhos, pois tal atitude pode causar grandes males. Dentro de um princípio semelhante, qualquer cidadão capacitado deveria obviamente tentar obter o poder em sua própria Cidade — é esse o crime que os lacedemônios imputam ao seu rei Pausânias, embora ele já houvesse merecido tantas honrarias. Um princípio desses não se coaduna com um estadista, não é útil nem correto. Com efeito, as mesmas coisas são melhores tanto para os indivíduos quanto para as Cidades, e são elas que os legisladores deveriam semear na alma dos cidadãos.

Os homens não devem receber treinamento militar para escravizar aqueles que não merecem ser escravizados; o primeiro objetivo deve ser evitar que eles mesmos venham a ser escravizados; em segundo lugar, estabelecer o domínio em benefício dos governados, e não para impor um governo despótico a todos; em terceiro lugar, eles devem permanecer senhores tão somente daqueles que merecem ser escravos. Os fatos, tanto quanto os argumentos, provam que o legislador deveria dirigir todas as suas medidas, militares ou não, no sentido de prover lazer e paz aos cidadãos. Ora, quase todas as Cidades militarizadas permanecem estáveis apenas enquanto estão em guerra, mas entram em decadência assim que conquistam o seu império; e, assim como o ferro enferruja quando em desuso, também essas Cidades perdem a têmpera em tempos de paz. E isso ocorre por responsabilidade do legislador, que falhou em ensinar aos cidadãos a viver em tempos de paz.

Capítulo XV

Como o objetivo dos indivíduos e das Cidades parece ser o mesmo, o objetivo do melhor entre os homens deve equivaler às aspirações consignadas na melhor das constituições; é evidente, portanto, que em ambos os casos é necessário destacar as virtudes do lazer; pois a paz, conforme temos afirmado, é a finalidade da guerra, e o lazer é a finalidade do trabalho. Mas as virtudes não são promovidas apenas por meio de atividades de lazer, mas também por meio de atividades de negócio. É inegável que muitas necessidades da vida precisam ser supridas antes que possamos ter nossos momentos de lazer. Portanto, uma Cidade deve ser moderada, corajosa e tenaz, pois é verdadeiro o provérbio que afirma: "Não há lazer para os escravos", e aqueles que não podem encarar o perigo como homens são escravos de quaisquer invasores. A coragem e a tenacidade são úteis aos negócios, enquanto a filosofia é necessária ao lazer, e a temperança e a justiça, a ambos, especialmente nos tempos de paz e de lazer, pois a guerra compele os homens a serem justos e temperantes, ao passo que o desfrutar da boa sorte e do lazer que vem com a paz tende a torná-los insolentes. Portanto, os que são mais prósperos e que possuem abundância de bens precisam ser especialmente justos e equilibrados — por exemplo, os que, no dizer do poeta,[3] vivem nas Ilhas Afortunadas; estes, acima de todos, precisarão de filosofia, temperança e justiça, e, quanto mais os tiverem, mais lazer terão, vivendo em meio à abundância. Não há dificuldade em perceber que a existência dessas virtudes é condição para que uma Cidade seja boa e feliz. Se por um lado é vergonhoso que um homem não seja capaz de usufruir os bens da vida, é ainda mais vergonhoso que ele não seja capaz de usufruir deles em seu tempo de ócio — isto é, demonstrar qualidades excelentes na ação e na guerra, e, quando finalmente possui a oportunidade de viver em paz uma vida de lazer, não ser melhor do que qualquer

---

[3] Hesíodo, *Trabalhos e dias*, 170 e s. (N. do T.)

escravo. Portanto, não devemos praticar as virtudes à maneira dos lacedemônios; embora eles estejam de acordo com os outros homens no que se refere ao conceito dos bens mais elevados, diferem do restante da humanidade ao considerar que esses bens possam ser obtidos pela prática de uma única virtude. Eles pensam que esses bens e o gozo promovido pela sua posse são maiores que o prazer que deriva das virtudes, contudo é evidente, pelo que já dissemos que elas deveriam ser praticadas por si mesmas.

Precisamos agora considerar como e por que meios podem ser alcançados os bens maiores. Já determinamos que a natureza, o hábito e o princípio racional são necessários para isso, e definimos também as qualidades naturais mais apreciáveis em um cidadão. Mas ainda precisamos saber se a melhor forma de iniciar a educação da criança é pela razão ou pela aquisição do hábito. Esses dois aspectos devem estar em perfeita harmonia, pois a razão pode falhar na procura dos ideais mais altos da vida, ou males semelhantes podem resultar de hábitos inapropriados. Assim, está muito claro, a princípio, que, tal como ocorre em tantas outras áreas da vida, a geração traz implicações desde o início, e que o fim relacionado com um certo começo é ele mesmo o começo de outro fim. No homem, a razão e a inteligência são o fim para o qual toda a natureza concorre, de modo que o nascimento e a disciplina moral dos cidadãos deveriam ser organizados tendo por objetivo mais alto o desenvolvimento dessas faculdades. Em segundo lugar, assim como a alma e o corpo são dois, sabemos também que há duas partes da alma, a parte racional e a parte irracional, e dois estados de consciência correspondentes: a razão e o apetite. E como o corpo antecede a alma no processo de geração, também a parte irracional da alma é gerada antes da parte racional. Uma prova disso é que a raiva, a vontade e os apetites são implantados nas crianças desde o seu nascimento, mas a razão e a compreensão se desenvolvem nelas à medida que crescem. Pelo que os cuidados com o corpo na educação devem preceder os cuidados com a alma, e em seguida é preciso começar com o treinamento para refrear os apetites: esse último treinamento deve servir à razão, e os cuidados com o corpo devem servir ao desenvolvimento da alma.

Capítulo XVI

Uma vez que o legislador deve tomar as providências para que as crianças tenham a melhor compleição física possível, sua atenção deve voltar-se antes de tudo à questão do casamento, determinando a idade ideal para a união conjugal, bem como a escolha apropriada dos cônjuges.

Ao legislar sobre esse tema ele deve levar em consideração a idade das pessoas, a sua expectativa de vida e capacidade para procriar, evitando algum desencontro nesse sentido, de modo que não ocorra que o homem ainda seja fértil quando a mulher não mais puder ter filhos ou o contrário, pois isso gera conflitos e diferenças entre as pessoas casadas. Em segundo lugar, o legislador deve também considerar que a diferença de idade entre pais e filhos não deve ser demasiada, pois os pais muito idosos não sentirão o prazer da afeição pelos filhos, nem poderão ajudá-los quando mais precisarem de ajuda. Por outro lado, o intervalo de idade entre pais e filhos não deve ser pequeno em demasia, pois há uma série de objeções aos casamentos de pessoas muito jovens — as crianças não demonstrarão o necessário respeito aos seus pais que podem mesmo parecer seus companheiros de mesma idade, e muitas disputas surgirão no cotidiano do lar. Em terceiro lugar, e esse foi o ponto de que partimos para dar início à nossa digressão, as crianças devem desenvolver uma compleição física favorável aos desígnios do legislador. A realização de quase todos esses objetivos pode ser assegurada se houver atenção a um aspecto. Desde que a longevidade média do homem é de setenta anos e a da mulher de cinquenta, o início da união conjugal deve ser proporcional a esses períodos. A união de um casal muito jovem é prejudicial para a procriação de crianças; no caso de todos os outros animais, as ninhadas de animais muito jovens são pequenas e mal desenvolvidas, e com uma tendência acentuada para o nascimento de fêmeas, e o mesmo se dá com os casais humanos, conforme já está provado pelo fato de que nas Cidades em que homens e mulheres estão acostumados a se casar jovens, as pessoas são franzinas e frágeis; mulheres muito jovens sofrem mais durante o parto, e um número maior de parturientes jovens falece; alguns dizem que esse foi o sentido da resposta do oráculo aos trezênios — que as mulheres estavam morrendo em grande quantidade em consequência do casamento precoce; o problema não tinha relação com o trabalho das mulheres na colheita. O casamento da mulher com mais idade também contribui para o desenvolvimento da temperança, pois alguns dizem que as mulheres que se casam muito cedo estão mais inclinadas à licenciosidade; igualmente o homem que se casa enquanto a quantidade de seu esperma ainda está aumentando (pois há um período em que o crescimento do esperma também cessa, ou continua a crescer, mas muito pouco). As mulheres deveriam casar-se por volta dos dezoito anos de idade, e os homens aos trinta e sete; então estarão na flor da idade, e o declínio das forças sexuais de ambos irá coincidir. Ademais, se as crianças nascerem logo, como se pode esperar que aconteça, herdarão os bens de seu pai (que a essa altura estará com cerca de setenta anos) quando alcançarem a flor da sua idade.

Assim, falamos a respeito da idade apropriada para o casamento. Quanto à melhor estação do ano para a união conjugal, de acordo com o costume vigente as pessoas costumam se casar durante o inverno, e estão certas ao fazê-lo. Os cônjuges devem estudar os conselhos dos médicos e dos filósofos naturalistas a respeito da procriação; os médicos dão bons conselhos a respeito das condições favoráveis do corpo para a concepção em certas épocas do ano, e os filósofos naturalistas falam sobre os ventos, preferindo os do norte aos do sul.

As características físicas mais vantajosas aos pais quanto à procriação são um tema que consideraremos mais cuidadosamente quando falarmos a respeito da educação das crianças; no presente, faremos apenas algumas observações gerais. A compleição de um atleta não é mais apropriada à vida de um cidadão, à sua saúde ou à procriação, do que a de uma pessoa enferma ou exausta. O ideal é uma compleição intermediária a esses dois extremos. A constituição física de um homem deveria estar adaptada ao trabalho, mas não ao trabalho em excesso ou a um único tipo de trabalho, tal como ocorre com os atletas; ele deve ser capaz de realizar todas as atividades que realiza um homem livre. Essas observações aplicam-se a ambos os cônjuges.

Mulheres grávidas deveriam tomar cuidados especiais com o próprio corpo; deveriam fazer alguns exercícios e ter uma dieta nutritiva. A primeira dessas duas prescrições pode ser facilmente levada a efeito pelo legislador, bastando que ele determine que elas façam uma caminhada diária até algum templo, onde poderão adorar os deuses que presidem os assuntos de nascimento. Quanto ao espírito, porém, em oposição ao que se prescreve para o corpo, deveria permanecer tranquilo, pois os filhos derivam da natureza de sua mãe tanto quanto os vegetais derivam da terra em que estão plantados.

Quanto à aceitação ou rejeição das crianças, terá de haver leis segundo as quais as crianças com deformidades não devem viver, todavia, quanto a um eventual excesso de nascimentos, caso os costumes da Cidade proíbam o abandono de recém-nascidos, o costume deve ser respeitado, mas quando os casais têm excesso de filhos o aborto deve ser facultado, desde que ocorra na fase de gestação em que a criança ainda não desenvolveu os sentidos e a vida. A legalidade do aborto será determinada pelo critério de haver ou não sensação e vida.

E agora que já definimos as idades em que os homens e as mulheres deverão casar-se, determinemos também o período durante o qual eles poderão conceber e gerar filhos para a Cidade; homens que são idosos demais, como aqueles que são jovens em demasia, produzem crianças de corpo e alma defeituosos; os filhos de homens idosos em demasia são frágeis. O limite, então, deveria ser a idade em que a sua inteligência está no auge, o que se dá, na maioria dos casos, de acordo com alguns poetas que medem a vida em períodos de sete anos, por volta dos cinquenta anos; quatro ou cinco anos mais tarde, eles deveriam cessar a procriação; e desse momento em diante suas relações devem obedecer a razões de saúde ou similares.

Quanto ao adultério, que seja considerado abominável, tanto para homens quanto mulheres que estejam casados. Se algo desse tipo ocorrer durante o período da gravidez, que a pessoa culpada seja punida com a perda dos privilégios na mesma proporção de sua ofensa.

Capítulo XVII

Após o nascimento das crianças, a maneira de criá-las pode ter um grande efeito sobre o processo de seu fortalecimento físico. Pode-se notar pelo exemplo de certos animais, e daquelas nações que desejam criar um hábito militar em seus filhos, que a abundância de leite na alimentação é a mais conveniente para o desenvolvimento do ser humano; quanto à ingestão de vinho pelas crianças, quanto menor ela for, melhor para a sua saúde e para evitar as enfermidades. Igualmente úteis para o crescimento das crianças é a movimentação física compatível com a sua pouca idade. Todavia, para evitar que seus membros frágeis sejam deformados, algumas nações têm recorrido ao uso de certos aparelhos mecânicos que sustentam o corpo das crianças em uma postura ereta. Outro exercício excelente para fortalecer os meninos desde cedo para o serviço militar e melhorar o seu estado de saúde é acostumá-los com temperaturas baixas. É por isso que tantos povos bárbaros costumam mergulhar os seus recém-nascidos nas águas de rios gelados; outros, como, por exemplo, os celtas, vestem-nos apenas com um pano leve. Com efeito, a natureza humana deveria ser habituada, desde cedo, a resistir a tudo aquilo que, por força do hábito, pode ser levada a resistir; mas o processo deve ser gradual. E as crianças, a partir de seu calor natural, podem ser facilmente treinadas a suportar o frio. Essas práticas são aconselháveis para os primeiros anos de vida das crianças.

O período seguinte vai até a idade de cinco anos; nesta fase, nenhuma exigência de estudo ou de trabalho deveria ser feita a crianças, evitando assim que o seu processo de crescimento seja atrapalhado; e deveria haver movimentação física suficiente para prevenir o enrijecimento dos membros, o que pode ser garantido por meio de jogos infantis, desde que não resvalem para o vulgar, o exaustivo ou o efeminado. Os inspetores de educação, como são conhecidos, devem ter cuidado com a escolha das histórias que irão contar às crianças, pois tudo isso deve ser bem planejado com vista à ocupação que no futuro elas terão, portanto a maioria desses contos deve reproduzir os melhores exemplos daquilo que as crianças buscarão realizar no futuro. Estão equivocados os que proíbem as crianças de chorar e gritar, pois essas manifestações também contribuem para o seu crescimento; é uma forma de exercício físico. O ato de gritar tem um efeito fortalecedor semelhante ao de conter a respiração em exercícios de grande esforço. Os inspetores de educação deveriam acompanhar de perto o desenvolvimento de seus educandos, evitando que sejam deixados ao cuidado de escravos. Com efeito, as crianças devem morar em casa até a idade de sete anos; e, ainda assim, mesmo durante esse estágio precoce da vida, é provável que sejam influenciados negativamente por aquilo que ouvem e vêem. De fato, não há nada que o legislador deva evitar mais do que a linguagem indecente, pois o uso mais leve de um vocabulário impróprio conduz brevemente a ações impróprias. Aos jovens, especialmente, nunca se deve permitir que ouçam ou repitam palavras de baixo calão. Um homem livre que seja apanhado dizendo ou fazendo algo proibido, ainda que seja muito jovem para ter o privilégio de sentar-se à mesa nas refeições coletivas, deve receber uma punição humilhante ou ser surrado, e, caso seja um idoso, deverá receber um castigo degradante, equivalente à sua conduta, que terá sido a conduta de um escravo. E, uma vez que não permitimos uma linguagem imprópria, é evidente que devemos também evitar o contato com imagens ou qualquer tipo de apresentação desse tipo. As autoridades devem providenciar para que nas ruas da Cidade não existam obscenidades representadas em pinturas ou esculturas, exceto naqueles templos de deuses cujos festivais permitem a pornografia, uma vez que nesses templos a entrada é facultada a pessoas maduras, de uma certa idade, que podem adorar os deuses não somente em seu nome, mas também em nome de seus filhos e esposa. Mas os legisladores não deveriam permitir aos jovens que sejam espectadores dos iambos e das comédias até que tenham idade suficiente para sentar-se à mesa nas refeições coletivas e para beber vinho forte; quando alcançarem essa idade, a educação os terá preparado contra as influências negativas dessas representações.

Fizemos essas observações um tanto superficialmente — elas são suficientes nesta oportunidade —; todavia, doravante retomaremos o assunto e após uma discussão mais completa determinaremos se uma liberdade tal deveria ou não ser concedida, e de que modo ela seria concedida, em caso afirmativo.

Teôdoros, o ator trágico, tinha muita razão ao dizer que não permitiria a nenhum outro ator, mesmo a um de segunda categoria, entrar em cena antes dele, pois os espectadores se enamoram das primeiras vozes que ouvem no espetáculo. E esse mesmo princípio aplica-se universalmente para a associação com coisas ou pessoas, pois sempre gostamos mais daquilo que vem em primeiro lugar. Assim, os jovens deveriam ser mantidos a distância de tudo o que é ruim, especialmente daquilo que conduz ao vício ou ao ódio.

Entre os cinco e os sete anos de idade, as crianças devem ser admitidas nas mesmas aulas que frequentarão formalmente a partir de então. Há dois períodos da vida em torno dos quais a educação deveria ser dividida: dos sete até a idade da puberdade, e desta até os vinte e um anos. Os poetas que dividem a vida em períodos de sete anos estão provavelmente corretos; mas deveríamos observar as divisões fornecidas pela natureza, pois as lacunas deixadas pela natureza devem ser preenchidas pela arte e pela educação.

Indaguemos, primeiramente, se é necessário estabelecer algum regulamento concernente às crianças, e, em segundo lugar, se o cuidado com elas deveria ser uma preocupação pública ou particular, como se dá costumeiramente em nossos dias, e, finalmente, passemos à discussão sobre o tipo de regulamento necessário.

Livro VIII

Capítulo I

Ninguém pode pôr em dúvida que a atenção do legislador deve estar centrada, acima de tudo, na educação da juventude; negligenciar a educação é promover grandes danos à constituição. O cidadão deveria ser educado em harmonia com a forma de governo sob a qual vive, pois cada governo tem um caráter peculiar que o acompanha desde a sua origem e que ele preserva com o passar do tempo. O caráter democrático gera democracia, e o caráter oligárquico gera a oligarquia; e é fato que quanto mais sólido for o caráter, melhor o governo será.

Novamente, para o exercício de qualquer faculdade ou o domínio de uma arte qualquer, um treinamento prévio e uma etapa de adaptação são necessários; é claramente o que se dá com a prática das virtudes. E já que a cidade inteira compartilha dos mesmos fins, é evidente que a educação deveria ser a mesma para todos, e que deveria ser pública, e não privada — ou seja, não deve ser como atualmente, quando cada cidadão educa separadamente os seus filhos, dando-lhes a instrução que julga ser a mais apropriada; a preparação para aquilo que é comum a todos os cidadãos deveria ser igual para todos. Também não é certo supor que cada cidadão deva cuidar de seu próprio destino, pois todos os cidadãos pertencem à Cidade; cada um é uma parte que integra o todo da Cidade, e os cuidados para com a parte são inseparáveis dos cuidados para com o todo. Nesse particular, como em alguns outros, os lacedemônios devem ser elogiados, pois eles dedicam grandes esforços à educação de seus filhos, e consideram a educação um assunto da Cidade.

Capítulo II

Não se deve negar que a educação deveria ser regulamentada pelas leis do governo, nem que deveria ser uma atividade da Cidade, mas qual deve ser o caráter da educação pública, e com que idade as crianças deveriam ser educadas, são questões que permanecem em aberto. Há controvérsias a esse respeito. A humanidade não é unânime no que diz respeito aos conteúdos a serem ensinados, se devem servir à virtude ou à vida perfeita. As práticas vigentes nos deixam perplexos; ninguém sabe exatamente que princípios seguir — se os da utilidade, se os da virtude ou se os do conhecimento máximo deveriam orientar os estudos; essas três opiniões já foram dominantes em algum momento. Mas não há consenso quando se discute os meios; com efeito, pessoas diferentes, que partem de diferentes conceitos de virtude, naturalmente discordam a respeito de sua prática. Não pode haver dúvida que as crianças deveriam aprender aquilo que é necessário, mas isso não significa que tenham de aprender tudo o que é útil; as ocupações são divididas em liberais e servis; e as crianças deveriam ter acesso aos conhecimentos que lhes serão úteis, sem que isso os vulgarize. Ora, qualquer ocupação, arte ou ciência que faz o corpo, a alma e o intelecto do homem livre menos aptos à prática ou ao exercício das virtudes é vulgar. Dizemos que são ordinárias as artes que tendem a deformar o corpo; e igualmente todas as atividades pagas, pois elas absorvem e degradam a inteligência. Existem também algumas artes liberais muito apropriadas à educação do homem livre, mas apenas até um certo limite, e caso ele participe desses cursos a tal ponto de buscar a perfeição nesses conhecimentos, os mesmos efeitos maléficos seguirão. Também o objetivo de vida que um homem define para si faz uma grande diferença; caso ele faça ou aprenda algo para o seu bem exclusivo ou de seus amigos ou a fim de desenvolver a excelência, a atividade não parecerá servil; mas se as realizada a mando de outros, as mesmas atividades serão mercenárias e servis. A instrução oferecida atualmente, como já dissemos, é marcada tanto pelo caráter liberal quanto servil.

Capítulo III

São quatro os ramos mais comuns da educação: 1) leitura e escrita, 2) ginástica, 3) música, e às vezes acrescenta-se o 4) desenho. Desses, a leitura, a escrita e o desenho são considerados igualmente úteis aos propósitos da existência de várias formas diferentes, enquanto se acredita que a ginástica possa dotar o cidadão de coragem. Quanto à música, uma dúvida se levanta — em nossos próprios dias, a maioria das pessoas cultiva-a por prazer, mas originalmente ela fazia parte da educação, pois a própria natureza, como se tem afirmado com frequência, exige que sejamos capazes não apenas de trabalhar bem, mas também de nos divertir bem; pois, como devo realçar, o princípio de toda atividade é o lazer. Embora trabalho e lazer sejam necessários à vida, o ócio é preferível e é seu fim mais elevado; portanto, é necessário lançar a seguinte questão: o que devemos fazer com o nosso tempo de ócio? É óbvio que não deveríamos usá-lo para nos divertir, pois a diversão seria o fim de nossa vida. Mas se isso é impossível, e a diversão é mais necessária do que nunca nas horas de trabalho compenetrado, pois aquele que se empenha no trabalho tem necessidades de relaxamento, e a diversão sempre oferece a possibilidade do relaxamento, enquanto o trabalho vem sempre acompanhado das tensões e do esforço, deveríamos introduzir a diversão apenas nas horas adequadas, e ela deve servir como um remédio, pois as emoções que ela faz sentir na alma contribuem para o relaxamento, e no prazer obtemos o descanso. Mas o ócio oferece prazer, felicidade e a satisfação de viver, que não são experimentados pelos homens ocupados demais, e sim por aqueles que têm tempo para o ócio. Com efeito, aquele que trabalha tem algum fim em mente, algo que ainda não conseguiu atingir; mas o ócio parece ser um fim em si mesmo, uma vez que todos os homens consideram que ele vem acompanhado de prazer e não de sofrimento. Esse prazer, todavia, é concebido de maneira distinta por pessoas diferentes, e varia de acordo com os hábitos de cada indivíduo, e a concepção que o melhor dos homens faz do prazer é o melhor, pois emana das fontes mais nobres. Fica claro, então, que há ramos de aprendizagem e de educação que devemos estudar tendo exclusivamente em vista o ócio dedicado à atividade intelectual, e esses ramos devem ser valorizados em si mesmos; ao passo que aqueles tipos de conhecimento necessários ao trabalho devem ser considerados necessários, e existem como meios para atingir outros fins. Por isso, nossos pais admitiam o ensino da música em nossa educação, não por ela ser necessária ou útil, pois ela não é necessária, nem de fato é tão útil quanto a gramática, que é útil para ganhar dinheiro, na gestão do lar, na aquisição de conhecimento e no desempenho da vida política, nem é tão útil quanto o desenho, que nos ajuda a fazer um julgamento mais apurado das obras dos artistas, nem tão útil como a ginástica, que contribui para fortalecer a saúde; nenhuma dessas coisas pode ser adquirida pelo estudo da música. Desse modo, a música parece estar reservada ao deleite intelectual nas atividades de lazer; o que é, de fato, a razão evidente para a sua introdução na educação de um homem livre, pois essa é uma das atividades a que se deve dedicar em seu tempo de ócio; como disse Homero:

> Mas ele que, entre todos, deveria ser convidado para a festa alegre, e depois descreve outras pessoas que serão também convidadas, como o poeta que deleitará todos os demais.[1]

E, em outra passagem, Odisseu diz que não há outra forma melhor de passar a vida do que quando o coração dos homens está feliz e os comensais sentam-se ordenadamente no salão, e ouvem a voz do menestrel.

É evidente, portanto, que existem ensinamentos que os pais devem transmitir aos filhos, não porque sejam úteis ou necessários, mas por serem liberais e dignificantes. Quais os tipos desses ensinamentos, quantos são, do que eles consistem e como devem ser ministrados, são questões que

---

[1] *Odisséia*, XVII, 385. (N. do T.)

investigaremos mais tarde. A esse respeito podemos invocar o testemunho dos antigos; sua opinião pode ser deduzida da importância que conferiam à música, pondo-a como um dos ramos tradicionais da educação. Ademais, é óbvio que as crianças deveriam ser instruídas em algumas atividades úteis, por exemplo, leitura e redação — não apenas porque são úteis em si mesmas, mas porque também servem como meio para a aquisição de outros tipos de conhecimento. De uma perspectiva semelhante, elas podem aprender a desenhar, não para prevenir que cometam erros na aquisição de obras de arte, nem apenas para que não venham a ser ludibriados, mas porque essa atividade faz delas melhores juízes da beleza nas formas humanas. A procura permanente da utilidade não promove a liberdade e a elevação do espírito. É claro que, em educação, a prática deve sempre anteceder a teoria, e o corpo deve ser treinado antes do espírito; portanto os meninos deveriam ser entregues aos seus professores de ginástica, que desenvolverão neles bons hábitos atléticos, e aos instrutores de luta, que lhes ensinarão as técnicas dessa arte.

Capítulo IV

Algumas das Cidades que, em nossos dias, são famosas pela máxima atenção que conferem à educação de suas crianças, têm como meta exclusiva o desenvolvimento do hábito atlético, o que conduz à distorção das proporções de suas formas corporais durante o seu crescimento. Embora os lacedemônios não tenham incorrido nesse erro, brutalizam suas crianças com exercícios forçados, acreditando que com esse procedimento podem infundir-lhes coragem. Mas na verdade, conforme temos repetido, a educação não deveria ser dirigida exclusivamente ou principalmente para esse fim. E ainda que os lacedemônios estejam certos em seu objetivo, os resultados que almejam não são obtidos, pois, entre os bárbaros e os animais, a coragem encontra-se associada, não ao temperamento de maior ferocidade, mas à calma, como a que possui um leão. Há muitos povos com tendências à antropofagia, como os acaios e os eníocos, que vivem junto ao Mar Negro, no Ponto; e há outros povos que vivem no continente, tão maus quanto aqueles ou até piores, que vivem da pilhagem, mas que não têm coragem alguma. É notório que os próprios lacedemônios, embora fossem superiores aos demais povos enquanto realizam seus exercícios militares com assiduidade, agora são superados tanto nas competições atléticas quanto nos exercícios de guerra. Com efeito, a sua antiga superioridade não dependia do modo com que treinavam os seus jovens, mas apenas das circunstâncias em que eles eram treinados, em uma época em que seus únicos rivais não recebiam nenhum treinamento. Consequentemente, podemos inferir que aquilo que é nobre, e não o que é brutal, deveria estar em primeiro lugar; pois nenhuma raposa ou outro animal selvagem consegue enfrentar um perigo nobilitante; tais perigos estão reservados para os homens corajosos. De modo que os pais que impõem a ginástica aos seus filhos, enquanto negligenciam as outras áreas de sua educação, fazem deles trabalhadores comuns, pois levam-nos a desenvolver uma única qualidade necessária à cidadania, e até mesmo nesse quesito fazem-nos inferiores aos outros. Não devemos julgar os lacedemônios pelo que foram no passado, mas por aquilo que são hoje; pois antigamente possuíam o melhor sistema educacional, mas agora há outras Cidades que rivalizam com eles nessa área.

Admite-se por princípio que os exercícios físicos devem ser empregados na educação, mas que para as crianças eles devem ser realizados dentro de certos limites, evitando-se uma dieta severa demais ou trabalhos forçados, de modo que o seu crescimento não seja prejudicado. Os males causados pelos exercícios físicos excessivos na primeira infância são evidentes quando se analisa a relação dos campeões olímpicos; pouco mais de dois ou três deles ganharam prêmios nas competições infantis e, mais tarde, nas competições adultas, o seu treinamento precoce e os exercícios físicos severos levaram-nos à exaustão. Quando a infância chega ao fim, um período de três anos deve ser dedicado a outros estudos; o período da vida que vem a seguir pode então ser dedicado aos exercícios mais vigorosos e a uma dieta mais rígida. Os homens não devem trabalhar simultaneamente com a mente e o corpo, pois esses dois tipos de exercício são opostos; o esforço físico impede o bom desempenho intelectual, e o esforço mental atrapalha a disciplina física.

Capítulo V

Em relação à música, há algumas questões que já levantamos anteriormente; podemos agora retomar o assunto e conduzi-lo ao próximo estágio; e nossas observações servirão como um prelúdio para essas ou outras discussões a esse respeito. Não é fácil determinar a natureza da música ou a razão pela qual alguém deveria obter conhecimentos sobre ela. Poderíamos dizer que ela serve à diversão e ao relaxamento, tal como o sono ou a bebida, que não são atividades boas em si mesmas, mas são agradáveis e "fazem cessar as nossas preocupações", como disse Eurípides. Pois com esse objetivo os homens escolhem a música, fazendo uso equivalente das três modalidades – o sono, a bebida e a música — acrescentando, em alguns casos, a dança. Ou devemos indagar se a música promove a virtude, com o argumento de que pode educar o nosso espírito, habituando-nos aos prazeres mais elevados, do mesmo modo que nosso corpo adquire um determinado caráter saudável por força da ginástica? Ou ainda se ela contribui de alguma forma para que desfrutemos do ócio além do cultivo do espírito, que é uma terceira alternativa? Obviamente os jovens não devem ser instruídos tendo-se em vista apenas a diversão, pois a aprendizagem não se confunde com o entretenimento, e o esforço integra, inevitavelmente, o seu processo. Ademais, o entretenimento intelectual não é adequado aos meninos até determinada idade, pois aquilo que é um fim em si mesmo não deve servir ao que é imperfeito. Contudo, é possível que se recomende o ensino da música aos meninos, pensando-se na diversão que eles terão quando crescerem. Se esse é o caso, por que eles deveriam aprender a tocar música, em vez de simplesmente, tal como os reis das medas e dos persas, aproveitar o prazer e a instrução que deriva de se ouvir a música tocada pelos outros? E certamente as pessoas que têm na música a sua profissão tocarão melhor do que aqueles cuja prática se limita à aprendizagem básica. Se eles devem aprender música, devem também aprender a cozinhar, o que é um absurdo. E, ainda que se prove que a música ajuda a formar o caráter, restará uma objeção: por que deveríamos ser músicos, nós mesmos? Por que não podemos obter um prazer verdadeiro e formar um julgamento correto apenas pela audição da música tocada por outros, como fazem os lacedemônios? Muito embora eles não aprendam música, são capazes de distinguir corretamente, como dizem, as boas e más melodias. Ou, novamente, se a música deveria promover entusiasmo e um deleite intelectual refinado, a objeção ainda permanece — por que deveríamos aprender nós mesmos, em vez de apreciar a execução feita por outros? Podemos ilustrar o que estamos dizendo com a nossa concepção dos deuses; pois, de acordo com os textos poéticos, Zeus não canta ou toca a lira ele mesmo. Podemos até chamar os músicos profissionais de vulgares, e ainda dizer que nenhum homem livre deveria tocar ou cantar, a menos que esteja embriagado ou queira fazer gracejos. Mas esses assuntos podem ser deixados para outro momento.

A primeira pergunta a ser respondida é se a música deve ou não ser incluída na educação. Em qual das três alternativas mencionadas anteriormente a música é mais produtiva: na educação, no divertimento ou no deleite intelectual, pois ela pode ser encaixada em qualquer uma dessas três áreas, e parece compartilhar da natureza de todas elas. O divertimento serve ao relaxamento, e o relaxamento é necessariamente agradável, pois é o alívio para a dor causada pelo esforço: e o deleite intelectual é universalmente conhecido por conter elementos não somente de nobreza, mas igualmente de prazer, pois a felicidade é uma combinação de ambos. Todos os homens concordam que a música é um dos maiores prazeres que há, seja ela apenas instrumental ou cantada; como diz Musaios:

> A música, entre todas as coisas, é a mais doce.

Por isso, e com boas razões, é ela introduzida nas reuniões sociais e nas ocasiões festivas, porque alegra o coração dos homens, e por esse motivo podemos supor que os jovens devam ser educados na música. Com efeito, os prazeres inocentes não estão apenas em harmonia com a perfeita finalidade da vida, mas também porque oferecem relaxamento. Ocorre, porém, que os homens raramente alcançam aquilo que almejam, e com frequência descansam e se divertem, não apenas para poder, depois, cumprir um objetivo mais elevado, mas também pelo prazer imediato, e portanto não há problema que encontrem, às vezes, o relaxamento pela música.

Por vezes, os homens fazem da diversão um fim em si mesmo, confundindo os prazeres inferiores com aqueles que provavelmente existem na consecução de fins mais elevados; confundem um tipo de prazer com o outro, e, ao procurar um deles, encontram o outro, já que todo prazer é semelhante ao fim maior que se almeja. O fim não é desejável por causa de algum bem que advirá dele no futuro, nem os prazeres que descrevemos anteriormente existem para a obtenção de algum futuro bem, mas sim de um bem que se situa no passado, ou seja, eles são o alívio dos sofrimentos e dos esforços do passado. E podemos inferir que essa é a razão pela qual os homens procuram a felicidade nesses prazeres.

Mas a música não é apenas procurada como forma de alívio aos esforços do passado, mas também como uma forma de recreação. E quem pode afirmar se, ao lado dessa sua utilidade, não haverá outras mais nobres? Além desse prazer comum, sentido e compartilhado por todos (pois o prazer que a música oferece é natural, e, portanto, adaptado a todas as idades e todos os caracteres), é possível que ela tenha afinal alguma influência sobre o caráter e sobre a alma. Ela teve possuir esse tipo de influência se os caracteres forem afetados por ela. E a realidade dessa influência evidencia-se de diversas maneiras; por exemplo: pelo poder que as canções de Ôlimpos exercem sobre os jovens; não há dúvida de que elas inspiram entusiasmo, e entusiasmo é uma emoção que integra o lado ético do espírito. Além disso, quando ouvimos imitações [de ações] nossas próprias emoções variam em sintonia com a música, mesmo que não tenhamos consciência de seus ritmos e tonalidades. Uma vez que a música é um prazer, e a virtude consiste em vivermos corretamente os sentimentos de deleite, amor e ódio, não há nada que requeira de nós um empenho maior do que a aquisição e o desenvolvimento do poder de formarmos julgamentos apropriados, aprendendo a nos deleitar com as boas disposições e as atividades mais nobres. Os ritmos e as melodias podem representar a raiva e a doçura, como também a coragem e a temperança, e, igualmente, todas as qualidades contrárias a essas, e as demais qualidades de caráter, sem se distanciarem da realidade desses sentimentos, como sabemos por experiência própria, pois ao ouvirmos tais acordes nossa alma passam por verdadeiras transformações. O hábito de sentir o prazer ou o sofrimento a partir de meras representações é semelhante aos sentimentos experimentados diante das realidades; por exemplo, a alguém que se deleita com a mera observação da beleza de uma estátua, é certo que a visão da pessoa real que inspirou a obra causará prazer. Contudo, os objetos dos demais sentidos, tais como o paladar e o tato, não possuem nenhuma semelhança com as qualidades morais; nos objetos visíveis existe um pouco dessa afinidade, pois há figuras que transmitem o caráter moral, ao menos até um certo limite, e nem todos os homens são sensíveis a essa experiência. Novamente, as figuras e as cores não são imitações, mas sinais de hábitos morais, indicações de estados de sentimento fornecidas pelo corpo. A sua conexão com a moral é mínima, mas, se existe alguma ligação, os jovens devem aprender a olhar não as obras de Páuson, mas as de Polígnoto, ou de qualquer outro pintor ou escultor que expressa ideias morais. Por outro lado, mesmo nas mais simples canções há uma imitação de caráter, pois diferentes melodias diferem essencialmente entre si, e aqueles que as ouvem são afetados de formas distintas por elas. Algumas canções fazem que os homens se sintam tristes e graves, como, por exemplo, no caso do chamado gênero mixolídio, outras melodias ajudam a relaxar o espírito, e outras ainda produzem um estado de espírito equilibrado, moderado, como o que caracteriza o modo dório. A música frígia inspira entusiasmo. O assunto foi bem discutido por estudiosos desse esse ramo da educação, e eles confirmam os seus argumentos com fatos. O mesmo princípio aplica-se aos ritmos: alguns têm uma característica de repouso, outros transmitem movimento, e, entre esses últimos, alguns se referem a movimentos mais nobres e outros a movimentos mais vulgares. Apresentamos argumentos suficientes para demonstrar que a música tem o poder de influenciar a formação do caráter, e deveria, portanto, ser introduzida na educação da juventude. O estudo é apropriado à juventude, pois os jovens não suportam aquilo que não seja adoçado pelo prazer, e a música possui uma doçura natural. Parece existir em cada um de nós um tipo de afinidade com os diapasões e os ritmos musicais, o que leva alguns filósofos a afirmar que a alma é uma harmonia, e outros a dizer que a alma possui uma harmonia.

Capítulo VI

Agora, cumpre-nos responder uma questão levantada anteriormente: devem os jovens aprender a cantar e a tocar música? É evidente que o caráter passa por transformações consideráveis, em virtude da prática musical. É difícil, se não impossível, fazer um bom julgamento do desempenho de outrem se não se tem uma experiência desse desempenho. Além disso, é importante que os jovens ocupem-se de algo, e a matraca de Árquitas, que os adultos dão aos seus filhos para entretê-los e com isso prevenir que quebrem objetos decorativos da casa, foi uma invenção de grande importância, já que as crianças não sabem ficar paradas.

A matraca é um brinquedo adequado à mente infantil, e a educação musical é uma espécie de brinquedo para crianças que já cresceram bastante. Concluímos, portanto, que os jovens devem aprender a música de tal modo que sejam capazes de tocá-la, muito além de restringir-se à sua crítica.

A pergunta sobre o que é e o que não é adequado às diferentes faixas etárias pode ser facilmente respondida;

também não é difícil lidar com a objeção daqueles que creem que o estudo da música é uma atividade vulgar. Respondemos, primeiramente, que aqueles que devem ser juízes, precisam igualmente ser executores, e que seria bom que dessem início à sua prática o mais cedo possível, embora, quando mais velhos, possam ser poupados da prática. Devem aprender a apreciar e o que é bom e a desfrutá-lo, graças ao conhecimento adquirido na infância. Quanto ao suposto efeito vulgarizador que a música exerce sobre os jovens, trata-se de uma questão de solução fácil quando consideramos até que ponto o homem livre deve aprofundar-se nos estudos de arte, durante o período de sua educação, para que seja capaz de exercer futuramente os seus deveres e direitos políticos; com essa reflexão podemos avaliar que melodias e ritmos deveriam ser permitidos à sua educação, e que instrumentos deverão aprender a tocar, pois até mesmo a escolha do instrumento faz grande diferença. A resposta à objeção volta-se sobre essas distinções, pois é bastante possível que certos métodos de ensino e aprendizagem musical tenham sobre o indivíduo um efeito degradante. É evidente, portanto, que a aprendizagem musical não deveria influenciar negativamente no desempenho que o jovem terá futuramente em suas atividades, nem deveria degradar o corpo ou deixá-lo inapto para o treinamento civil ou militar, seja para os exercícios corporais do momento, seja para os estudos avançados que virão mais tarde.

O equilíbrio será obtido se os estudantes de música se abstiverem de participar dos festivais profissionais de arte, e não procurarem alcançar o virtuosismo na execução musical que se tornou moda nessas competições e que já contaminou o processo educacional. Que aos jovens seja permitido praticar a música que prescrevemos a eles até aqui, mas apenas até o momento em que se deleitem com as nobres melodias e ritmos, mas não com aquelas melodias ordinárias nas quais os escravos, as crianças e até alguns animais encontram prazer.

A partir desses princípios podemos inferir que instrumentos deveriam ser introduzidos na educação dos jovens. A flauta, ou qualquer outro instrumento que requeira grande habilidade, como por exemplo a harpa, não deve ser admitida, mas sim aqueles instrumentos que produzirão alunos de música bem-sucedidos nas outras áreas da educação. Ademais, a flauta não expressa o caráter moral do homem. Ela é apenas excitante, portanto deve ser usada somente nas ocasiões em que a execução tem em vista, não a instrução, mas a catarse. E existe uma outra objeção; o impedimento que a flauta oferece ao uso da fala constitui um desvio do valor pedagógico. Desse modo, os antigos estavam certos quando proibiam a prática da flauta para os jovens e os homens livres, embora tenham permitido durante um determinado período. Pois quando sua riqueza os predispôs mais ao lazer, e possuíam noções mais elevadas sobre o sentido da excelência, estando também orgulhosos de seu sucesso, antes e depois da guerra com os persas, passaram a buscar, com mais zelo do que discernimento, todo tipo de conhecimento e introduziram o estudo da flauta na educação dos jovens. Na Lacedemônia, um certo corego conduziu o coral tocando uma flauta, e em Atenas o instrumento tornou-se tão popular que a maioria dos homens livres sabia tocá-lo. A sua popularidade pode ser demonstrada pela placa que Trásipos mandou fazer depois de haver equipado o coro para Ecfantidas. Mais tarde a experiência permitiu aos homens discernir aquilo que era e aquilo que não era favorável à virtude, e então rejeitaram a flauta e muitos outros instrumentos fora de moda, como a harpa lídia, a lira de muitas cordas, o heptágono, o triângulo, a sambuca, e outros do gênero — que têm como finalidade exclusiva oferecer deleite aos que ouvem, e requerem extraordinária habilidade para se tocar. Há também um sentido no mito dos antigos que nos conta de que modo a deusa Atena inventou a flauta e logo em seguida lançou-a fora. Não foi uma má ideia deles atribuir à deusa o sentimento de repulsa ao instrumento porque ele distorcia a beleza facial de quem o tocava; mas podemos reforçar as razões de sua rejeição à flauta, dizendo que ela percebeu que a execução daquele instrumento em nada contribuía para o desenvolvimento da inteligência, já que Atena é a deusa tanto da sabedoria quanto da arte.

Assim, rejeitamos os instrumentos tocados profissionalmente, tanto quanto a educação profissionalizante de música (e ao dizer profissional estamos nos referindo aos concursos musicais), pois para esse fim o artista não pratica a arte para o seu aperfeiçoamento pessoal, mas para oferecer um prazer vulgar aos seus ouvintes. Por esse motivo, a execução desse tipo de música não deve ser parte da educação de um homem livre, mas sim da educação de um músico profissional, e o resultado disso é que os músicos são subalternos, pois o fim a que aspiram é inferior. A vulgaridade do espectador tende a desvalorizar o caráter da música e, consequentemente, o caráter daquele que a executa; os espectadores olham-no — ele os faz ser aquilo que são, e podem influenciar até mesmo os seus movimentos corporais com a música.

Capítulo VII

Temos ainda de considerar os ritmos e a harmonia, e sua aplicação na educação dos jovens. Devemos usar todas as harmonias ou selecioná-las? E a mesma distinção deve aplicar-se aos que praticam a música para fins educacionais, ou em cada caso a seleção terá as suas peculiaridades? Já sabemos que a música é produzida pela melodia e pelo ritmo, e deveríamos conhecer as influências desses fatores sobre a educação, e se devemos preferir na música a excelência da melodia ou do ritmo. Entretanto, como o tema já foi abordado com propriedade por músicos da atualidade e também por filósofos que têm considerável experiência sobre educação musical, deixemos que nossos leitores investiguem, se quiserem, esses estudos mais especializados. Falaremos apenas, como fazem os legisladores, dos princípios gerais concernentes ao assunto.

Aceitamos a classificação das melodias, segundo a proposta de certos filósofos, em melodias representativas da ética, da ação e as inspiradoras ou melodias representativas de entusiasmo, cada uma delas tendo um estilo correspondente à sua natureza. Mas acreditamos também que o ensino da música não deveria servir a uma única finalidade, mas a várias, a saber: 1) à educação, 2) à catarse (voltaremos a falar sobre o significado dessa palavra [na poética]); a música pode também servir 3) ao deleite intelectual, ao relaxamento depois da tensão do trabalho. É evidente, portanto, que devemos empregar todos os estilos musicais, mas não do mesmo modo. Na educação devemos preferir os estilos mais éticos, mas na audição de músicos profissionais podemos admitir os estilos que representam a ação e o entusiasmo. Algumas almas são muito suscetíveis a sentimentos como a compaixão e o medo, ou ainda o entusiasmo. Algumas pessoas entram em um êxtase religioso quando ouvem certas melodias sacras — quando ouvem melodias que levam a alma a uma experiência mística — renovando-se como se tivessem encontrado a cura e a catarse. Os que são mais suscetíveis à compaixão ou ao medo e emoções de toda natureza devem ter uma experiência semelhante; cada um é tocado na alma pelas emoções às quais se encontra mais suscetível, e todos têm, de algum modo, a alma renovada em virtude da leveza e do deleite. As melodias que têm a função catártica oferecem também prazeres inocentes ao homem. Esse é o tipo de música que deve ser executada por aqueles que participam dos concursos nos teatros. Mas uma vez que os espectadores são de dois tipos — os livres e educados e a multidão ordinária composta de artífices, serviçais e outras categorias inferiores — devem existir ainda os festivais de música instituídos para o relaxamento dessa segunda classe de pessoas. E a música deve corresponder apropriadamente à sua alma; com efeito, sua alma foi desviada em relação ao seu estado natural, as melodias e harmonias em tons mais altos e cromaticamente forçadas são igualmente desvios da natureza. Um homem sente prazer com aquilo que é natural para si, portanto os músicos profissionais de classe inferior devem estar autorizados a tocar esse tipo de música para audiências que também pertencem à mesma classe inferior de pessoas. Mas para fins educacionais, como já afirmei, deve-se empregar harmonias e melodias que representem atitudes éticas, tal como o já citado exemplo da música dória;

embora possamos incluir quaisquer outros estilos musicais aprovados por filósofos formados em musicologia. Sócrates, na *República*, está errado ao recomendar apenas o estilo musical frígio além do dório, principalmente porque ele rejeita a flauta; pois a música frigia está para as harmonias como a flauta está para os instrumentos — ambas são excitantes e emocionantes. A poesia é a prova do que afirmo, pois o êxtase báquico e todas as emoções semelhantes a ele são mais adequadamente expressos pela flauta, e são mais compatíveis com a harmonia frígia do que com qualquer outra. O ditirambo, por exemplo, é reconhecidamente frígio, de acordo com as evidências apresentadas pelos especialistas, entre as quais está o fato de Filôxenos ter tentado compor o seu ditirambo *Os mísios* no estilo dório sem obter sucesso, tendo de recorrer ao estilo frígio, muito mais apropriado para esse tipo de composição, segundo a sua própria natureza. Todos estão de acordo que a música dória é a mais séria e a mais viril. E porque sempre dizemos ser necessário evitar os extremos e seguir o caminho mediano, sendo o estilo dório intermediário entre os outros estilos, é óbvio que nossa juventude deve aprender a música dória.

Dois objetivos devem ser perseguidos, o possível e o ideal: esses são os objetivos que devem mover todos os homens, mas mesmo esses objetivos devem corresponder apropriadamente às diferentes faixas etárias; os mais idosos, que já perderam parte de suas forças, não podem cantar as harmonias forçadas, e a própria natureza parece sugerir que as suas canções devem ser as de um estilo mais calmo. Por isso alguns estudiosos da música culpam Sócrates, e com justiça, por ele rejeitar os estilos calmos de música na educação sob a alegação de que são embriagantes, não no sentido literal do termo (até porque o vinho tende a excitar os homens em vez de acalmá-los), mas porque eles parecem perder o seu vigor físico quando ouvem esse estilo musical. Todavia, tendo em vista o período de seu envelhecimento, os homens devem praticar as harmonias e melodias musicais mais suaves e outros tipos de música também, como aquelas que são apropriadas às crianças de tenra idade, e que possuem características favoráveis à educação e à ordem, especialmente as canções lídias. Assim, é evidente que a educação deve basear-se nestes três princípios: o caminho do meio, o possível e o ideal.